U0813590

欧盟控制企业集中
法律制度研究

ON THE LEGAL SYSTEM OF CONTROL TO CONCENTRATION BETWEEN UNDERTAKINGS OF THE EUROPEAN UNION

刘 丽 陈 彬 著

By Liu Li Chen Bin

北京理工大学出版社
BEIJING INSTITUTE OF TECHNOLOGY PRESS

图书在版编目（CIP）数据

欧盟控制企业集中法律制度研究／刘丽，陈彬著．—北京：北京理工大学出版社，2013．5

ISBN 978-7-5640-7767-9

Ⅰ．①欧…　Ⅱ．①刘…　②陈…　Ⅲ．①反垄断法-研究-欧洲　Ⅳ．①D950．229

中国版本图书馆 CIP 数据核字（2013）第 112617 号

出版发行／北京理工大学出版社有限责任公司
社　　址／北京市海淀区中关村南大街 5 号
邮　　编／100081
电　　话／（010）68914775（总编室）
　　　　　82562903（教材售后服务热线）
　　　　　68948351（其他图书服务热线）
网　　址／http：//www．bitpress．com．cn
经　　销／全国各地新华书店
印　　刷／保定市中画美凯印刷有限公司
开　　本／710 毫米×1000 毫米　1/16
印　　张／12．5
字　　数／239 千字
版　　次／2013 年 5 月第 1 版　2013 年 5 月第 1 次印刷
定　　价／36．00 元

责任编辑／梁铜华
文案编辑／武丽娟
责任校对／周瑞红
责任印制／吴皓云

序

在中国日益融入全球经济、吸引外资和进行海外投资已经成为经济领域的基本战略的背景下，研究国外有关企业集中控制立法的先进经验，尤其是研究欧盟控制企业集中法律制度的先进经验，对于完善中国竞争立法，帮助中国企业成功进行海外并购、参与国际竞争，进而实施我国资本战略，具有重要的理论和实践意义。

与研究欧盟竞争法的同类著作相比，这部著作具有以下特色：

第一，本书的研究视角集中且深入。目前，国内学术界对欧盟竞争法的关注度很高，相关著作也不少；研究企业并购问题，尤其是外资并购民族企业问题的著作也为数不少。但是，将两者相结合进行研究，尤其是将研究视角集中于欧盟竞争法中控制企业集中这一具体制度的研究则比较少见，目前的研究往往止步于比较分析研究的层面，对制度背后的理念、价值、理论支持以及发展趋势方面的研究尚不够深入。在这方面，本书对欧盟控制企业集中法律制度的若干重要实体法律问题以及程序法律问题进行了深入研究，将一个欧盟独特的、动态的控制企业集中法律制度完整地呈现给读者，这既是一个尝试也是一种创新。

第二，本书逻辑体系严谨，研究风格细致。本书整体的逻辑体系清晰流畅，从欧盟竞争法的基础理论出发，经由欧盟控制企业集中法律制度的历史进程，转入对其若干重要法律问题的研究，再通过对程序问题的解读，达到对整个制度的宏观把握。作者并未就此止步，而是由此开始进一步思考，密切关注到竞争法领域的新问题，如竞争法的国际协调、竞争政策与贸易政策的互动影响，最后将有关的思考成果落脚于中国的实践，为中国的竞争立法，尤其是为中国控制企业集中法律制度的立法、完善和实践提出了中肯的建议。在论证过程中，本书体现出了细致的研究风格，如作为本书讨论对象前提概念之一的“Concentration”（集中），作者注意到了其与“Merger”（译成合并或兼并）的区别，而且发掘了其在不同法律学科语境下、在不同国家竞争法律语境下的不同含义，从而分别进行阐释讨论。又如“Community Dimension”，学界对其的译法多不统一。本书作者从集中控制机制发起的角度考虑，将其译为“共同体意义”，意为只有达到此标准才具有控制的意义。再如本书对竞争政策与竞争法在欧盟法中既有区别又有联系的独特关系进行了阐明。这些都为后续的研究奠定了坚实的基础。

第三，本书资料翔实丰富，运用了多种研究分析方法，论证合理充分，结论确实可信。本书作为研究海外控制企业集中法律制度的专著，充分运用了制度分析、比较分析、价值分析以及经济分析方法，多种研究方法的交替使用使得本书的论证呈现出多维视角的特征，也保证了研究的深入和结论的可靠性。本书广泛使用了欧盟、美国、德国、英国、日本等发达国家和地区第一手的竞争法律资料，包括大量的法律文件和案例材料，深入比较了各国之间竞争法律制度的差异性和融合性，关注了彼此之间深层次的相互影响，整体的研究框架较为丰满。尤其值得一提的是，竞争法是建立在经济学分析框架之上的独特的法律学科，法学界对其的研究往往受自身学力制约在经济分析领域里捉襟见肘。作者不畏艰难，运用了经济学的分析方法，对欧盟控制企业集中法律制度中的重要法律问题，如效率问题、垄断标准等进行了有益的尝试，并从经济学的角度对欧盟控制企业集中法律制度进行了整体分析，这种研究进程一方面丰富了本书的论证层次，另一方面，更将本书的研究推进到了一个新的高度。作者的研究勇气值得鼓励和肯定。

第四，本书完成了资料与理论的恰当结合，学术性得到了充分体现。与大多数研究企业并购的著作相比，本书回避了竞争法本身基本理论的简单罗列和介绍，从价值分析的角度出发，对欧盟控制企业集中法律制度所反映出的立法理念、价值追求进行了深入思考，给研究的骨架充实了血肉。与其他研究欧盟竞争法的著作相比，本书加强了欧盟法基础理论的研究，将欧盟竞争法植根于欧盟法的基础理论之上，从欧洲独特的经济、社会背景和司法体制出发进行研究，这使得本书的立论基础尤为坚实。而且，本书作为研究欧盟控制企业集中法律制度的专著，并没有“专”门研究制度的本身。作者的研究视野非常开阔，关注到了竞争法在国际层面的发展趋势，即合作与融合的发展趋势。作者由具体制度本身出发，立足于欧盟的立法与实践，分析了这一趋势的若干问题。这就避免了只就制度研究制度的缺陷。

第五，本书的研究对中国具有现实意义。中国反垄断法已经出台，但是其所确立的各项具体制度也需要学人进一步加以论证。本书进行的思考和结论，提出了若干重要问题和相应的立法对策，从而对中国反垄断各项具体制度的制定作出了贡献。

两位作者都是我的博士生。通过长期的接触，我发现他们博闻强记、思路开阔、擅长理论思维，且勤奋有加、持之以恒，现已具备较强的专业研究能力，发表了若干有较高水平的学术专论。这次将其对欧盟控制企业集中法律制度的研究成果付梓出版，我很乐意为之作序。相信该书的出版将裨益于该领域的学术研究和我国的相关法律实践，也期待着作者有更多更好的法学作品问世！

左海聪

南开大学法学院院长、教授、博士生导师

2012 年 2 月于南开大学

作者简介

刘丽，女，四川省资阳市人，中国人民大学法学院本科，武汉大学国际法博士，现为广东省委党校/广东行政学院法学教研部教师。

在核心期刊和全国重要会议论文集中先后发表十几篇论文，先后参与罗马国际统一私法协会2007年度英国统一法基金奖学金研究项目“Achievements and Problems of Margin Financing and Stock Lending Services in the Chinese Capital Market”、司法部课题“《国际商事合同通则》与国际商法的发展”、教育部人文社会科学重点研究基地重大研究项目“外贸法比较研究”、教育部新世纪优秀人才支持计划项目“国际贸易法若干重大问题研究”、教育部2008年人文社会科学研究青年基金项目“跨国并购中的隐性知识转移机制”、证监会研究课题“中国证券监督管理委员会行政处罚分析报告（2007—2009）”、深圳证券交易所综合研究所研究课题“2009年证券市场违法违规情况报告”、广东省委党校校（院）级重点课题“广东法制建设与社会公平正义问题研究等”。

目前主要从事国际贸易法、国际金融法及国际投资法的教学科研工作。

陈彬，男，1979年生，江西上饶人，法学博士、博士后，深圳证券交易所综合研究所研究员，广东省法学会金融法研究会常务理事。曾为罗马国际统一私法协会、海牙阿瑟尔研究所和汉堡马克斯·普朗克比较和国际私法研究所访问学者，且曾赴法国埃克斯·马赛三大、海牙国际法学院、海德堡马克斯·普朗克比较公法与国际法研究所、美国证监会学习培训。合著、参编有《跨国并购政策协调：欧盟经验、嬗变趋势与中国的选择》《奥林匹克知识产权保护》等书，在《*Journal of World Investment and Trade*》《*Frontiers of Law in China*》《民商法论丛》《经济法论丛》《国际经济法学刊》《证券市场导报》《中国证券报》等专业刊物上发表中英文论文数十篇，5篇中文论文被人大复印资料全文转载，3篇英文论文被ISTP/ISSHP收录。主持有中国博士后基金面上资助项目1项、海牙国际法学院2008年度博士奖学金研究项目1项、罗马国际统一私法协会2007年度英国统一法基金奖学金研究项目1项、国家自然科学基金面上项目子课题1项、教育部人文社会科学重点研究基地2005年重大研究项目子课题2项、中国证监会重大课题“证券期货监管体制研究”子课题1项，另作为主要成员参加过国家社会科学基金，中欧高等教育国际合作计划、司法部、教育部、国家知识产权总局、国家体育总局、中国法学会等机构的20余项科研课题，获得过中国证监会“稽查执法优秀课题奖”（2012）、商务部“全国商务研究成果奖”（2009）、商务部“中国贸易救济研究奖”（2007）、第14届和第15届“安子介”国际贸易研究学术鼓励奖（2006和2008）、中国商业联合会科学技术奖（2009和2010）、杭州市哲学社会科学优秀成果奖（2009）等学术奖励。目前主要研究方向为金融法和贸易法。

CONTENTS

目 录

导　论

企业联合是企业在市场竞争中获取更大经济力量和更多收益的经济手段之一，它是伴随着商品经济的高度发展而产生的一种经济法律现象。[1] 由于企业联合获得能够在较短的时间内使多个企业的组织、人员、物质、资金以及经营活动一体化，因此，其作为扩大企业的规模、提高企业的生产和经营的效益、强化企业在国际市场上的竞争力、促进企业进入新的市场领域以及挽救濒临倒闭的企业等的强有力的经济手段，在经济社会的各个领域得到了广泛的应用。[2]

但是，企业的这种经济行为，在缺乏市场规制的情况下，容易流于滥用，人为地改变市场结构，从而导致反竞争的市场结构形成，并最终危害到自由、公平竞争的市场秩序。亚当·斯密在《国富论》中曾对此评价道：“同业中人甚至为了娱乐或消遣也很少聚集在一起，但他们谈话的结果往往不是阴谋对付公众，便是筹划抬高价格。诚然，想通过能实施的或不违反自由和正义的法律来阻止同业者这样的聚会是办不到的，但法律不应该使这种集会易于导致市场集中，形成市场独占，从而限制竞争，破坏市场机制，故主张法律的态度要限制其易于举行，更不应该使这种集会非举行不可。”这段描述深刻揭示了滥用企业联合对社会经济所产生的危害。

正是出于对企业联合滥用导致结果的担忧，控制企业集中的法律制度应运而生。尤其是当前在企业联合进入新阶段的经济全球化的背景下，如何控制企业集中更成为一个重要的理论和实践问题。

一、跨国并购浪潮的发展

世界经济已经进入了一个新的发展时期，全球化的进程不可阻挡。在这种经

---

〔1〕［日］正田彬：《企业合并的法构造》，同文馆1979年版，第4页。转引自李钟斌著：《反垄断法的合理原则研究》，厦门大学出版社2005年版，第163页。

〔2〕王为农著：《企业集中规制基本法理——美国、日本及欧盟反垄断法比较研究》，法律出版社2001年版，第1页。

济背景之下，资本的流动已经超越了国境。资本之间的分化组合同样超越了国界，尤其是跨国并购的浪潮正在席卷全球。我们可以从以下资料图 1 和图 2 中清楚地看到这一现象。

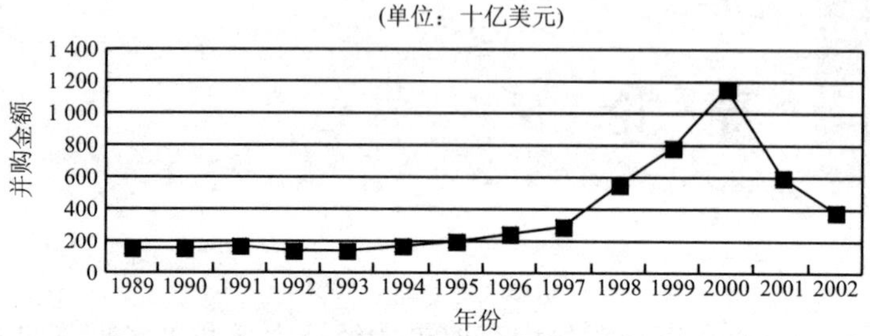

图 1　跨国并购金额

资料来源：联合国贸易与发展会议（2003）

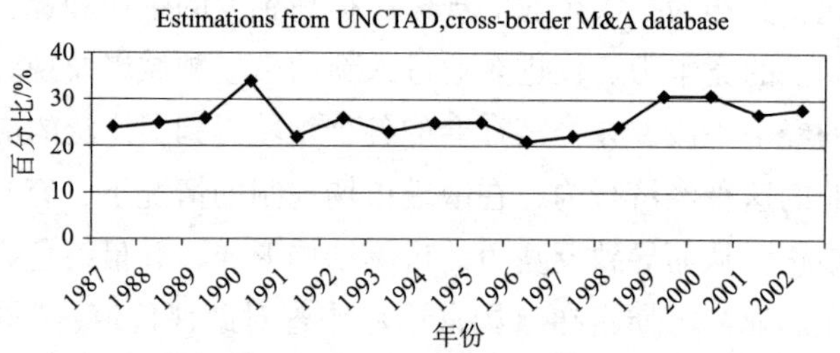

图 2　跨国并购在全世界并购中所占比重，1987—2002

资料来源：联合国贸易与发展会议（2003）

而在这种跨国并购的浪潮之中，各国对于企业联合（Cartels）和共谋行为非常关注。我们可以从下表（表 1）中清楚地发现这一点。

表 1　国际范围内各国竞争主管机关有关卡特尔行为的调查

产业	年份	调查主体	罚金数额
维他命	1999—2001	美国、英国、澳大利亚及其他国家	900 美元加 855 欧元
赖氨酸和柠檬酸	1996—2001	美国、英国	195 美元加 245 欧元
石墨电极	1998—2002	美国、英国	434 美元加 219 欧元
DRAM Chip	2004—	美国	160 美元（将会更多）

资料来源：Justus Haucap，Florian Müller，Christian Wey，How to Reduce Conflicts over International Antitrust? Berlin，Dezember 2004.

代表世界范围内最为发达水平的美国反托拉斯法，对此的规制更是非常严格。下表（表 2）清楚地表明了这一点。

表2 美国谢尔曼法下的共谋（即卡特尔）案例

被告（会计年度）	产品	罚金/百万美元	地理范围	国家
Hoffmann—La Roche Ltd. Company（1999）	维他命	500	国际	瑞士
巴斯夫股份公司（1999）	维他命	225	国际	德国
西格里特种石墨 Ltd. Company（1999）	石墨电极	135	国际	德国
UCAR International Ltd. Company（1998）	石墨电极	110	国际	美国
Archer Daniels Midland Ltd. Company（1997）	赖氨酸和柠檬酸	100	国际	美国
日本武田药品工业株式会社（1999）	维他命	72	国际	日本
Daicel Chemical Industries（2000）	吸着物	53	国际	日本
ABB Middle East & Africa Participations AG（2001）	建筑物	53	国际	瑞士/意大利
哈蒙雷蒙公司（1997）	柠檬酸	50	国际	德国（母公司）
HeereMac v. o. f.（1998）	水运工程	49	国际	荷兰
苏富比拍卖有限公司（2001）	艺术品拍卖	45	国际	美国
日本卫材制药株式会社	维他命	40	国际	日本
Hoechst AG（1999）	吸着物	36	国际	德国
Showa Denko Carbon, Inc.（1998）	石墨电极	32. 50	国际	日本
菲利普—霍尔兹曼股份公司（2000）	建筑物	30	国际	德国
日本第一制药有限公司（1999）	维他命	25	国际	日本
日本合成化学工业株式会社（1999）	吸着物	21	国际	日本
美国辉瑞公司（1999）	麦芽酚/异抗坏血酸钠	20	国际	美国
日本藤泽药品工业株式会社（1998）	葡萄糖酸钠	20	国际	日本
Dockwise N. V.（1998）	水运工程	15	国际	比利时
Dyno Nobel（1996）	爆炸物	15	国内	挪威（母公司）
瑞士霍夫曼罗氏有限公司（1997）	柠檬酸	14	国际	瑞士
德国制药及化工集团（2000）	维他命	14	国际	德国
德古萨公司（2000）	维他命	13	国际	德国
Ueno Fine Chemicals Industry, Ltd.（2001）	吸着物	11	国际	日本
伊士曼化工有限公司（1998）	吸着物	11	国际	美国
Jungbunzlauer International AG（1997）	柠檬酸	11	国际	瑞士
Lonza AG（1998）	维他命	10. 50	国际	瑞士
Akzo Nobel Chemicals, BV & Glucona, BV（1997）	葡萄糖酸钠	10	国际	荷兰

续表

被告（会计年度）	产品	罚金/百万美元	地理范围	国家
英国帝国化学工业炸药公司（1995）	爆炸物	10	国内	英国（母公司）
Mrs. Baird's Bakeries（1996）	面包	10	国内	美国
味之素株式会社（1996）	赖氨酸	10	国际	日本
协和发酵工业株式会社（1996）	赖氨酸	10	国际	日本

资料来源：美国反托拉斯协会（2004）

在这股并购浪潮的冲击下，不仅越来越多的发达国家跨国企业开始进行并购活动从而实施全球经营战略，而且，越来越多的中国企业也走出国门，在全球的钢材、石油、汽车、家电、电子、纺织和采矿等市场中通过并购活动崭露头角。目前，中国企业的境外收购活动正在进入新的发展时期，规模迅速扩大，收购目的更加复杂，收购过程和融资安排也更趋专业和透明。相对于产品出口、服务输出、构建国际战略联盟、独自建立海外分支机构等国际扩张方式而言，无疑，海外并购具有自身的优点，诸如扩张速度快、控制力强、有利于获取关键资源与核心技术等。这正是中国企业热衷于此的原因。

在中国日益融入全球化的进程之中，吸收外资和进行海外投资已经成为经济领域的基本战略的背景下，研究国外有关企业集中控制立法的先进经验，尤其是研究欧盟竞争法律制度的先进经验，对于完善中国竞争立法，从而帮助中国企业成功进行海外并购、参与国际竞争，实施我国资本战略，具有重要的理论和实践意义。

二、本书对欧盟竞争法的认识

被认为是区域经济一体化最为成功的范例的欧盟，其自身也非常注重对资本流动的控制问题。从历史的角度看，欧盟竞争法在欧洲经济一体化建设中起到了至关重要的作用。无论是建立统一大市场，抑或最终实现经济货币联盟，竞争法都起到了良好的法律规制效应。尤其是欧盟控制企业集中立法的改革更是吸收了美国反垄断法的先进经验，并结合了欧盟自身的特点，可以说是代表了世界范围内企业集中控制法律制度的发展趋势。

本书之所以采用欧盟竞争法这个概念而不是欧共体竞争法这个概念，有特殊的考虑。

学者在严格的学术意义上，一般倾向于使用欧共体竞争法这个概念。因为根据《马斯特里赫特条约》，欧洲政治和经济货币联盟（欧盟）是建立在共同体、共同外交和安全政策、内政和司法三大支柱之上的。欧盟在后两者上的工作目前还限于成员国政府之间的合作。统一内部大市场和建立经济货币联盟是欧共体的任务，竞争法被认为是欧共体法的一个部分。由于欧盟法律体系组成的特殊性，加上一体化在各领域的广度与深度有所差别，尤其是条约体系的繁复冗杂，欧盟的法律人格问题一直未能在基础条约中作出明确界定，从而限制了联盟的对外行为能力。

不过，欧共体的国际法律人格，尤其是其开展对外关系的能力，基本上不存在争议。[1]《欧共体条约》第281条以简明扼要的语言："共同体应具有法律人格"[2]，在宪法性层面上赋予其以法律人格。欧洲法院在Costa v. ENEL一案的判决中更为明确地指出："拥有自身的组织机构、法律人格、行为能力以及在国际层面上的代表能力，尤其是缘自于成员国主权的限制或曰国家权能向共同体的让渡，通过创设这样一个无期限限制的共同体，成员国限制了其主权——尽管是在有限的几个领域，并因此创立了同时约束成员国及其国民的法律体系"[3]。

因此，欧共体不仅享有内在（国内）的法律人格，如能够为成员国及其国民创设具有约束力的法律，同时也具备国际法律人格。[4] 总之，在《欧洲宪法条约》签署之前，从法律角度看，欧盟尚未形成实体，不具有国际法律人格，同各国和国际组织订立条约或者协定的不是欧盟，而是欧共体。[5]

但是，对欧盟是否具有国际法律人格，也有学者持不同观点。[6] 在《欧洲宪法条约》签署之前，已经有学者提出，从实践的角度分析，欧盟的国际法律人格可能在实践中获得承认。[7]

---

〔1〕 欧共体国际人格的独立性，主要表现在双边关系和同某些专门性国际组织的交往之中。而且，欧共体的国际人格同样也经历了一个在实践中演化的过程。参见曾令良：《欧洲共同体与现代国际法》，武汉大学出版社1992年版，第32－35页。

〔2〕《建立欧洲原子能共同体条约》和《建立欧洲煤钢共同体条约》中也有类似条款存在，因此，三大共同体存在国际法律人格基本没有争议。其中，煤钢共同体规定了50年的期限，已于2002年7月23日期满完成使命。考虑到经济共同体在国际关系中的较大影响，本文如无特别说明，均指欧洲（经济）共同体。

〔3〕 Case 6/64 *Costa v. ENEL* [1964] ECR 585, p. 593.

〔4〕 参见黄德明、张华：《从〈欧洲宪法条约〉再论欧洲联盟的国际法律人格》，载《中国国际私法与比较法年刊》2005年卷，法律出版社2006年版。

〔5〕 参见王晓晔著：《欧共体竞争法》，中国法制出版社2001年版，自序。

〔6〕 欧洲就有学者认为共同外交和安全政策是欧盟法律秩序的一个组成部分。见Ramses A. Wessel: *The European Union's Foreign and Security Policy*, Kluwer Law International, 1999, Chapter 1.

〔7〕 欧盟国际法律人格的演变可能分析，可参见黄德明：《略论欧洲共同体与欧洲联盟的法律人格》，载《法学评论》1998年第6期。

与欧共体相反，《建立欧洲联盟条约》并未有如《欧共体条约》第281条那样，明确赋予欧盟以法律人格。而且从条约谈判过程中的讨论和嗣后的实践来看，欧盟成员国主观上也并无该意图。在谈判中，当时的轮值主席国荷兰表示欧盟将不具有国际法律人格，这一观点也为当时的欧盟部长理事会的法律事务处的主任（the Director General of the Legal Service of the Council）所接受。[1] 1994年6－7月有关欧盟承担波黑内战后摩斯塔（Mostar）市的行政管理事务达成的“谅解备忘录”，是由理事会主席代表各成员国与克罗地亚和波斯尼亚的代表以及西欧联盟（WEU）的主席共同签署的。尽管该行动是第一次由部长理事会在政治层面上予以通过，且其经费在欧共体预算之外，但欧盟并未能够作为单一实体开展独立行动，而是必须站在成员国之立场，从而限制了其国际行为能力。

此后，该问题一直在实践和理论上历经挫折。不过，在《欧洲宪法条约》（the Treaty Establishing a Constitution for Europe）签署之后，《欧洲宪法条约》继《阿姆斯特丹条约》和《尼斯条约》，在诸多领域对现有的欧盟体系进行了全方位的改革，[2] 并以相当明确简洁的语言赋予欧洲联盟以法律人格（Legal Personality）在国际法上更是具有划时代的意义。[3] 而且本书并不是单纯从法律角度研究竞争法，而是从经济学与法学结合的角度研究竞争政策，因此，本书采用欧盟竞争法这一概念。当然，在《马斯特里赫特条约》生效之前的欧共体调整竞争的有关法律制度还是被称为欧共体竞争法更为准确。

也正出于上述考虑，本书将欧洲部长理事会（欧共体理事会）称之为欧盟理事会，将欧洲委员会（欧共体委员会）称之为欧盟委员会。

三、本书对竞争法调整对象的认识

竞争法的调整对象是存在争议的。部分学者强调竞争法属于经济法体系，因此，竞争法的调整对象主要是竞争规制关系，即国家在规制市场竞争过程中所产生的经济关系。[4] 而大多数学者一方面认为竞争法调整的是平等主体之间的竞争关系，或以竞争关系为主，兼以与之相关联的其他关系；另一方面又认为竞争法属于经济法范畴，并且是其核心范畴。这样的看法实际上是从商法和经济法两

---

〔1〕 See D. O'Keeffe and P. Twomey (eds.): *Legal Issues of the Maastricht Treaty*, London, Wiley Chancery, 1994, p. 224.

〔2〕 参见前欧盟委员会主席普罗迪（Romano Prodi）在2004年10月29日《欧洲宪法条约》签署仪式上的演讲，See Romano Prodi: The Signing of the European Constitution, Rome, 29 October, 2004, Speech/04/479.

〔3〕 See the Treaty Establishing a Constitution for Europe, Art. I－7.

〔4〕 王显勇：《论竞争法的调整对象》，载《河北法学》2004年第9期，第128页。

个角度综合来看待竞争法的调整对象的。

之所以造成这种分歧，部分原因在于不同国家对竞争法采取了不同的立法体例，包括综合立法体例和分立立法体例。

部分国家采取竞争法分立体例，将竞争法分为反垄断法和反不正当竞争法，反垄断法中包含反限制竞争的规定。[1] 例如，在德国法中，反不正当竞争法是“竞争法”（Wettbewrebsrecht）的一个组成部分。德国法中广义的竞争法包括反不正当竞争法和反垄断法，狭义的竞争法却指的是反不正当竞争法。[2]

反不正当竞争法的主要任务是规制各种不正当竞争行为，保障个别主体的财产权和人身权，属于商法的调整范围。反垄断法主要与国家产业政策相关，其要旨是从宏观上防止竞争不足，保持经济具有“有效竞争”的活力，提高本国企业和整体经济的竞争力，属于经济法的调整范围。因此可以将两者称之为正当竞争法和自由竞争法。有学者认为，在主体、目的、行为和法律适用等方面，两者是存在较大差别的。[3] 但它们之间并不存在不可克服的矛盾，而是市场经济制度下相互关联、相辅相成的两部分，其最终目的都在于规制市场上的各种反竞争行为，维护市场竞争秩序，确保市场主体的多元化、市场行为的规范化及市场利益的公正化，最大限度地提高经济效率与社会公正，从而促进经济与社会的快速健康发展。它们一起构成了竞争法这个统一的整体，共同承担着维护市场公平自由竞争的任务。

另一些国家则采取综合立法体例。美国的反托拉斯法[4]中既包括有规制限制型竞争行为（Restrictive Competition）和反垄断（Anti-monopoly）行为为内容的谢尔曼法（Sherman Antitrust Act，1890），也有以价格歧视（Price Discrimination）、独家交易（Exclusive Dealing）、企业合并（Merger）和互任公司董事（Interlocking

〔1〕 国家工商行政管理局条法司编：《现代竞争法的理论与实践》，法律出版社1993年版，第18页。

〔2〕 一般情况下，德国学者大都在狭义上使用竞争法这一概念。之所以会出现这种情况，主要是因为反垄断法在德国通常被称之为“卡特尔法”。作为一个经济学和法学概念，卡特尔是指同行业企业之间为控制有关产品的生产、销售及其价格而订立的一种协议或者合同。自19世纪70年代以来，德国产生了几次组建卡特尔的高潮，卡特尔成为限制自由竞争的主要形态。因此，旨在制止限制竞争行为、保障自由竞争的法律，在德国通称为“卡特尔法”。这与美国将反垄断法称为“反托拉斯法”有异曲同工之妙。参见邵建东著：《德国反不正当竞争法研究》，中国人民大学出版社2001年版，第2页。

〔3〕 许光耀著：《欧共体竞争法通论》，武汉大学出版社2006年版，第29－34页。

〔4〕 美国反垄断法产生于19世纪末反击美国经济中的以托拉斯形式的经济集中现象，所以美国的反垄断法一般称之为反托拉斯法。所谓托拉斯，是英语“Trust”的音译，指同类产品的生产企业从生产环节到销售环节进行全面合并而形成的垄断联合体。与卡特尔和辛迪加不同，托拉斯的成员不具有独立的法律地位，而只是托拉斯的股东，并按照股权获得利益。其他的经济集中现象还包括有卡特尔、辛迪加、康采恩等，参见王传丽主编：《国际贸易法》，法律出版社2004年第2版，第524页。

Corporate Directorates）为规范对象的《克莱顿法》（Clayton Act，1914）。[1] 美国反托拉斯法与欧盟的竞争法实际上是相等的概念。

欧盟竞争法则主要调整《欧共体条约》第 81 条规定的限制性竞争行为（Restrictive Competition）、第 82 条规定的市场支配地位滥用行为（Abuse of Market Dominance）、企业集中和禁止国家对市场竞争的不正当干预。

因此，很多学者对竞争法调整范围的认识也从一种综合的角度出发。如曹士兵博士认为反垄断法包括四大制度范围，即“垄断控制制度、经济力量过度集中阻却制度、限制竞争行为规制与不公正交易方法、歧视规制”。[2] 王晓晔研究员则认为我国反垄断法的实体法主要应当包括“禁止行政垄断、禁止卡特尔、控制企业合并、监督滥用市场优势地位”。[3]

抛开这些争论，从世界范围内各国和国家联盟的立法经验和实践来看，竞争法往往调整企业之间的经济行为，反垄断法如不等同于竞争法，通常也构成一国竞争法的核心。目前各国竞争法体系都试图规制最大范围内的不公正市场行为。

四、本书对竞争法体系中控制企业集中法律制度的认识

（一）集中

控制企业合并一直是各国竞争法三大基本制度之一。在美国，企业合并活动属于《克莱顿法》的调整对象。在欧洲，控制企业集中法律制度属于欧盟所确立的竞争法体系。欧盟竞争法发展的早期，并没有单独的控制企业集中法律制度，而是通过《欧共体条约》第 82 条有关滥用市场支配地位的规定加以调整。其实，企业集中控制实际上是对滥用市场支配地位控制的细化。对滥用市场支配地位的控制是对已经存在于市场上的具有一定市场份额的企业行为进行违法判断，而企业集中控制的目的是为了防止企业之间的相互持股和干部兼任等行为而产生较高的市场份额和获得市场支配地位而有害于竞争和损害整体经济和社会公共利益。[4] 理事会控制企业集中 139/2004 号条例第 3 条进一步确认，其仅仅适用于会导致“控制权永久变化”的交易，因此像少数持股、战略联盟和部分职能联合，包括纵向的企业集中，同样属于经济力量的集中，但是这些行为不会由 139/2004 号条例加以管制，而是适用于《欧共体条约》第 81、82 条。

此外，需要指出的是，本书采用的“集中”概念与通常所说不尽相同。欧

---

〔1〕 卫新江著:《欧盟、美国企业合并反垄断规制比较研究》，北京大学出版社 2005 年版，第 2 页。

〔2〕 曹士兵著:《反垄断法研究》，法律出版社 1996 年版，第 4 页。

〔3〕 王晓晔著:《竞争法研究》，中国法制出版社 1999 年版，第 142－143 页。

〔4〕 李钟斌著:《反垄断法的合理原则研究》，厦门大学出版社 2005 年版，第 163 页，注 1。

盟理事会139/2004号条例的全称为“Council Regulation（EC）No. 139/2004 on the Control of Concentration Between Undertakings”。[1] 通俗的理解往往将“Concentration”译为合并、并购、兼并、结合等，也有学者将其译为聚合，[2] 但是本书认为，“Concentration”的本意是指“经济力的集中”。在本处是指企业通过并购所集中的经济力，同时，欧盟的许多学术著作中也将并购（Merger）与集中（Concentration）相互替代使用，因此，本书将Concentration译为“集中”，Control of Concentration译为“集中控制”，上述条例则译为《理事会关于企业之间集中控制条例》（以下一般简称为139/2004号条例）。[3] 为严谨起见，对于Concentration一词，本书一般使用企业集中这个概念，在特定的制度语境下或者为与其他学者表述相协调会采用“兼并”“合并”和“并购”的概念。至于Merger一词，则根据语境不同译为“合并”或者“集中”。

（二）一般集中与市场集中

日本经济法学家丹宗昭信、厚谷襄儿在其名著《现代经济法入门》一书中将经济力量的集中分为一般集中和市场集中。所谓一般集中是指社会的经济力量向整个国民经济领域或具有广泛范围的整个产业部门中居于领先地位的特定巨型企业长期流动所形成的集中。对此，日本反垄断法独创了企业控股规制。[4] 市场集中则是指经济力量向特定的市场或产业中居于领先地位的少数企业流动所形成的集中，实现的主要方式主要是上文提及的集中。[5] 本文是从市场集中的角度来研究企业集中问题。

五、本书对“竞争法律制度”与“竞争政策”的认识

在本书中，考虑到竞争法的内在经济性，必须首先对法学概念“竞争法律制度”和经济学概念“竞争政策”之间的关系进行界定。

在理论上，广义的竞争政策是指放宽经济管制、促进竞争自由公平和市场开放的所有政策，它包括旨在针对私人企业和国营企业反竞争行为的政策性法规和

---

〔1〕 Council Regulation（EC）No. 139/2004 on the Control of Concentration Between Undertakings 2004 O. J.（L 24）1, available at http://europa. eu. int/eur-lex/pri/en/oj/dat/2004/l_024/l_02420040129en00010022. pdf.

〔2〕 阮方民教授认为，欧盟竞争法中的“concentration”兼有聚集与合并的意见，故应译为“聚合”。阮方民著：《欧盟竞争法》，中国政法大学出版社1998年版，第209页。

〔3〕 其他观点可参见王银凤、刘和平：《2004年欧盟并购监管制度改革介评》，载《华东经济管理》2005年3月。

〔4〕 吕明瑜著：《竞争法制度研究》，郑州大学出版社2004年版，第89－91页。

〔5〕 日本禁止垄断法有关市场集中和一般集中的法律问题可参见［日］根岸田、舟田正之著，王为农、陈杰译：《日本禁止垄断法概论》（第三版），中国法制出版社2007年版，第68－72页。

政府制定的相关贸易政策。狭义的竞争政策仅仅指有关企业反竞争行为的法律和政策，主要是指反垄断意义上的政策。但竞争政策又不同于竞争法或反垄断法。竞争法或反垄断法仅是竞争政策的一个组成部分，一般是指狭义的竞争政策，如一国国内实施的竞争法或反垄断法。[1] 而我们通常所说的竞争政策内容更广，除了狭义的竞争法或反垄断法外，还包括如国民待遇、最惠国待遇、对国有企业的私有化措施，解除垄断行为，反倾销、反补贴等政府实施的支配和确定市场经济自由、开放的政策。从国际角度而言，一国竞争政策的状况包括一国国内的竞争法、双边竞争协定以及该国参与的多边国际条约。因此，竞争政策不同于竞争法的原因主要在于：前者既涉及企业行为也涉及政府行为，主要体现在双边协定或国际条约中，而后者仅涉及企业行为，主要由一国国内法体现。本文的竞争政策是指广义上的竞争政策，竞争法或反垄断法是指狭义上的竞争政策。在不致引起误解的特定情况下，本文将竞争政策与竞争法律规则在同一意义上使用。

这样的界定实际上也已经获得欧盟的认可。欧洲经济共同体条约的第 3 条 f 项指出，共同体的活动及其目的之一是在共同体内“建立一种使共同体市场内的竞争不受歪曲的制度”。为了贯彻其竞争政策，欧共体开始建立一整套的竞争法体系，而其竞争政策的具体化最初就体现为《欧共体条约》第 85 ~ 94 条（原 81 ~ 90条）的规定。需要说明的是，《欧共体条约》第三部分第五编第 1 章所规定的“竞争规则”，是属于第三部分“共同体政策”总标题之下的一部分内容。在理论上，第 85 ~ 94 条所规定的竞争分则规范和竞争法程序规范可以被认为《欧共体条约》第 2 条至第 3a2 条所规定的竞争法总则规范的具体体现和延伸。竞争法总则规范不仅是制定同一条约中竞争法分则规范和程序规范的指导原则，也是适用和发展竞争法规范体系的指导原则。

上述界定是全书讨论的出发点。

---

〔1〕 戴霞：《WTO 框架下的国际竞争政策和我国竞争法制的完善》，载《现代法学》2003 年第 12 期，第 162 页。

第一章

欧盟竞争法的基本理论问题[1]

第一节 欧盟竞争法的法律渊源

一、欧盟法的法律渊源

欧盟竞争法在欧洲经济一体化建设中起到了至关重要的作用。无论是建立统一大市场，抑或最终实现经济货币联盟，竞争法都起到了良好的法律规制效应。实际上，欧洲一体化同时亦是法律一体化的进程，其愈来愈强的超国家性质也正是通过纷繁复杂的条约、共同体立法等显而易见的规范形式得以体现。因此，从欧盟法层面就竞争法的法律渊源进行分析，对了解欧盟竞争法的概貌并进行更深入的研究是非常有价值的。

一般认为，欧盟法律制度应由成文法和不成文法构成。[2] 其中成文法又分为初级立法和二级立法，初级立法位于欧盟法律规范的顶端，主要由欧共体三个基础条约、基础条约的附件、加入议定书、共同体机构合并条约、《单一欧洲法令》、《马斯特里赫特条约》、《阿姆斯特丹条约》、《尼斯条约》以及成员国加入条约组成[3]。此外，一些补充性的公约，如《关于民事和商事判决的管辖和执行条约》（1968）和根据《建立欧洲联盟条约》第 K3（2）（c）条签订新的有关司法和民政事务方面的条约也包括在内。

初级立法具有“宪法性”地位，对于各成员国具有法律上的约束力，并且

---

〔1〕 本章部分内容与胡峰合作完成。

〔2〕 ［日］大谷良雄著，蔡秀珍译：《欧洲共同体法概论——欧洲新法律秩序的形成》，群众出版社1986年版，第39页。

〔3〕 See Alain A. Levasseur & Richard F. Scott: *The Law of European: A New Constitutional Order*, Carolina Academic Press, 2001, pp. 385 – 386.

在满足一定的条件下亦具有直接效力。[1] 另外，欧共体成员国间缔结的与共同体职能有关的其他条约，欧共体与第三国或其他国际机构缔结的条约也在此列。[2] 这类条约包括三种：第一，共同体和一个或几个第三国签订的条约，如WTO协定；第二，共同体和成员国为一方，一个或几个第三国为另一方，签订的"混合协定"，如欧共体和部分非洲、加勒比及太平洋国家签订的《洛美公约》；第三，成员国同非成员国单独签订的条约，这类条约只有在特殊情况下才能成为欧盟法的组成部分。

《欧共体条约》第249条（原第189条）规定，"为执行其任务并遵循本条约的规定，欧洲议会（与理事会共同行事）、理事会与委员会应制定条例、发布指令、作出决定、提出建议或发表意见"[3]。因此，共同体机构的二级立法主要由条例、指令、决定、建议和意见构成。在具体个案中，共同体机关是否拥有立法权以及应以何种形式的二级共同体法制定、公布法规，则应依据《欧共体条约》中具体的授权，即依据有限制的个别授权原则制定、公布法规，尤其是共同体机关应以法规的实质内容为考虑应公布法规类型的依据，并非以该法规使用的名称为依据，同时应考虑该法规应产生的法律效果或事实上可产生的法律效果。

不成文形式的欧盟法包括一般法律原则和欧洲法院的判例。在欧盟法中，一般法律原则主要是由各成员国宪法传统共同的分类制度比较发展而来。《欧共体条约》第164条规定："法院在解释和适用本条约方面应该保证法律得到遵守"。第173条特别规定，导致共同体法案无效的原因之一是"违反本条约或任何实施本条约的法律规则"。第215（2）条还规定，共同体非契约责任（侵权责任）应根据"各成员国法律公认的一般原则"。这些原则，例如法治国家原则、依法行政原则、禁止涉及既往原则、法律确定原则、信赖保护原则、辅助性原则、相称性原则（Proportionality）等，均弥补了成文欧盟法的不足。[4] 例如，《建立欧洲联盟条约》第6条就明确规定："联盟尊重欧洲保护人权与基本自由公约所提供保证的和产生于各成员国共同的宪法传统的基本权利。联盟视基本权利为共同体法律的基本原则"。[5] 可见，民主、法治与尊重基本人权这类以各成员国宪法传统为基础的一般原则，毫无疑问是欧盟法律制度的有机组成部分。

至于欧洲法院的判例，原则上虽不构成严格法律意义上的"判例法"，但在

---

〔1〕 陈丽娟著：《欧洲共同体法导论》，台湾五南图书出版公司1996年版，第167页。

〔2〕［日］大谷良雄著，蔡秀珍译：《欧洲共同体法概论——欧洲新法律秩序的形成》，群众出版社1986年版，第40页。

〔3〕 See The Treaty Establishing the European Community, Art. 249.

〔4〕 陈丽娟著：《欧洲共同体法导论》，台湾五南图书出版公司1996年版，第167－168页。

〔5〕 See The Treaty on European Union, Art. 6.

司法实践中对于解释和形成欧盟法有相当广泛而深远的意义，欧洲一体化中相当部分的法律问题都是由欧洲法院的具体裁决予以阐释的，尤其是欧盟法中的一般法律原则也大多来源于此。因此，欧洲法院的裁决能够保持一致性，从而发挥着事实上的“判例法”作用。[1]

二、欧盟竞争法的法律渊源

1. 基础条约

即《建立欧盟条约》及后来对其进行修改补充的有关条约中包含的竞争法规范，尤其是《欧共体条约》第81条、第82条。这是欧盟关于竞争法的一级立法规范，具有最高的法律效力，并适用于欧盟各个成员国和在其领域的个人或企业，具有普遍的约束力。

2. 条例、指令、决定

由欧盟部长理事会和欧盟委员会根据《欧共体条约》的原则制定的关于竞争政策的条例、指令和决定构成欧盟竞争法体系中的二级或三级立法形式。根据这些立法文件制定主体和文件形式的不同，它们分别具有不同的约束力。由欧盟部长理事会制定的条例，具有普遍约束力；由欧盟委员会制定的处理决定，则只对涉及的当事人具有约束力。此外，由委员会发布的建议和意见虽然没有强制约束力，但是往往表达了委员会对处理某些竞争行为的倾向性看法，是制定三级立法文件的先导形式，具有倡导作用，也是三级立法的一种补充。[2]

《欧共体条约》第87条规定授权理事会制定实施该条约第85条和第86条禁止反竞争行为的法规和指令。欧盟部长理事会据此制定了5个重要的法规，即17号条例、19/65号条例、2821/71号条例、1534/91号条例和4064/89条例。每个条例又发展出竞争法之下不同的分支制度。

3. 欧盟二级法院对涉及竞争案件的判决及预裁

欧盟二级法院对涉及竞争争议案件的审理所作出的判决，以及欧洲法院为解释《建立欧盟条约》中涉及竞争法规范所作出的预裁。《欧共体条约》一方面赋予欧洲法院和欧洲初审法院有权审查上述两个机构的立法文件是否合宪；另一方面，通过欧洲法院和欧洲初审法院的判决和预裁解释《欧共体条约》中有关竞争法规范的立法精神和意图，创制判例法。可见，欧洲法院和欧洲初审法庭实际上是对欧盟竞争法规范体系具有最终解释权力的机构。[3] 当然，这一角色在目

---

〔1〕［英］弗兰西斯·斯奈德著，宋英编译：《欧洲联盟法概论》，北京大学出版社1996年版，第38页。

〔2〕阮方民著：《欧盟竞争法》，中国政法大学出版社1998年版，第24页。

〔3〕同上。

前正在悄悄发生变化。

4. 其他有关竞争规则的法律规范

（1）各成员国法院依照欧盟竞争法所作出的判例是欧盟竞争法规范体系的有机组成部分。由于欧盟只是一个国际组织，各成员国保留了绝大部分民事处罚的权力，因此欧盟对法人以及自然人的处罚权是比较窄的，《欧共体条约》第85条和第86条及有关的二、三级立法文件只规定了欧盟委员会有权对这两类反竞争行为作出无效的认定，并追究其相应的行政违反责任，如责令停止违法行为、处以罚款或日罚款等，而没有规定相应的民事责任，即没有规定违法行为人向受害人赔偿损失。因此，违法行为的受害人无法通过向欧洲法院和欧洲初审法院起诉违法行为人而获得赔偿。所以，受害人的赔偿问题只能由成员国的国内法院来解决。因此，欧洲法院往往对各成员国法院作出预裁书。不过，对各成员国的国内竞争法规是不是欧盟竞争法的法律渊源还存在极大争议。

（2）由欧盟各有关机构根据《建立欧盟条约》的规定代表欧盟对外签署的国际公约或承认的国际惯例中涉及的竞争法规范。如欧盟加入WTO后，WTO协定群中涉及竞争法内容的规范也就成为欧盟竞争法的一个部分。应当指出的是，如果某个成员国在加入欧盟之前与第三国签署的协定中或者某个成员国自己而不是欧盟与第三国签署的协定中含有竞争条款的，根据《欧共体条约》第234条的规定，该成员国虽然有权保留自己与第三国所签署的协定中规定的义务，但是该成员国不得依据该协定而排斥欧盟竞争法在本国相关领域中的实施。在这种情况下，会产生条约法上的冲突问题，并可能导致成员国承担某种国际责任。

第二节　欧盟竞争法的理念分析

一、欧盟自由竞争思想的历史发展

（一）欧洲竞争法中自由主义的发展

欧盟竞争法的出台根源于欧洲人的自由精神。保护竞争的观念发端于保护自由的观念。在欧洲，自由主义是一场以法律为中心展开的政治、社会和思想运动，它把自由和法律作为其信条的核心。[1]

欧洲人一向崇尚自由竞争。早在17世纪初期，英国就爆发过反对重商主义

〔1〕［美］戴维·格伯尔著，冯克利、魏志梅译：《二十世纪欧洲的法律与竞争》，中国社会科学出版社2004年版，第21页。

的运动，其理论依据就是个人经济自由。在 1602 年的 Darcy v. Allin 的著名判决之中，英国法院首次提出，国家垄断授权无论在法律上还是在经济上都是不足取的。[1] 法国和德国在 18 世纪初期也爆发过反对重商主义的运动。当时的主张是，不受国家干预的自然法则，即自由的所有权、自由的经营活动、自由竞争和自由贸易是经济繁荣和人民幸福的保障。当然，这时的主张与之后的经济自由主义还存在差别，因为当时的自由观念认为卡特尔是不能被禁止的，禁止卡特尔就是限制了卡特尔成员的自由。这是当时"契约自由"绝对至上的一种表现。

然而，直到 19 世纪初期，欧洲各国商人的经济行为还是经常受到广泛的管制，例如政府或行会之类的中间组织的管制。[2] 直到 19 世纪末，情况才发生了根本性变化，自由主义已经实现了它的很多目标。欧洲主要国家基本已经步入了民主政治社会。而亚当·斯密则在经济学理论上彻底颠覆了重商主义对自由竞争的束缚。

经济大萧条让人们对自由竞争和市场经济开始了新的反思，在这种背景之下，竞争法是对自由主义"失败"作出的反应。在新的共同体的环境中，社群主义对自由竞争导致的个人主义进行了批判，经济学开始发生重大转向，这一点前文已经论述，总之，国家这时候对自由竞争的介入已经不可避免。

德国的秩序自由主义开始进入了欧盟竞争法历史的舞台。

（二）德国自由主义思潮的影响

在欧洲，形成于纳粹时代的弗莱堡学派（the Freiburg School）应该是欧盟竞争法的主要思想源泉。该学派的代表人物有 W·奥伊肯、F·伯姆和 A·米勒—阿尔玛克，其主要观点是推崇社会市场经济，其主要特点是既要保留市场经济的竞争原则又要体现社会保障和社会公平分配。[3] 该学派又被称之为 Ordo（秩序）学派或秩序自由主义。正是受到该学派思想的影响，现在人们普遍认为，竞争法不仅具有经济的功能，更具有政治的功能，是创建民主政治的基础。

当然，德国国内的自由主义各个学派之间同样存在理论上的争议，并影响了德国自由主义的发展。

德国新自由主义者以维护个人自由和经济自由为目标，主张在德国西部实行私有制和市场经济。与世界上其他新自由主义者不同，德国新自由主义者在坚持

---

〔1〕 转引自王晓晔著：《欧共体竞争法》，中国法制出版社 2001 年版，第 15 页。

〔2〕 See：Antony Black：*Guilds and Civil Society in European Political Thought from the Twelfth Century to the Present*，Ithaca，N. Y.，1984.

〔3〕 卫新江著：《欧盟、美国企业合并反垄断规制比较研究》，北京大学出版社 2005 年版，第 22 页，注 1。

自由的同时，也重视秩序对自由形成的重要性，并且认为创造和维护自由的秩序不是自发形成的，而是通过国家的秩序政策才能形成，国家是个人自由的建立者和保护者。在经济秩序问题上，德国新自由主义者都认为竞争秩序是核心，但在建立什么样的竞争秩序这一问题上，新自由主义各派之间存在一定的分歧。

以欧肯、贝姆为代表的弗莱堡学派提出建立“完全竞争”的市场经济的政策主张。弗莱堡学派认为，完全竞争是市场机制发挥作用的前提条件，完全竞争的市场经济能产生高效率。垄断是个人经济权力滥用的表现，它会剥夺社会成员的经济自由。竞争能限制垄断，但垄断又是从竞争中产生的，为了防止垄断，实现公平公正的竞争，必须由国家建立人为的竞争秩序。欧肯为建立这样的竞争秩序提出了如下几项原则：建立完全竞争的价格体系；实行稳定通货的货币政策；实行私有制；实现市场公开化和签约自由。弗莱堡学派认为，国家的经济职能主要在于建立和维护市场竞争秩序，除此以外国家不应对经济活动有过多的干预。

以罗佩克、吕斯托为代表的社会自由主义者则从反对集体主义的立场出发，论证了建立竞争秩序的必要性。他们认为，个人独立性和自由的丧失不仅与国家集体主义有关，而且与追求私人利益的私人集体主义有密切关系。垄断组织等私人集团的势力膨胀及它们之间的相互斗争会使经济和社会陷入一种无秩序状态。因此，他们主张通过建立类似于小商品经济下的竞争秩序来与集体主义抗衡，以维护每个社会成员的自由。

以社会市场经济方案的提出者米勒—阿尔马克和艾哈德为代表的实用自由主义者认为，在德国经济早已高度垄断的情况下，学术上十分完美的弗莱堡方案和社会自由主义者提出的理想经济秩序方案都缺乏可操作性。因此实用自由主义者在坚持竞争秩序的同时，对一定程度的集中化和垄断采取了宽容的态度，因为这有助于通过规模经济和采取先进技术来提高效率。同时，与弗莱堡学派和社会自由主义者不同，实用自由主义者主张用积极的经济政策来干预经济。[1] 德国1957年颁布的反对限制竞争法在很多方面吸收了Ordo（秩序）学派的思想，但是实践中贯彻了实用主义的倾向。这部被视为德国社会市场经济支柱的法律，对德国战后（第二次世界大战）的经济繁荣和政治民主发挥了极其重要的作用。[2]

1957年建立的欧洲经济共同体将维护欧共体市场的有效竞争置于战后欧洲历史发展进程的核心地位。竞争法被赋予的使命不仅是维护市场上的有效竞争，而且还要消除成员国之间的贸易障碍，为建立统一的共同体大市场创造条件。这

---

〔1〕 彭涛：《德国经济竞争秩序的选择与实践》，载《南方经济》2001年第5期，第71－72页。

〔2〕 David. J. Gerber：*The European Competition Law Story*：*Some German Roles*，转引自王晓晔著：《欧共体竞争法》，中国法制出版社2001年版，第16页。

在很大程度上体现了德国秩序自由主义的思想。其对欧共体竞争法的影响主要表现在两个方面：

第一，为欧共体竞争法奠定了理论基础。秩序自由主义从法律学和社会学两个角度发展了传统的经济自由主义的思想。在法律上，他们提出市场需要法律的保护，从而抵制来自政治权力和来自大企业经济势力的破坏性影响。市场是服务于社会的仆人，国家有必要通过市场方面的法律制度在经济和社会之间建立并且维持一种良好的关系。在社会学上，他们认为，市场在社会生活中不仅仅是表现个人自主权的领域，而且是一个融合社会的过程。

第二，对制定和发展欧共体竞争法产生了巨大影响。德国竞争法的实践为欧共体竞争法的制定和发展提供了最宝贵的经验。[1]

（三）美国反托拉斯法调整理论对欧盟的影响

在美国反垄断法发展过程中，曾经有三个经济学派起过或正在起着重要作用。在新政时期，“哥伦比亚学派”（Columbia School）的经济思想起着主导作用。这一学派从不相信没有管制的市场能够存在自由竞争。他们认为通过反垄断法追求和关心的是个别目标，如保护小企业或控制政治、经济势力的聚集。新政后至20世纪70年代，反垄断法更多地体现了哈佛学派（Harvard School）的精神。哈佛学派以“结构——行为——绩效”理论为基础，认为“大的就是坏的”。因此控制企业并购的法律更多地关注企业的结构，严格控制任何超大规模企业的产生。在处理具体案件中，“相关市场集中度”和“参与并购企业的市场份额”显得至关重要。这一时期，以结构主义为特点的反垄断法表现出其严厉的一面。自20世纪70年代起，芝加哥学派（Chicago School）的影响渐占上风。该学派崇尚自由的市场经济，反对政府干预，确立了经济分析方法为主的反托拉斯实体分析方法，效率被提高到与消费者福利相同的高度。20世纪90年代以后，随着人们对芝加哥学派的主张的一些批评，芝加哥学派对美国反托拉斯法的影响开始减弱，民粹主义开始复活，新产业经济学也修正了芝加哥学派的一些偏激做法，美国反托拉斯法进入了一个多种思想混合并存的时代。然而，不可否认的是，芝加哥学派仍然占据主导地位，效率取向依然是主流。

总之，美国的反托拉斯法基于民粹主义而发展。在美国经济以史无前例的规模与速度高速扩张，并得以在20世纪的头十年跃升为发达工业强国之首的历史背景下，其立法者的立法动机在本质上是属于民众主义的，甚至可以说在实质上是倾向于社会民主党的社会主义意识形态的。当然，美国立法者的意图也是美国

---

〔1〕 参见王晓晔著：《欧共体竞争法》，中国法制出版社2001年版，第17－19页。

历史逻辑的自然延续。在20世纪70年代，美国反垄断法因应民主的潮流而发展变化，美国的竞争政策被视为美利坚合众国的经济政策的推进力量。[1] 经过哥伦比亚学派、哈佛学派、芝加哥学派的改造和后芝加哥时代的新产业经济学等多种思想的洗礼和融合，[2] 最终在企业集中规制方面形成了自己的特色。第一，以实质减少竞争标准为合并规制的实体标准。第二，以经济学分析为主的实体分析方法。第三，以法院为主导的程序模式。[3]

在欧洲，传统观念一般认为，美国占领军将美国反托拉斯法带到了德国，德国又将其扩展到欧盟，因而欧盟竞争法不过是美国反托拉斯法的翻版。从前文有关欧盟竞争法理论发展的论述不难发现，这个想法其实是一种误解。[4]

当然，由于美国的谢尔曼法是世界上最早的反垄断法，加之美国关于竞争的经济学理论流入欧洲，欧盟竞争法确实受到美国经济学派理论的影响。美国最高法院的判决曾经指出："谢尔曼法依据的前提是，不受限制的竞争将产生最经济的资源配置、最低的价格、最高的质量和最大的物质进步，同时创造一个有助于维护民主的政治和社会制度的环境。"[5] 这个前提同样深深植入欧盟竞争法的立法与实践之中。

二、对欧洲竞争法中自由精神的思考

欧盟关于竞争自由的理念深受亚当·斯密为代表的自由主义经济思想和理性哲学的影响。但是，自由不是绝对的。正如卢梭在《社会契约论》开篇所言："人生而自由，而无所不在枷锁之中。"从经济自由主义和政府干预主义的演进历程看，二者呈现交替发展的情况，同时，国家干预主义和经济自由主义只是不同经济发展阶段的侧重有所不同，实质问题只是主次和领域的差异，实际上单一的国家干预或经济自由是不存在的，例如，斯密在强调"看不见的手"的作用同时，也承认政府对经济发展的作用；凯恩斯主义主张国家对经济进行干预，但其国家干预思想是建立在市场经济基础之上的。从现代西方经济学的发展及各国的现行政策看，二者发展日益呈现融合趋势。一方面，国家干预主义逐渐承认市

---

〔1〕 孙涛：《欧盟竞争法的政策基础及其对企业结合的反垄断控制》，参见 http：//www.chinacompetitionlaw.com，中国竞争法网，2006年10月28日。

〔2〕 美国反托拉斯法的理念是多个理论流派的观点冲突和交织的结果，尽管在各个时期占据主流地位的理论不同。辜海笑著：《美国反托拉斯理论与政策》，中国经济出版社2005年版，第3页。

〔3〕 参见卫新江著：《欧盟、美国企业合并反垄断规制比较研究》，北京大学出版社2005年版，第37–39页。

〔4〕 Spencer Weber Waller (reviewer): *Law and Competition in Twentieth Century Europe: Protecting Prometheus* (a book written by David J. Gerber), the Antitrust Bulletin/ Spring 2000, p. 249.

〔5〕 M. C. Howard: *Antitrust and Trade Regulation*, New Jersey, 1983, p. 1.

场经济的效率，注意将宏观经济政策同发挥市场机制作用相结合；另一方面，大多数经济自由主义的倡导者，逐步由彻底的自由放任向承认国家适当干预的合理性转变。

正是这种自由精神的内在矛盾，决定了欧盟竞争法不同于美国反托拉斯法的政策目标。

第三节　欧盟竞争法的政策目标

在英、德、法、意等主要欧洲大国中，国家干预经济的政策通常被当作是实现经济社会目标的最佳方式，而非通过市场力量的自由竞争实现对资源的优化配置。完善的、纯粹的竞争自由意味着，在该机制下，为了保证对资源的最佳配置而进行的全部过程将显得过于缓慢。这种机制尽管有可能会保证社会的稳定发展，但必须付出相当的社会代价，才能保证市场的活力。

然而，对这些政策本身的目标并没有一个统一的认识。欧盟前竞争委员米耶特认为，欧盟竞争法具有其经济的、政治的和社会的目标。这些目标不仅包括促进生产效率的目标，而且包括实现《欧共体条约》的目标，即建立共同市场、经济政策趋同化、促进协调发展、提高生活水平，使成员国更为紧密融合，等等。〔1〕有的学者认为，欧盟竞争法除了包括经济效率外，还应包括共同市场的完整性、保护中小企业、公平竞争、政治自由等。〔2〕还有的学者认为，欧盟竞争法的目标包括：基本目标应当是为了保护消费者；通过禁止合并等措施来促进竞争的公平而不是经济的效率；保护小型企业不受大型企业的排挤。〔3〕有的中国学者则认为，欧盟竞争法的直接目标包括：提高经济效率；维护公平交易；保护共同市场的完整统一。〔4〕

本书将根据法国欧盟竞争法学者弗朗索瓦·苏第的观点对欧盟竞争法的目标进行论述。苏第认为，(欧盟) 欧洲共同体的竞争政策贯穿着三大目标：〔5〕

〔1〕 See Karel Van Miert: *A Programatic Approach to Europe's Competition Policy*, Commission's Monthly Newsletter, May 1993.

〔2〕 Valentine Korah: *An Introduction Guide to EC Competition Law and Practice*, 5th ed., London, Sweet & Maxwell, 1994, pp. 9 – 10.

〔3〕 Richard Whish & Brenda Sufrin: *Competition Law*, London, Butterworth, 1993, pp. 13 – 14.

〔4〕 阮方民著:《欧盟竞争法》，中国政法大学出版社 1998 年版，第 63 页。

〔5〕 François Souty, Le droit de la concurrence de l'Union européenne, Montchrestien, 1997, pp. 23 – 33. 转引自孙涛:《欧盟竞争法的政策基础及其对企业结合的反垄断控制》，http: //www. chinacompetitionlaw. com，中国竞争法网，2006 年 10 月 28 日。另可参见李钟斌:《反垄断法的合理原则研究》，厦门大学出版社 2005 年版，第 168 页。

1. 政治性的目标

欧盟竞争法，是各成员国为了保证建成一个单一市场而部分地让渡国家主权的结果。因此，经过修订的《罗马条约》旨在推动泛共同体的经济活动的发展，以及促成成员国间更为紧密的联系。共同体竞争法的终极目标是创建一个基于竞争机制的高效率的市场经济，而努力建成一体化的共同体市场就是它的最重要的目标之一。在美国，与此相反，自19世纪末以来出现了大批庞大的经济集团和产业托拉斯组织，随着各种行业托拉斯的迅速蔓延致使美国经济垄断化倾向日益严重。因此，美国反托拉斯法所追寻的终极目标是维护已经形成的联邦经济区域。

欧盟竞争法与美国反托拉斯法目标及手段的不同具体表现在：根据特定行为是否与“一体化”相容的特征，欧盟针对一系列企业行为采取了与美国相比有时更为严厉、有时却比较宽松的规制措施。严厉的措施包括：对寻求地域限制和禁止平行进口或者平行出口；此外，在不同成员国之间的价格歧视行为——前者有违于“消除各国间经济疆界的原则”，后者则人为地分割了共同体内部市场：从1951年的欧洲煤钢共同体框架下的实施条例开始，价格歧视行为就被视为违法。与此相反，在某些情况下对欧洲范围内的企业间合作协议行为，欧盟竞争法采取极为宽松的，甚至是提倡的态度，例如在欧洲经济共同体的第2871/71号和第417/85号以及第418/85号三个条例中，专业化协议和研究与发展协议被列入除外条款而免于适用竞争法。对于布鲁塞尔学派来说，这意味着在考虑到了首要政治目标的前提下，经济理论才可以成为判断一种行为具有促进竞争或反竞争性质的指南。

欧盟委员会2000年根据《欧共体条约》第82条对法国足球协会在1998年举办的世界杯足球赛（CFO）中滥用市场支配地位一案作出裁决。此案也是欧盟委员会在竞争法领域迄今最小的案件。案件的起因是CFO出售足球赛门票的时候，仅对法国人提供邮购的方式，从而对其他成员国的公民实施了歧视待遇。案件的结果是，欧盟委员会对CFO象征性地罚款1 000欧元。从实际意义看，该案件远不及欧盟委员会2000年初审查的美国在线AOL与时代——华纳公司之间的合并以及英国沃达丰公司（Vodafone）与德国曼内斯曼公司（Mannestnann）之间的合并那么重要。然而，由于足球赛的门票制度受到欧共体足球爱好者的普遍关注，这个裁决不仅对欧共体内其他重大体育比赛的组织者敲了一个警钟，而且在很大程度上也说明，欧共体竞争制度比欧共体其他任何制度都能更有效地干预市场，从而在建立统一的共同体市场的过程中起着极其重要的作用。[1]

---

〔1〕 王晓晔：《多元化目的——欧共体竞争法目的和任务评述》，载《国际贸易》2001年第9期，第48页。

2. 经济性的但并不仅仅局限于竞争领域的目标

与美国的做法截然相反，欧盟竞争法的目的不仅限于“竞争效率”，而前者现在完全将就业与产业政策排除。欧盟竞争法的目的定位在确保“经济效率”，其概念比“竞争效率”更具广延性，通过除纯粹生产率以外的其他功效，特别是在分配环节——把收入从生产者那里转移到消费者那里，或者作相反的转移；尤为重要的是还有利于经济的增长和促进就业。可以说，“欧盟产业政策对合并政策的制定和实践产生了直接或间接的影响”。[1] 上述观点在欧盟委员会《关于竞争政策的第二十三次报告》中得到了全面的阐述，报告阐明道：

“实际上，刺激经济增长、增强经济的竞争力、促进就业，从来就是竞争政策存在的理由。竞争增进资源的优化配置，鼓励科研和发展、创新和投资。就是通过这种机制，资源和就业才能从不景气的生产领域被引导到朝阳产业。竞争的这项传统的作用，在近年来被成倍地加强了。一方面，竞争政策对欧洲内部大市场的建设作出了很大的贡献，内部市场的建成将创造出更多的就业机会和实现增长、加强经济的竞争力。另一方面，竞争政策又是欧盟产业政策的核心……委员会的优先任务之一便是通过一个透明的政策和高效的决策方便企业的结合行为和相互之间的合作行为，只要这些行为不危及到有效竞争和市场的活力。企业的结合有助于经济结构的重组，而企业间的合作行为有益于具有重要意义的规模经济。规模经济有利于产品质量的改进，技术开发以及将其成果转化为生产力，从而有利于企业开拓新的市场……在为数繁多的行业领域，对市场结构的竞争法分析应该置于日益增长的世界一体化的大范畴内。当依据竞争规则对企业间合作行为进行评价时，企业间合作创造的效率与它们所处的实际竞争环境之间的平衡是应该加以考虑的一个主要的因素。”[2]

如在著名的 Renault/Volvo 案中，作为以制造汽车为主的法国 Renault 公司与瑞典 Volvo 公司，为能够在汽车、卡车及客车市场进行合作，达成了相互控股的协议。尽管两公司当时在共同市场已占有很高的市场份额，但欧盟委员会仍然批准了这宗集中案。委员会尽管没有直接言及国际竞争问题，但是，如果对照欧洲的汽车工业正面临美国和日本汽车工业激烈竞争的基本事实，不难发现，该案的决定完全出于提高欧洲汽车工业作为一个整体在国际汽车市场中的竞争实力这一

---

〔1〕 J Wolf Sauter: *Competition Law and Industrial Policy in the European Community*, Blackstone Press Limited , 1991, p. 76.

〔2〕 Commission Européenne, XXIIIe Rapport sur la Politique de la concurrence, Bruxelles, 1994, pp. 24 – 25. 转引自孙涛：《欧盟竞争法的政策基础及其对企业结合的反垄断控制》，http://www.chinacompetitionlaw.com，中国竞争法网，2006 年 10 月 28 日。

产业政策考虑的。

但是，需要指出的是，竞争管理机构在进行反竞争案件管理时，往往存在着实际中忽视消费者利益转而追求权力层利益的问题，这就决定了竞争管理机构必须实施民主治理。[1]

3. 伦理性的或曰社会性的目标

欧共体的学者认为，市场经济和竞争绝不仅仅是为了企业的效率以及提高社会福利，而且还与“自由”和“民主”有着密切的关系。欧洲近现代历史的经验已经证明，一个社会如果只有市场经济而没有自由，这样的社会事实上不是市场经济。因此，欧共体特别注重维护共同体内的政治民主和经济民主。因为只有通过竞争才能限制经济势力以及由此产生的社会势力和政治势力，而且也只有在竞争的条件下，一种经济势力才不会成为垄断势力永久性地存在下去，保护竞争的法律制度在维护一个国家的政治民主和经济民主的过程中就会发挥极其重要的作用。[2]

《欧共体条约》体系旨在建立一个超国家的行政机构，1957 年《罗马条约》的签订使各缔约国作出了对部分主权的重要让渡。共同市场的创立者们必须确立伦理性的保障以弥补各国对部分主权的让渡。欧盟竞争法对公平的价值追求体现在很多地方，尤其是在消费者的保护领域。欧盟委员会在 1979 年向欧洲议会提交的《关于竞争政策的第九次报告》对此提出：

“条约（指《罗马条约》）构建的竞争制度，要求竞争能够发挥应有作用的市场环境是置于正当竞争的原则之下的。委员会认为，在当前的经济环境中这一原则具有首要的重要性，其要者有三：

“首先，在共同市场上应保护所有的商业交易主体有平等的机会。第一，涉及国家，应该避免以补贴或者其他援助手段致使本国企业获得比其他国家企业占据更为有利的地位。第二，意味着国家与其公共部门企业之间的财政关系得有足够的透明度，以便于评判这些公共企业是否是在平等的基础上与他们私有部门的竞争者竞争，从而确保其不会损害“一般经济利益部门”（Les Services D'intérêt Économique Général）。最后，维护平等的待遇意味着，来自非共同体成员国家的企业，不论是直接地，还是通过其分支机构在共同体内部大市场活动，都应该适

---

〔1〕 参见吴玉岭：《执法者的理性自利对消费者福利目标的异化——以美国司法部和 FTC 执行反垄断法为线索的历史考察》，载《广东商学院学报》2006 年第 3 期。

〔2〕 Wolfgang Kartte, Chancen & Risiken fuer den Wettbewerb im EG—Bin-nenmarkt, in: Festschrift fuer Fritz Rittner, Muenchen 1991, S. 255. 转引自王晓晔：《多元化目的——欧共体竞争法目的和任务评述》，载《国际贸易》2001 年第 9 期，第 50 页。

用与共同体成员国企业相同的法律规则。

“在市场中开展正当竞争原则的第二方面，要求考虑企业进行活动所处的极为不同的经营环境。就竞争政策来说，这里涉及通过必要的共同体竞争法规，给予缺乏足够市场力量的中小企业以特别的关注。

“最后，公平要求委员会的竞争政策考虑到劳动者、用户、消费者的合法利益。这些人应被视为保留了一份合理的由企业通过限制相互间竞争的协议行为而获得的收益……同样值得特别关注的是就业发展的前景，这在委员会评价国家补贴的议案时起着重大的作用。”[1]

第四节 欧盟竞争法的实施机制

根据欧盟法中的授权性原则，原则上应由欧共体机构制定二级立法，而成员国负责实施。仅在少数例外情况下，按照初级立法和二级立法的规定，共同体机关才有一定的执行权能，欧盟竞争法正属于这类例外情况之一。换言之，欧共体机构是竞争法规则的主要实施机关。

一、欧盟法实施的一般理论

（一）欧盟法的直接适用原则

在欧洲联盟范围内，由于存在着两个层次的法律体系——欧盟法和成员国法，所以出现了类似于分权制国家的宪政核心问题：怎样处理不同级别的或不同的行政单位之间的关系问题？具体到竞争法领域，就是欧盟竞争法规范与建立了竞争制度的各个成员国（如德国、法国、英国、意大利等）竞争法规范这两个体系之间的法律适用和法律效力冲突问题。

关于欧盟法的效力的基本原则是：欧盟法的直接适用性（Applicabilité immédiate）。[2] 根据欧洲法院通过判例阐明的规则：欧盟法的性质，尤其是对各成员国法律体系而言的它的独立性，使得它不必通过任何立法形式的接纳或转化就能够直接渗透到成员国的国内法律体系中，构成成员国国内法的有机组成部分。这一点是与采取二元制的国家迥然相异的。换句话说，欧盟法的独特性在于

---

〔1〕 Commission des Communautés Européennes, IXe Rapport au Parlement Européen sur la Politique de la concurrence, Bruxelles, 1979. 转引自孙涛：《欧盟竞争法的政策基础及其对企业结合的反垄断控制》，http：//www. chinacompetitionlaw. com，中国竞争法网，2006 年 10 月 28 日。

〔2〕 See D. Simon, Le système juridique communautaire, Presses Universitaires de France, 1997, pp. 241 - 245, Paris. 转引自孙涛：《欧盟竞争法的政策基础及其对企业结合的反垄断控制》，http：//www. chinacompetitionlaw. com，中国竞争法网，2006 年 10 月 28 日。

它所坚持的一元论。欧盟法规范，既不能被看成是国际法，也不是外国法，也非多个国家的国内法，具有完全的强制的效力并能够直接适用于所有的成员国，除非是特别要求必须在成员国国内通过接纳和采用的法律。

欧盟法的这种“直接适用性”首先体现在“基本法”（Droit Originaire）方面。不断修改的共同体诸基本条约，即欧盟法学者所称的“基本法”，构成了成员国法律规范的一部分，成员国有关当局和司法机构应该像实施国内法律规范一样地适用之，而无须通过任何的立法采纳等间接方式。同样，该原则也适用于“派生立法”（Droit Dérivé），即条例、指令、决定、与共同体有关的国际条约。也就是说依据欧盟基本条约的特性，“直接适用性”原则对欧盟法的整体都是适用的。

“直接适用性”原则构成了使欧盟法纳入成员国法律体系的坚实内核；根据这个原则审视欧盟法和成员国法的衔接点，通常又涉及两个方面：一个是“直接效力原则”（L'effet Direct）；一个是“效力优先原则”（La Primauté）。“直接效力原则”，是指欧盟法在特定的条件下，为欧洲联盟公民个人或企业直接创设权利和义务，个人或企业可以直接援引欧盟法的规定，要求国内法院保护其在欧盟法上的权利和义务。这个概念在欧盟基本条约上是不存在的，它是欧洲法院经过司法判例的阐述而建立和发展起来的。1963 年欧洲法院就“梵甘·昂卢斯案”（Van Gend en Loos Case）所作的判决，构成了“直接效力原则”的基础。关于“效力优先”，由于在欧洲联盟境内存在着两套法律体系，当两者对同一问题的规定产生冲突时，欧盟法优先于成员国法而适用，但必须是在欧盟法的规定具有直接效力的条件下才能优先于成员国法。效力优先原则也是首先在“梵甘·昂卢斯案”中被提出的。随后，在“科斯塔案”（Costa Case）中，欧洲法院确定了欧盟法优先于成员国在接纳了欧盟法之后制定的国内法。在此后的一系列案件中，法院阐述道：欧盟法效力优先原则适用于欧盟基本条约条款的规定、欧盟各机构条例的规定以及欧盟与第三国所签订的国际条约的规定；也一样适用于来源于成员国宪法或其他国内法律的规定，不管欧盟法规定颁布在成员国法之前还是之后。

（二）欧盟法的实施主体

从实施的主体来看，欧盟法的实施，主要分为欧共体直接实施与成员国实施两种情形。[1]

1. 欧共体直接实施

所谓欧共体直接实施，是指由欧共体机构自己执行欧共体法。这是共同体法

〔1〕 此处欧盟法与欧共体法在等同意义上使用。

实施的例外情形，必须有主要共同体法的明文规定，欧共体有关机构方能实施。[1] 例如，依据《欧共体条约》第205条（现第274条），欧共体预算由其直接执行；[2] 又如，《欧共体条约》第85～91条（现81～86条）的竞争法规则，第113条（现第133条）的共同商业政策等，也都由欧盟委员会享有专属的实施权能。[3]

欧共体法由欧共体机构直接实施，在实践中主要由欧盟委员会承担这一职能。当然这也不排除其他欧共体机构的实施，尤其是那些具有独立法律人格的机构，例如，根据《欧共体条约》第130b（现第159条）的规定，“共同体还应通过结构基金、欧洲投资银行与其他现有财政手段而采取的行动，支持这些目标的实现”[4]。另外，欧共体机构的直接实施在一定情形下也需寻求成员国行政机关的协助。例如，《第17号条例》第11条、13条、14条即明确规定，成员国机构在竞争法领域必须协助委员会行使职权。[5]

由欧共体直接实施共同体法时，行政程序依据为初级立法和二级立法中的相关规定。欧共体行政行为的一般形式为决定，《欧共体条约》第190条（现第253条）规定欧共体的行政行为应说明立法理由、第191条（现第254条）则规定立法的公布与生效、第192条（现第256条）明文规定对于个人课以支付义务的决定，亦具有执行名义。[6] 此外，尚有许多个别规定，例如《欧共体条约》第6条的禁止差别待遇即明确规定行政程序。[7] 欧共体二级立法中更是包括了广泛的行政程序规定，例如前文提及的《第17号条例》中规定了申报、申请和听证等程序。对于那些缺乏行政程序规定的欧共体法的实施问题，实践中是通过欧洲法院判例形成的一般行政法律原则而得以解决的。例如，一事不再理原则、公平行政程序原则、禁止涉及既往原则等。

2. 成员国实施

根据《欧共体条约》第5条规定，成员国必须在其领土范围内实施欧共体法，而且相对于欧共体机构的直接实施而言，成员国实施是共同体法得以适用的常态。依成员国实施的情形，进一步可以分为由成员国机关依据共同体法实施，例如，成员国机关直接依据具有直接适用效力的初级立法和条例、指令和决定等

---

〔1〕 陈丽娟著：《欧洲共同体法导论》，台湾五南图书出版公司1996年版，第222－223页。

〔2〕 See The Treaty Establishing the European Community, Art. 274.

〔3〕 See The Treaty Establishing the European Community, Arts. 81－86, Art. 133.

〔4〕 See The Treaty Establishing the European Community, Art. 159.

〔5〕 王晓晔著：《欧共体竞争法》，中国法制出版社2001年版，第375页。

〔6〕 See The Treaty establishing the European Community, Art. 253, 254, 256.

〔7〕 See The Treaty establishing the European Community, Art. 6.

二级立法；另一类型为间接地由成员国机关实施，例如，成员国将欧共体法转换为国内法规则，或者制定执行性法规以弥补欧共体条例等二级立法的不足[1]。

除了成员国法院可以实施欧盟法之外，成员国负责具体实施欧共体法的行政机关仅在明文规定的情况下，才负有行政执行的注意义务，原则上欧共体不得干预成员国的行政组织机构，尤其是成员国宪法上规定的行政组织的权限分配，但成员国亦不能对欧共体主张因适用其本国法律而使得不履行共同体法义务成为合法正当的理由。因为成员国在实施共同体法遭遇不可预见到困难时，基于《欧共体条约》第5条的忠诚义务的规定，必须将所遭遇的困难通知欧盟委员会，并由委员会与成员国在忠诚合作义务下，寻求适当的解决办法，以克服实施中的困难。因此，成员国不得径自主张适用本国法的合法性，而排除不履行欧共体法的义务。

成员国在实施欧共体法时，一般应当依据国内法规定的行政程序进行，但就一些与欧共体特别有关的事务而言，欧共体二级立法亦会规定直接在成员国实施时的行政程序。例如，第2913号欧共体共同关税条例第217条以下即规定在关税法领域的行政程序，而此种程序规定作为直接适用的欧共体条例，在实施时自然应优先于成员国内容相同的程序规定。

此外，欧洲法院在判决中亦确定在施行欧共体法时适用成员国行政法规的原则。《欧共体条约》第5条规定，"成员国应采取一切适宜的措施，无论是一般的还是特殊的，以保证本条约所产生的，或由共同体机构采取行动所造成的义务得到履行。成员国应促进共同体各项任务的完成。成员国应避免采取任何可能危及本条约目标实现的措施。[2]" 因此，为实施欧共体法，成员国在适用本国行政法时，其国内法不得影响欧共体法规的范围及效力。欧洲法院在判决中注意到了各成员国间行政法的差别，并主张应由制定二级立法的欧共体机构在必要时以欧共体法规消除成员国行政法间的差异。仅在成员国机关已全面地考虑欧共体的利益时，欧洲法院才接受成员国行政法规间的差异。欧共体法的一般法律原则并不取代成员国法规，但可以作为成员国实施欧共体法的最低标准。

以上是成员国机关依据欧共体法直接实施的情形。就间接实施而言，是指成员国机关在内容上并不是直接适用欧共体法，而是适用由欧共体法转化而来的国内法。成员国机关亦必须考虑欧共体法的措施，而只要是存在欧共体的措施，就不再考虑成员国的行政法规，且成员国机关必须遵守欧共体法的一般原则。

---

〔1〕 陈丽娟著：《欧洲共同体法导论》，台湾五南图书出版公司1996年版，第223页。

〔2〕 See The Treaty Establishing the European Community, Art. 5.

二、欧盟竞争法的实施

如前所述，“科斯塔案”确立了欧盟法优先于成员国法的一个基本框架。具体到竞争法领域，欧洲法院审理的“魏尔姆案”（Wilhelm Case）则是该领域一个里程碑式的案件，该案奠定了欧盟竞争法效力优先于成员国竞争法的具体规则。1969 年，西德的一家企业魏尔姆公司和几家外国公司就在欧盟境内组建一个经销纸浆的价格卡特尔达成了协议。当时西德的联邦卡特尔局根据德国《反对限制竞争法》对之进行了查处。由于魏尔姆公司不服联邦卡特尔局的查处，遂向柏林地方法院起诉。与此同时，参加该价格卡特尔的其他当事人也正在接受欧盟委员会的调查。根据《罗马条约》第 177 条的规定，柏林法院请求欧洲法院就下列问题作出“先行裁决”（Arrêt préjudiciel）〔1〕——当欧盟委员会根据欧盟法对某一案件进行调查时，成员国司法机关能够在多大范围内依据本国的竞争法律规范对同一案件继续进行处理。欧洲法院在其先行裁决中认定：对同一个限制竞争的协议，根据欧盟法和成员国法进行双重调查程序和双重处罚是被允许的，前提是“只要国内法的适用不影响共同体法的完整和统一的适用，已经或者将要实施的执行共同体法的措施的效果。”“共同体法与成员国法关于卡特尔法问题存在着的差异必须通过实行共同体法效力优先原则来解决。”“如果发现成员国有关主管当局对一个协议的处理决定可能会与委员会的处理决定不一致时，成员国有关主管当局需要充分考虑后者所作决定的效力。在成员国的有关查处程序中，如果发现委员会正在进行的对同一个协议的调查程序可能作出一个与成员国有关主管当局不一致的处理决定时，后者需要采取适当的措施。”〔2〕

欧洲法院在其他一系列案件中，创立了有关具体执行“效力优先”原则的判例规则。1978 年欧洲法院的一份声明作了如下阐述：“根据共同体法律效力优先原则，共同体条约的条款及其采用的直接适用措施与成员国国内法律的关系是，这些条款和措施一旦生效，自然会使与其相冲突的国内现行法律规定无效；而且，共同体法律作为成员国境内法律秩序的一个组成部分并享有优先权，它排除了成员国通过与之不容的新立法措施的可能性。”正如欧洲法院在整个欧洲一体化建设中所起的关键作用一样，它几十年来的工作，既忠实又灵活地实施了共

---

〔1〕“先行裁决”是指在欧盟法中，根据《罗马条约》第 177 条的规定，当某一成员国审判机构在适用欧盟法处理本国案件时，对条约规定或理事会、委员会制定的条例、指令、决定等次一级立法或其他规范性文件产生疑问的，可以向欧洲法院请求做出解释。欧洲法院对所请示问题做出先行裁决予以解释。裁决中的解释必须是根据基本条约的精神所作的抽象的、原则性的阐释，成员国法院收到后再依据裁决作出具体的决定。

〔2〕 Case 14/68 whilhelm v. Bundeskartellamt (1969), ECR 1.

同体和欧洲联盟的基本条约。欧洲法院通过判例所确定的欧洲联盟法的“直接适用性”原则和“直接效力”“效力优先”原则，同样成为处理欧盟竞争法和成员国竞争法之间关系的基本规则。[1]

从实施的主体来看，欧盟竞争法的实施也主要划分为欧盟委员会实施和成员国实施两种方式：第一，委员会可以由理事会第17号条例授权审查是否有违反《欧共体条约》第81条和第82条的行为和给予个别豁免；第二，根据直接效力原则，第81条和第82条赋予个人和企业向成员国法院提出侵权诉讼的权利。[2]此外，成员国竞争管理机构也可以实施欧盟竞争法。

（一）欧盟委员会的实施

在美国，联邦贸易委员会和司法部反托拉斯局虽然也担负着有关行政、立法、调查、起诉等职责，联邦贸易委员会还可以依据职权作出合并案件的最终行政裁定，但是美国的集中控制机构并没有司法审判权。联邦贸易委员会和司法部反托拉斯局只能以向法院提起诉讼的方式请求法院作出有关企业集中的最终决定，法院居于中心地位。这种模式集中体现了《联邦行政程序法》的要求，在价值取向上属于典型的民主模式，在目的论上则属于保护模式。[3]

在欧盟，欧盟委员会在控制企业集中法律制度中处于中心地位。欧盟委员会是由成员国的政府制定并经欧洲议会批准的20名委员组成，这些委员不代表成员国的利益而是代表欧盟的利益。欧盟委员会根据欧盟理事会的授权，享有执行和贯彻竞争政策的权力，[4]具体负责企业集中规则的执行工作，担负集中案件的立法、调查、起诉以及审判等多项职责，只是在集中当事方对欧盟委员会作出的关于集中的最后决定表示不满并提起诉讼时，欧洲初审法院或欧洲法院才开始介入。欧盟委员会在整个企业集中规则中处于一种核心地位，因此，欧盟控制企业集中法律制度实际上是一种典型的行政主导的模式。这是因为欧盟秉持着欧洲大陆重视行政效率的传统，特别注意吸收德国法在这方面的经验，形成了目前这种模式。

具体而言，欧盟委员会实施竞争规则的途径包括：其一，委员会由部长理事

---

〔1〕 成员国法院适用欧盟竞争法的详细分析参见 Jacques, H. J. Bourgeois: EC Competition Law and Member State Courts, *Fordham International Law Journal*, Vol. 17, 1994.

〔2〕 邵景春著：《欧洲联盟的法律与制度》，人民法院出版社1999年版，第406页。

〔3〕 应松年主编：《比较行政程序法》，中国法制出版社1999年版，第48页。

〔4〕 欧盟理事会由成员国的代表组成，在欧盟法体系里地位最为重要，其拥有立法权、对外缔约权，并在制定欧盟预算方面具有重要作用。它对欧盟委员会在竞争政策上的授权有助于欧盟竞争政策的执行发展，不受政治因素的影响。因为欧盟理事会的成员往往代表本国利益，导致决策效率低下，不适应执行竞争政策的客观需要。

会授权制定种类豁免规则；其二，第 17 号条例第 19 条授予委员会决定个别豁免的权力，并且这个权力专属于委员会；其三，委员会有权从企业处获得信息，决定企业停止违反第 81 条和第 82 条的行为，并给予罚款。

（二）成员国的实施

《欧共体条约》第 84 条规定，依据《欧共体条约》第 83 条制定的法律规范生效之后，成员国主管机关可以依据本国的法律和《欧共体条约》第 81 条特别是该条第 3 款以及第 82 条的规定，对共同体市场上的协议、决议和协调行为的合法性以及对滥用市场支配地位的行为作出认定。这说明，除了《欧共体条约》第 81 条第 3 款，成员国主管竞争的机关有着直接适用《欧共体条约》第 81 条和第 82 条的权力。但是，欧盟理事会第 17 号条例对成员国主管机关的这个权力作出了很大的限制。根据该条例第 9 条第 3 款，仅当委员会尚未根据该条例的第 2 条、第 3 条和第 6 条对一个限制竞争进行立案审理之前，成员国主管机关才有权根据条约第 84 条适用《欧共体条约》第 81 条或第 82 条来审理这个案件。一旦委员会决定审理一个成员国主管机关正在审理的竞争法案件，该成员国主管机关便无权继续审理该案。此外，根据第 9 条第 1 款，委员会拥有依《欧共体条约》第 81 条第 3 款给予豁免的垄断权。因此，无论在任何情况下，成员国主管机关都无权对一个限制竞争授予豁免，这自然也严重影响了成员国主管机关适用欧盟竞争法的积极性。[1]

此外，《欧共体条约》第 81 条与第 82 条，依直接效力原则，为个人直接创设权利和义务。个人，包括企业可以要求国内法院保护权利和实施义务，国内法院可以在诉讼中适用第 81 条第 1、2 款，第 86 条（除属于委员会权能的第 3 款外）和种类豁免规则作出裁决。案件的诉讼程序和可能得到的法律救济由国内法规定。[2] 而且，成员国国内法院可以将当事人提交的案件其作为竞争法案件审理，也可以以其他名义进行审理，如作为侵犯知识产权的案件，而实质上主要是依欧共体竞争法来审理。同时，也可以给被害人以损害赔偿。

第五节　欧盟竞争法的司法保障

欧盟竞争法的司法保障主要是通过欧洲法院体系来完成的。欧洲法院体系主要包括欧洲法院（the European Court of Justice，ECJ）和欧洲初审法庭（the Court

〔1〕 王晓晔著：《欧共体竞争法》，中国法制出版社 2001 年版，第 445－446 页。

〔2〕 邵景春著：《欧洲联盟的法律与制度》，人民法院出版社 1999 年版，第 407 页。

of First Instance，CFI）。最初，欧共体内只成立了欧洲法院。但是随着提交欧洲法院的案件数量与日俱增，[1] 导致了司法程序效率低下。为了减轻案件积压的问题，《单一欧洲法令》决定设立一个管辖权有效的初审法庭。初审法庭经理事会第88/951号决定成立。最初，初审法庭对下列案件具有管辖权：基于《欧洲煤钢共同体和欧洲原子能共同体条约》的雇员案件；基于《欧洲煤钢共同体条约》煤炭和钢铁企业提出的诉讼和企业根据《欧洲共同体条约》的173（2）和第175（3）条提出的关于实施适用于企业的竞争规制的诉讼。而后，根据理事会第93/350号决定，初审法庭对倾销案件具有管辖权，对其的裁决涉及法律问题的允许向欧洲法院上诉。

根据《欧共体条约》第220条（原第164条），欧洲法院的任务是“在解释和适用本条约的过程中保证法律得到实施”[2]。具体而言，它在欧共体中同时充当着三个角色：既是宪法法院，又是行政法院和民事法院。[3] 当然，也有学者认为，欧洲法院的作用远不仅限于此，甚至还发挥着仲裁法院、国际法院、上诉法院、刑事法院、惩戒法院的功能。[4] 但就现阶段而言，欧洲法院在欧盟竞争法领域主要发挥着行政法院的作用。

一、欧洲法院的管辖权问题

欧洲法院的管辖权主要分为四类，即违反条约之诉、宣告无效之诉、不作为之诉、初步裁决管辖。

所谓违反条约之诉，是欧共体有关机构或任何一成员国认为某成员国违反了条约规定的义务时，均有权向欧洲法院提起诉讼。该管辖类型主要体现在《欧共体条约》第226、227条（原第169条、第170条）中。第226条规定，“如果委员会认定一成员国未能履行本条约的一项义务，它应在给该成员国以提出申诉的机会后，对此事项发表一项说明理由的意见；如果该成员国未在委员会规定的期限内听从此意见，委员会可以将此事项提交法院”。第227条进一步规定，“如果成员国认定另一成员国未能履行本条约的一项义务，它可以将此事项提交法院”[5]。

---

〔1〕 从1952年到1994年，共有8 600起案件提交到欧洲法院，其中包括2 900个初步裁决请求。

〔2〕 See The Treaty Establishing the European Community，Art. 220.

〔3〕 赵阳：《〈尼斯条约〉对欧洲共同体法院的改革概述》，载赵海峰、卢建平主编：《欧洲法通讯》第二辑，法律出版社2001年版，第4页。

〔4〕 陈丽娟著：《欧洲共同体法导论》，台湾五南图书出版公司1996年版，第270－279页。

〔5〕 See The Treaty establishing the European Community，Art. 226，227.

第230条（原第173条）规定了宣告无效之诉，[1] 无论是欧洲议会与欧盟部长理事会共同作出的行为，还是部长理事会、委员会或欧洲中央银行单独作出的行为，其合法性均受到欧洲法院的监督，任何一成员国、欧盟部长理事会以及委员会若认为上述机构的行为不符合条约有关规定，均有权提起诉讼请求欧洲法院判决该行为无效。在一定条件下，欧洲议会、审计署、欧洲中央银行以及自然人、法人亦有权提出这样的诉讼。欧洲法院有裁决权的无效行为具体包括，“越权、违背必不可少的程序要求、违背本条约或与本条约的实施有关的任何法规、或以误用权力为由而由成员国、理事会或委员会提出的申诉”。关于自然人或法人提起该类诉讼，第230条规定：“可以按照相同的条件，对于对他而发的决定，或对于以条例或决定为方式对另一人发的但对他直接和个别有关的决定，提起诉讼”。

《欧共体条约》第232条（原第175条）规定，“若欧洲议会、理事会或委员会违背本条约而未采取行动，成员国与其他的共同体机构可以向法院提起申诉，以确定违约成立”，此即不作为之诉。第232.3条规定，“任何自然人或法人都可以按上述条件。向欧洲法院提出申诉、指控一共同体机构未向他发送除建议或意见外的任何法令”。此外，欧洲中央银行亦有该管辖类型下的申诉权。[2]

初步裁决[3]作为欧洲法院一种独特的管辖权制度，在欧洲法院和成员国国内法院之间建构了一种直接的司法合作关系。[4] 根据《欧共体条约》第234条（原177条），该制度是指在欧盟基础条约规定的特定案件中，成员国法院在作出判决之前，依条约规定的请求权或请求义务，就特定问题向欧洲法院请求解释性或合法性裁决，并进而根据欧洲法院对此问题的裁决作出对该案的判决。[5] 成员国法院或法庭的这一权能被称为裁决请求，而由欧洲法院根据这一裁决请求所作出的裁决则被称为初步裁决。建立在大陆法系理论基础之上的初步裁决制度，渊源于某些成员国的国内法律制度。[6] 就法律性质而言，它并非一种上诉程序，而仅是某一主诉案件（Main Action）的一个中间法律程序。成员国法院对相关主

---

〔1〕 The Treaty Establishing the European Community, Art. 230.

〔2〕 The Treaty Establishing the European Community, Art. 232.

〔3〕 初步裁决制度（the preliminary rulings），国内学界有诸多译法，如先行裁决、先决裁判、预先裁判等。但从该制度实际运作程序，以及所要实现的目标即确保欧共体法/欧盟法在成员国内得到统一适用来看，笔者倾向于译为“初步裁决制度”或“初步裁决程序”。

〔4〕 See Jo Shaw, *Law of the European Union*, 3rd edition, Palgrave MacMillan Press, 2000, p. 397.

〔5〕 See The Treaty Establishing the European Community, Art. 234.

〔6〕 例如，德国和意大利的宪法程序中都含有类似的条款：依照德国宪法第100条第1款和意大利宪法第134条，有关法院在对联邦法或州法存有疑义时，必须中止有关诉讼程序并请求宪法法院就此问题作出裁决。

诉案件的整个诉讼程序，包括从提起诉讼到判决的作出，享有完全的管辖权；成员国法院甚至在欧洲法院作出裁决之前，可以撤回其裁决请求。而且这一间接诉讼程序，相对于欧洲法院中的直接诉讼来讲，按照最初的条约设计，本应扮演补充性质的角色。尽管如此，这项制度在欧洲一体化的发展进程中取得了意料之外的成功。一方面，欧洲法院运用基础条约赋予的初步裁决权，作出了欧共体法的直接效力（Direct Effect）原则〔1〕、优先效力（Supremacy）原则〔2〕等一系列经典判决，对欧盟法律制度的发展产生了直接的促进作用；另一方面，该程序对于确保条约建立的法律制度的共同体性质以及在任何情况下都能在成员国国内得到统一实施，是必不可少的。〔3〕

二、欧盟竞争法在欧洲法院的适用

欧洲法院在一体化进程中发挥司法促进作用的同时，也一定程度地成为自身成功的受害者。〔4〕就竞争法领域而言，1975—1985年，委员会关于竞争案件作出的裁决数量增长了3倍，而且随着经济的发展，限制竞争的案件也越来越复杂。但是由于欧洲法院的主要精力并非专门负责集中在竞争法领域的案件，因此企业向欧洲法院提出的关于欧洲委员会适用竞争法的申诉就不能得到及时有效的审理，当事人的利益也就不能得到很好的保护。鉴于欧洲法院长期以来受理案数量增长较快，司法负担日益加重的事实，部长理事会通过决议设立欧洲初审法院，负责审理由自然人和法人直接提起的诉讼以及欧共体各机构与其雇员间的争议。〔5〕因此，在1989年11月1日欧洲初审法庭成立以后，欧盟竞争法领域的案件成为初审法院的工作重点。当然，对欧洲初审法庭判决不服的当事人可以在判决作出之后两个月内向欧洲法院提起上诉，而成员国和欧共体机构作为原告也必须在欧洲法院提起相关的诉讼，因此欧洲法院在竞争法领域仍旧扮演重要角色。〔6〕

欧盟部长理事会第17号条例的序言中明确指出，委员会根据该条例作出的所有裁决必须接受欧洲法院的监督。〔7〕另外根据《欧共体条约》第229条（原

〔1〕 See case 26/62 Van Gend en loos，［1963］ECR1，p. 11.

〔2〕 See case 6/64 Costa v. ENEL，［1964］ECR 585，p. 593.

〔3〕 See case 166/73 Rheinmühlen-Düsseldorf v. Einfuhr-und Vorratsstellefür Getreide und Futermittel，［1974］ECR 33，p. 43.

〔4〕 See Jo Shaw，*Law of the European Union*，3rd edition，Palgrave MacMillan Press，2000，p. 402.

〔5〕 王晓晔著：《欧共体竞争法》，中国法制出版社2001年版，第379页。

〔6〕［美］戴维·格伯尔著，冯克利、魏志梅译：《二十世纪欧洲的法律与竞争》，中国社会科学出版社2004年版，第466页。

〔7〕 王晓晔著：《欧共体竞争法》，中国法制出版社2001年版，第379页。

第172条)，“遵循本条约的规定而由欧洲议会与理事会共同制定的规则和由理事会制定的规则……赋予法院以不受限制的裁决权”。因此，当事人对欧盟委员会的裁决不服时，可以向欧洲法院提出申诉，请求认定委员会的裁决无效。

欧洲初审法庭的管辖范围主要是自然人或法人因《欧共体条约》第81条至第86条在初审法院提起的宣告无效之诉和不作为之诉。具体而言，欧洲初审法庭接受以下几类申诉：其一，根据《欧共体条约》第81条和第82条即适用于企业的竞争规则提起的申诉；其二，对一些有争议的行为或措施提起的申诉，例如国家理事会第17号条例指控委员会的裁决不正确或者理由不充分，或者指控委员会在审理案件中未能给予被诉人充分的辩护机会，或者违反了欧共体法的一般法律原则，或者指控委员会的裁决是滥用了自由裁量权，或者指控委员会征收的罚金不合理等；其三，自然人和法人根据《欧共体条约》第87条第1款和第3款，对委员会就国家援助方面发出的指令或者作出的裁决提出申诉。

成员国以及欧共体机构作为有特权的原告须在欧洲法院提起申诉，其他当事人则可以在欧洲初审法庭作为第一审法院。如果一个决议不仅受到成员国或者欧共体机构的反对，而且也受到非特权当事人即自然人和法人的反对，该申诉既可以在欧洲法院提出，也可在初审法院提出。但是对委员会的决定提起的申诉，可以在初审法庭提出。[1] 所以，欧洲法院在竞争法领域与初审法庭有部分管辖权是重叠的。但与后者不同的是，欧洲法院的初步裁决权在竞争法领域仍然有发挥管辖的可能，当成员国法院遇到需要解释基础条约、共同体机构颁布的二级立法的效力以及其他行为时，如果成员国法院认为有必要就竞争法领域的某一事项征求欧洲法院的意见，可以向其提出初步裁决的请求。因此，欧洲法院的初步裁决权在竞争法领域就有了行使的空间。

三、欧洲法院在竞争法领域司法保障作用的实证主义考察

与委员会或部长理事会相比较而言，欧洲法院较少受政治因素的影响，并且在一体化进程中一直扮演着“发动机”的促进作用，因此被约瑟夫·威勒誉为“最不危险的部门”[2]。竞争法领域亦是欧洲法院发挥司法能动性作用的一个舞台。

欧洲法院在20世纪60年代中期受理了第一起竞争法案件。此时正是戴高乐抵制欧洲化而引起欧共体内“空椅子危机”的关键时期，欧洲法院是唯一能够

---

〔1〕 王晓晔著：《欧共体竞争法》，中国法制出版社2001年版，第380－381页。

〔2〕 [美]约瑟夫·威勒著，程卫东、周弘等译：《欧洲宪政》，中国社会科学出版社2004年版，第189页。

维持一体化动力的机构。此时，欧洲法院将竞争法作为促进一体化努力的工具而加以发展，并通过塑造竞争法体系来实现这一目标。正如欧洲法院前任法官艾弗林（Everling）所言，“在评价法院的判例法时，必须认识到共同体的竞争规则是为了共同体的核心目标——开放成员国的市场——而制定的”〔1〕。欧洲法院以目的论的方式解释竞争法规则，借此增加委员会相对于各国当局的权力，例如，法院不懈地扩大第81条（原第85条）适用的地理范围。根据第81条第1款，只有当协议“影响到成员国之间的贸易”时，它才有可能违反该条约，但是该条约对这句话的含义几乎未做任何说明。该法院不断扩大这个“影响贸易”的概念，所依靠的是为这种扩展进行辩护时的一体化目标，其最终效果是增加委员会的司法权力。欧洲法院在一体化初期表达着宽泛的原则和价值，而不是把自身局限于对个别案件的裁决上。它把眼光投向未来，以指导欧洲委员会制定竞争政策为目标。

在20世纪70年代至20世纪80年代中期，面对国际经济形势的冲击，欧共体一体化陷入徘徊境地，在大多数重要领域，没有取得有利于共同体目标的明显成就。欧洲对一体化未来的信心也趋于衰退。欧洲法院在继续发挥“一体化主动力”的作用时，仍旧依赖在一体化初期建立的竞争法体系，这一体系逐渐被理解为对一体化事业至关重要，因此得到了很大的支持。但是，一体化要求的力量，以及对该法院在追求一体化中利用竞争政策的广泛政治支持，却导致了一些后来使欧洲法院在竞争法体系中的作用发生动摇的裁决。例如，在“大陆罐头案（Continental Can）”中，《欧共体条约》第82条（原第86条）并没有赋予委员会管制企业并购的权力，但欧洲法院采取了目的论的解释，认为委员会若没有战胜过渡经济集中的手段，便无法实现其一体化目标，因此必须把《欧共体条约》第82条解释成有这样一种手段。欧洲法院将第82条扩大解释以适用于控制企业集中，突破了欧盟竞争法传统的司法观。〔2〕总体而言，尽管提出了更多的严格要求，这一时期欧洲法院继续一般性地指导和支持委员会，维护委员会扩大竞争法条款的影响和实质性范围的努力。

如果说欧洲法院在最初30年里对竞争法的发展居功至伟的话，那么自20世纪80年代中期开始，这种创造性的促进作用表现得不再那么明显了。就像在共同体其他法律领域一样，在竞争法领域，欧洲法院将自身的职能局限于对具体法律纠纷的裁决。法院的裁决更为狭隘地侧重于通过运用现有的概念解决诉讼案件

---

〔1〕［美］戴维·格伯尔著，冯克利、魏志梅译：《二十世纪欧洲的法律与竞争》，中国社会科学出版社2004年版，第438页。

〔2〕该案在后文将有进一步讨论。

中的问题，更喜欢相对较低的抽象水平。[1] 其在竞争法事务上的革命性促进作用也随之下降，最近的竞争法案件往往涉及程序而非实质性问题，欧洲法院很少阐述重要的概念或理想。这一点也与法院日益减少对目的论推理的严重依赖而采取严格概念解释有关。由于竞争法事务更多地侧重于经济分析，而欧洲法院的法官们显然无法精确地就经济问题作出判断，因而在实践中，只能更多地依靠委员会评价经济事实，并且将自己的工作限制为检查委员会进行这种评估时是否遵循了适当的程序。

欧洲法院在竞争法体系中逐渐降低为“行政法院”的地位，即其基本职能是确保作为共同体执行机关的委员会正确履行职责，按照共同体政治机构为其制定的规则开展工作。在 Remia 案中，欧洲法院认为，“作为一般原则，法院要对适用第 85 条第 1 款的条件是否得到满足的问题进行全面检讨，但是显而易见……委员会必须评价复杂的经济问题，故法院只能局限于对这种评价进行检查，看其是否遵循了相关的程序规定，裁决的理由是否充分，对事实是否作出了准确的描述”[2]。这说明欧洲法院在竞争法上的角色意识不同于以往那种革命性或曰创造性的态度。

欧洲法院在竞争法领域作用的缩小，既可以认为是一体化的大局演变使然，亦可视为欧共体机构间权能分配的日益成熟所致。具体而言，除欧洲法院自身定位的变化外，随着欧洲统一大市场的建成和经济货币联盟的实现，竞争法的思想基础不复存在，因为法院早期在竞争法领域的能动司法作用主要就是围绕欧共体统一市场的目标运作的。此外，1989 年欧洲初审法庭的成立也减少了欧洲法院对竞争法体系发展的支配权，欧洲法院的职能相应地下降为对初审法院有关竞争法问题裁决的上诉审查，或者是初步裁决权，虽然初审法庭仍旧发挥一定的作用，但毕竟在竞争法领域存在两个法院的声音了。最后，由于欧洲法院早期对竞争法问题的判例已较为丰富，并且欧共体内建立了较为成熟的竞争法体系，欧洲法院也因此失去了继续扮演积极进取角色的机会。

总而言之，欧洲法院的职能变化使整个竞争法体系发生了分化：法院对竞争法规则的创设精神以及形成“革命性”判例的勇气趋于下降，与初审法庭一道，主要在竞争法领域发挥“行政法院”的作用；[3] 相应地，委员会获得了更多的自由裁量权，在竞争法领域的职能呈扩张态势。

---

〔1〕［美］戴维·格伯尔著，冯克利、魏志梅译：《二十世纪欧洲的法律与竞争》，中国社会科学出版社 2004 年版，第 463 页。

〔2〕 See Case 42/84 Remia and Nutricia v. Comm'n［1985］ECR 2545.

〔3〕 陈丽娟著：《欧洲共同体法导论》，台湾五南图书出版公司 1996 年版，第 273 页。

第二章 欧盟竞争法体系中控制企业集中法律制度的发展

第一节 欧盟集中控制法律制度渊源及调整范围概述

一、欧盟竞争法的渊源

前文已经讨论过，欧盟竞争法的渊源大致包括：①基础条约；②条例、指令、决定；③欧盟二级法院对涉及竞争争议案件的审理所作出的判决，以及欧洲法院为解释《欧盟条约》中涉及竞争法规范所作出的预裁；④其他有关竞争规则的法律规范，包括各成员国法院依照欧盟竞争法所作出的判例以及由欧盟各有关机构根据《欧盟条约》的规定代表欧盟对外签署的国际公约或承认的国际惯例中涉及的竞争法规范。

与美国相比，欧盟竞争法体系的渊源最大的不同之处在于，司法判例的作用比委员会裁决的作用相比显得薄弱。这也是大西洋两岸分别由司法主导和行政主导竞争法体系所造成的现象。

根据前文对欧盟控制企业集中法律制度的法律渊源的分析，不难发现，欧盟控制企业集中法律制度严格依照欧盟竞争法的渊源体系构建了自己的法律制度框架，并在实践中通过扩大欧盟委员会的职权进一步扩展了欧盟竞争法的渊源。[1]尤其是委员会一系列指南和各种通告，尽管在严格意义上是否属于欧盟法的渊源仍存在争议，但是从竞争法实践的角度看，它们发挥的作用是无可替代的。因此，本书将这些通告和指南也归入欧盟竞争法的渊源。据此，本书中讨论范围之中的欧盟企业集中控制法律制度，其主要渊源就是从 2004 年 5 月 1 日开始生效的欧盟控制企业集中条例和各种通告、指南，具体的法律文件包括：①欧盟控制

〔1〕 有关欧盟竞争法与欧盟控制企业集中法律制度的法律渊源问题，请参见本书第一章的相关内容。

企业集中条例，即第139/2004号理事会条例；②实施细则，即2004年4月7日第802/2004号理事会条例关于企业间集中控制第139/2004号条例（包括通告、时间限制、听证程序）；[1] ③委员会通告，包括关于集中概念的通告；[2] 关于涉及集中概念的通告；[3] 关于营业额计算的通告；[4] 关于“相关企业”概念的通告；[5] 关于完全功能型合营企业概念的通告；[6] ④关于与集中直接相关和必要限制措施通告；[7] ⑤关于集中案件提交的通告；[8] ⑥委员会程序通告，包括：获得材料——获得材料的程序和过程的内部原则的通告；[9] 简易程序——对某些集中案件采取简易程序的通告；[10] ⑦委员会实质性标准通告；⑧关于相关市场定义的通告；[11] ⑨横向集中评估指南；[12] ⑩集中申报可接受补救措施的通告。[13]

---

〔1〕 Commission Regulation (EC) No. 802/2004 of 7 April 2004 implementing Council Regulation (EC) No. 139/2004 on the control of concentrations between undertakings, Official Journal L 133, 30. 4. 2004, p. 1, available at http: //europa. eu. int/eur-lex/pri/en/oj/dat/2004/l_ 133/l_ 13320040430en00010039. pdf.

〔2〕 Commission Notice on the Concept of Concentration under Council Regulation (EEC) No. 4064/89 on the Control of Concentrations Between Understakings, 1998 O. J. (C 66) 5.

〔3〕 1998 O. J. (C 66) 14.

〔4〕 Commission Notice on Calculation of Turnover under Council Regulation (EEC) No. 4064/89 on the Control of Concentrations Between Understakings, 1998 O. J. (C 66) 25.

〔5〕 Commission Notice on the Concept of Understakings Concerned under Council Regulation (EEC) No. 4064/89 on the Control of Concentrations Between Understakings. “Understakings Concerned” 有学者译为“所涉企业”，参见许光耀主编：《欧共体竞争立法》，武汉大学出版社2006年版，第474页。

〔6〕 Commission Notice on the Concept of Full-functions Joint Ventures under Council Regulation (EEC) No. 4064/89 on the Control of Concentrations Between Understakings, http: //europa. eu. int/comm/competition/mergers/legislation/mergin98. html.

〔7〕 Commission Notice on Restriction Directly Related and Necessary to Concentration, http: //europa. eu. int/comm/competition/mergers/legislation/consultation/restrictions_ tru. pdf.

〔8〕 Commission Notice on Case Referral in Respect of Concentration, 1998 O. J. (C 66) 1, http: //europa. eu. int/comm/competition/mergers/legislation/consultation/case_ allocation_ tru. pdf.

〔9〕 http: //europa. eu. int/comm/competition/antitrust/acdosen_ en. html.

〔10〕 Commission Notice on a Simplified Procedure for Treatment of Certain Concentration under Council Regulation (EC) No. 139/2004, http: //europa. eu. int/comm/competition/mergers/legislation/consultation/simplified _ tru. pdf.

〔11〕 Commission Notice on the Definition of the Relevant Market for the Purpose of Community Competition Law, At http: //europa. eu. int/comm/competition/antitrust/relevma_ en. html.

〔12〕 Guidelince on the Acessment of Horizontal Mergers under the Council Regulation on the Control of Concentrations between Understakings, http: //europa. eu. int/eur-lex/pri/en/oj/dat/2004/c _ 031/c _ 03120040205en00050018. pdf. 本指南按照英文字面含义本应译为横向合并指南，但是考虑到指南适用于欧盟控制企业集中条例（139/2004号条例）下所有集中的情况，因此译为横向集中指南，下文不再说明。

〔13〕 Commisstion Notice on Remedies Acceptable under Council Regulation (EEA) No. 4064/89 and under Commission Regulation (EC) No. 447/98, http: //europa. eu. int/eur-lex/pri/en/oj/dat/2001/c _ 068/c _ 06820010302en00030011. pdf.

二、欧盟竞争法的具体调整范围

如前所述，在欧洲，弗莱堡学派是欧盟竞争法的思想源泉。[1] 因此，在企业集中控制法律领域，尽管受到美国反托拉斯法上合理原则的强烈影响，[2] 但是与美国不同，受弗莱堡学派思想的强烈影响，欧盟企业集中控制立法的首要目的是为经济一体化而不是为竞争目标本身服务。因此，欧盟委员会对企业集中采取的政策立场主要也是由经济一体化的需要决定的，而经济一体化从微观上看，也即企业进行跨国界内部化的过程。因此，尽管欧盟企业集中控制政策在形式上采用的是哈佛学派（主张实行严格的兼并控制）的结构——行为——绩效模式，但在政策实践中却更倾向于芝加哥学派的自由主义观点，对企业集中采取了宽松甚至鼓励的态度。但是它的首要目标又与芝加哥学派的传统竞争目标存在着较大差别。[3] 例如，首先，美国是少数几个对反托拉斯行为课以惩罚性赔偿以及刑罚的国家之一，而欧盟竞争法只有行政责任以及民事责任的规定；[4] 其次，美国与欧盟对市场支配力量概念，如垄断以及“滥用优势地位”的理解存在差异，美国比较宽松而欧盟比较严格，因此，美国对大公司的集中一直抱着一种宽容的态度，而欧盟比较支持中小企业之间的集中。[5]

由于这种既不同于哈佛学派也不同于芝加哥学派的特殊性，有人也将欧盟的政策模式称为“布鲁塞尔学派”，并且总结道：“对于布鲁塞尔学派来说，在考虑到了首要的政治目标（指一体化）前提下经济理论才可以成为判断一种行为是否具有促进竞争或反竞争性质的指南。”[6]

因此，在欧洲各国，企业集中是一种自由的市场交易活动，由买卖双方通过自由谈判而达成公正交易；原则上政府对企业集中不加干预。企业是否有集中需要，以及集中对象的选择与实施，完全是企业根据市场竞争需要，为谋取竞争优

---

〔1〕 参见卫新江著：《欧盟、美国企业合并反垄断规制比较研究》，北京大学出版社2005年版，第22页，注1。

〔2〕 该学派观点是推崇社会市场经济，其主要特点是既要保留市场经济的竞争原则又要体现社会保障和社会公平分配。具体情况可见本书第一章有关内容。Theodore L. Bankds：EC Competition Law：Commentary, *Antitrust Law Journal*, Vol. 59, 1991, pp. 466 - 467.

〔3〕 Middlemas. K：*Orchestrating Europe*：*The Informal Politics of the European Union 1973—1997*, Colorado：Westview Press, 1997, pp. 41 - 71.

〔4〕 James S. Venit：EU Competition Law-Enforcement and Compliance：An Overview, *Antitrust Law Journal*, Vol. 65, 1996, p. 81.

〔5〕 参见陈力：《经济全球化背景下美欧竞争法冲突及国际协调》，载《国际贸易问题》2002年第5期，第62页。

〔6〕 Middlemas. K：*Orchestrating Europe*：*The Informal Politics of the European Union 1973—1997*, Colorado：Westview Press, 1997, pp. 41 - 71.

势和利益最大化而采取的市场行为。企业集中过程中应遵守的最基本的法律是公司法、合同法等。从有关法律规定看；欧洲对企业的集中限制较少，环境比较宽松。比如，在协议收购过程中，少数股东对企业集中持反对意见，只要收购条件对所有股东都是平等和公正的；少数股东就应当接受，而不能要求公司回购其股份。对于公司债权人而言，法律是要求公司履行通知的义务，除非债权人与债务人事先有特别约定，债务人被兼并应征得债权人同意；否则债权人无权对集中提出异议或要求提前清偿。

当然，自由的市场交易原则并不意味着企业集中是完全自由放任的，政府也通过法律对某些集中作适当的限制。主要包括三个方面：一是政府管制的行业，企业集中要政府审批；二是政府对大的企业集中要实施反垄断审查；三是对外国企业集中涉国防军工类企业要经政府审批。通过适当限制，实现维护消费者权益、保护公平竞争以及国家安全等目标。

经过长期的实践，欧盟逐步形成了自己的企业集中规则和制度，具有自己的一些特色。第一，以支配标准为集中规则的实体标准。一个完整的标准测试必须包括市场支配地位测试、妨碍有效竞争测试和两者间的因果关系测试三项内容。第二，从多因素分析转向以经济学分析为主的实体分析方法。第三，以行政为主导的程序模式。[1]

总之，欧盟控制企业集中法律制度毫无疑问是欧盟竞争法的重要组成部分，而且，是欧盟竞争法走向国际化和现代化的重要枢纽，它在实践中发展和完善将直接影响欧盟竞争法未来的发展。

第二节　第4064/89号条例时期的有关竞争法律制度

欧盟现行的控制企业集中的法律制度最主要的法律依据是《欧盟理事会关于控制企业集中的第139/2004号条例》及其实施细则，但是这部条例的出台历经波折，可以说是欧盟控制企业集中法律制度发展的最好写证，因此，本节将从其历史演进的角度来分析欧盟控制企业集中法律制度的变化。

1957年的《欧洲经济共同体条约》（《罗马条约》）建立了欧洲经济共同体和它的各个机构（包括部长理事会、欧洲议会、欧洲法庭、共同体委员会），以

〔1〕参见卫新江著：《欧盟、美国企业合并反垄断规制比较研究》，北京大学出版社2005年版，第30－31页。

及有关处罚竞争者之间的反竞争协议和优势地位滥用的条款。[1] 但是这些条款没有特别提到企业集中控制，在当时整个欧盟竞争法中亦没有专门监管企业控制企业集中的规定。由于对经济复苏的渴望，这时“集中而造成的垄断问题对经济的影响没有大到可以足够引起特别重视的程度”。[2] 在1989年控制企业集中条例实施前的33年间，除煤钢产业外，[3] 欧共体并没有成文法规定的控制企业集中法律制度。

20世纪70年代早期，人们逐渐认识到在共同体范围进行企业集中控制的需要。巧合的是，与此同时德国修订了反托拉斯法，使《反对限制竞争法》有权进行集中控制；而就在此前美国国会颁布了《哈特——斯科特——罗迪诺反垄断法案》要求控制企业集中前通告，正如欧盟应用后面的《欧共体条约》第81、82条一样，要求合并参与者自报家丑。

1971年著名的大陆罐头案[4]中，欧盟委员会运用了《欧共体条约》原第86条（现为第82条）禁止滥用市场支配地位的原则，首次在欧共体共同市场范围内禁止了企业的集中。

该公司是一家美国公司，拥有德国SLW公司85.85%的股权。以后，该公司在美国特拉华州成立了Europemballage公司，后者在布鲁塞尔设有一个办事处。不久，在母公司的资金帮助下，取得了荷兰TDV公司91.7%的股份。SLW是德国最大的包装和金属容器生产商，TDV是比荷兰经济联盟最大的包装材料生产商。

在对该案作出的决定中，委员会指出，“享有市场支配地位的企业通过与另一家企业的集中来加强它的这种地位的做法属于不正当行为。”[5] 欧洲法院于1973年认可了委员会的上述观点。但是，《欧共体条约》原第86条只能适用于那些可能会加强市场支配地位的集中，而不能规范可能会造成市场支配地位的集中，这样，原第86条并不能起到集中控制基本规范的作用，因此，在该案后，1973年，欧盟委员会向理事会提交了第一个关于制定企业集中控制条例的建议。[6]

然而理事会趑趄不前以及政治妥协的艰难性使得立法宕延17载。直到1987

---

〔1〕 See Spencer Weber Waller: Understanding and Appreciating EC Competition Law, *Antitrust Law Journal*, Vol. 61, 1992.

〔2〕 M. Bishop, J. Kay: *European Merger and Merger Policy*, Oxford University Press, 1993, p. 297.

〔3〕 1951年《欧共体煤炭和钢铁共同体条约》（《巴黎条约》）第66条对有关煤钢产业的并购采取事前强制申报制度，任何并购在实施前必须向主管机关申报，只有无碍于共同体市场竞争的并购方可获得批准。但《巴黎条约》仅仅适用于煤钢产业，对其他经济领域的并购没有管辖权。

〔4〕 Europemballage and Continental Can v. Commission Case 6/72 [1973] ECR 215: CMLR 199.

〔5〕 72/21/CEE, Official Journal L 7, 8. 1. 1972, p. 25.

〔6〕 Proposal for a Council Regulation on the control of concentrations between undertakings, COM (73) 1210 final, Official Journal C 92, 31. 10. 1973, p. 1.

年 11 月欧洲法院 Philip Morris 案判决之后，僵局才得以打破。

该案中，Philip Morris 购买烟草生产商 Rothmans30% 的股权，但是 Philip Morris 得到的表决权仅为 24.9%。双方同意，当一方决定将其股权出售时，另一方享有优先购买权；另外还规定 Philip Morris 对 Rothmans 既无董事会代表，也不进行管理。委员会豁免了这一协议。其他两个烟草公司 BAT 和 RJ Reynolds 对这一协议进行指控，法院支持了委员会的决议，认为从竞争者处得到股份本身并不必然限制竞争，但可能被用作限制竞争的手段。如果限制了竞争，《欧共体条约》原 85 条（现第 81 条）就可以适用，“特别是在这种情形下，即通过购买股份，或协议中的辅助条款，投资公司对经营行为或另一公司获得法律或事实上的控制，这导致企业之间的经营合作，或产生了可用于进行这种合作的结构。当协议使投资公司有可能在以后阶段加强其地位，并对另一公司进行有效控制时，也是这样。”[1]

1989 年 12 月 21 日才出台了第一个企业集中控制条例，即《欧盟理事会第 4064/89 号关于企业集中控制的条例》，该条例于 1990 年 9 月 21 日开始实施。[2] 这一条例连同《欧共体条约》第 81 条和第 82 条，构成欧盟竞争法的核心部分。

第 4064/89 号条例经历了 17 年才能出台，主要是因为成员国关于企业合并控制存在着不同的认识，从而迫使委员会不断对草案进行修改。关于集中控制，成员国间的争论主要有以下三个方面：第一，欧盟企业集中控制的指导思想，即合并控制应当以竞争政策为基础，还是以产业政策为基础。法国极力主张以产业政策为基础，德国则主张以严格的竞争政策为基础。第二是关于欧盟法与成员国国内法的关系。德国主张，在欧盟法和成员国国内法并行适用的先决条件下，德国联邦卡特尔局应该保留更多的权限。但委员会和其他绝大多数成员国认为，对整个共同体有影响的集中得由委员会行使专属管辖权。第三，欧共体集中控制的干预标准。因为标准的高低与集中适用欧共体法的可能性正好相反。[3] Philip Morris 案判决之后，各国对该案依据《欧共体条约》第 81 条进行处理不满，担心这会成为一种先例，以后对于集中问题也会适用这一条文的规定，因此，开始致力于加快制定一部控制企业集中的条例。[4]

---

〔1〕 许光耀著：《欧共体竞争法》，法律出版社 2002 年版，第 236－237 页。

〔2〕 Council Regulation (EEC) No. 4064/89 of 21 December 1989 on the control of concentrations between undertakings, Official Journal L 395, 30. 12. 1989, p. 1.

〔3〕 王晓晔著：《竞争法研究》，中国法制出版社 1999 年版，275 页，注 3。

〔4〕 See Matthew C. McGrath: Development in European Competition PolicyL: How EC Merger Regulation No. 4064/89 Prevents German Law from Blocking Large Cross-Border Concentrations, *Loy. L. A. Int'l & Comp. L. J.*, Vol. 15, 1993, pp. 1031－1034.

通过后的《欧盟理事会第4064/89号关于企业集中控制的条例》的主要特点是：①适用于所有具有共同体意义的企业集中；②确定了企业集中控制的审查标准，即集中是否造成或加强了集中参与企业的市场支配地位；③定义了企业集中的事实构成，规定集中包括狭义的合并、购买企业控制权和设置全功能合营企业；④设立了“一站式审查”原则（One-stop-shop），即具有共同体意义的集中只能由欧盟委员会进行审查，成员国竞争法机关对该类集中不再具有管辖权；⑤这一规则属于预防性规则，企业的集中计划在没有通过审查，获得批准之前，不能实施。[1] 尤其特殊的是，该条例的序言部分用很长的篇幅指出，以《欧共体条约》第81、82条规制集中问题是不适当的。这部条例结束了欧盟有关企业集中控制无法可依的状态，为欧洲共同市场的建立和发展奠定了基础。

之后欧盟委员会又接连制定并公布了3个执行该法规的规范性文件：《关于申报控制企业集中行为的2367/90号法规》《关于集中与合作行为的指令》和《关于从属性限制的指令》（后被关于与集中直接相关和必要限制措施通告取代），它们与4064/89号条例共同组成了一个完整的控制企业集中法律体系，成为欧盟委员会监管欧盟市场的控制企业集中活动，从市场结构上调整秩序的重要的法律依据。[2] 依据4064/89号条例第1条第3款规定，在不迟于其生效后的四年内（即1994年9月20日）应对申报起点标准进行审查，以确定是否应进行修改。但是，由于各成员国对4064/89号条例的修改莫衷一是，直到1997年9月7日才通过修改后的新条例。

修改后的条例，即《欧盟理事会1310/97号关于修改4064/89号条例的条例》于1997年6月3号通过，[3] 1998年3月1日生效。

此次修改的第一个重要内容是，将合营企业纳入了条例的调整范围。4064/89号条例第3条第2款规定，合营企业的合并与共同经营是有区别的，企业双方一旦建立合营企业就具有联合控制权。合营企业必须是具有经济自治权的实体，是市场上的独立供应者和购买者，独立地制定商业政策，按照自身的经济利益自由决定竞争行为。如果合资企业只是有限的研究与发展，或联合销售机构，就不能被认为是具有所有独立经济功能的合营企业。但是合营企业利用母公司的销售渠道，积极参与市场活动，就属于具有独立的经济功能。这种做法又被称之为CC分类法（Concentration-cooperation）。根据CC分类法，合并型的合营企业绝对

〔1〕 胡志光主编：《欧盟竞争法前沿问题研究》，法律出版社2005年版，第51页。

〔2〕 参见齐绍洲、李友军：《欧盟并购政策问题初探》，载《法国研究》2004年第2期。

〔3〕 Council Regulation (EC) No. 1310/97 of 30 June 1997 amending Regulation (EEC) No. 4064/89 of 21 December 1989 on the control of concentrations between undertakings, Official Journal L 180, 9. 7. 1997, p. 1.

地适用4064/89号条例，而合作型合营企业则是属于《欧共体条约》原第85和第86条的管辖。从理论上来说，共同体竞争法对4064/89号条例和《欧共体条约》第85条之间截然划分了司法管辖的界线。但是，尽管经济交易是相似的，CC分类法基于4064/89号条例是处理“结构性”交易，《欧共体条约》原第85条则是处理“行为性交易”，两种分类法造成了法律不确定性和强制执行的困境，因为合营企业同样可以带来经济资源的一体化功能。[1] 因此，1310/97号条例对此作出了修订。

根据1310/97号条例第2条第4款，一个合营企业只要满足以下三个条件，就可以被视为集中：第一，两个或者两个以上的母公司共同控制一个合营企业；第二，合营企业是作为独立的经济实体从事经营活动；第三，合营企业的建立是长期性的。因此，1310/97号条例的管辖权就扩大到过去那些不属于条例管辖的合作型合营企业。

此次修改的第二个重要内容是，对“有共同体意义的集中”（Concentrations with a Community Dimension）[2] 这一概念进行重新定义，这也是这次修正案的核心内容。因为原条例的量化标准[3]受到质疑，被认为削弱了委员会的控制权。在经过大多数成员国的支持和德国的反对后，修正案采取了折中的办法，保留了第1条第2款中的营业额门槛，但是增加了一个第1条第3款。根据这一条款，年度营业额没有达到第2款规定的集中，如果符合下列条件，也具有共同体意义：①所有相关企业在世界范围内的年度营业总额超过25亿欧洲货币单位；②在至少三个成员国的每一个成员国中，所有相关企业的年度营业总额超过1亿欧洲货币单位；③在至少三个成员国的每一个成员国中，至少有两个相关企业的年度营业总额超过2 500万欧洲货币单位；④至少两个相关企业中的每一个企业在共同体范围内的年度营业额超过1亿欧洲货币单位；⑤除非每一个相关企业在共同体范围内的年度营业总额有2/3同时来自于同一个成员国。

---

〔1〕 殷醒民：《欧盟合并政策中“合资企业”政策分析》，载《欧洲》2000年第6期，第77页。

〔2〕 根据这个概念，只有有共同体意义的合并才属于欧盟委员会管辖，其余没有共同体意义的合并案均由各成员国竞争法机关管辖，这源于欧盟条约第5条中有重要意义的附属原则（Subsidiary）。

〔3〕 4064/89号条例第1条第2款规定，如果集中企业在世界范围内年度营业总额超过50亿欧洲货币单位，并且其中至少两个企业在共同体范围内的年度营业额分别超过2.5亿欧洲货币单位，除非每个合并企业在共同体范围内的年度营业额有2/3同时来自于同一个成员国，这样的集中就具有共同体意义。

第三节　4064/89 号条例改革

一、改革背景

1. 波音/麦道（Boeing/McDonnell Douglas）案[1]

1997 年 1 月 1 日，美国联邦贸易委员会批准了波音公司（Boeing）和麦道公司（McDonnell Douglas）之间的集中，但是，与此同时，欧盟委员会却威胁要禁止此项集中。该禁止令引起了大洋两岸激烈的争论，并可能导致一场世界范围内的贸易大战。当波音公司和欧盟委员会达成协议“1997 年 7 月 30 日，在波音公司作出某些承诺的基础上通过此项集中”时，这场争论才真正得以停止。尽管此项企业集中案集中体现了一般而言的国际反托拉斯执行过程中可能发生的争端，特别是欧盟和美国在反托拉斯执行过程中的差异。公平贸易委员会在思考以下三个问题并得到否定答案后决定要否决此项集中：目前麦道公司在该行业中是否是主要的竞争者？如果不是，那么麦道公司是否有可能变为行业中的主要竞争者？如果答案是否定的，那么波音公司和麦道公司合并后公司市场份额的加大，是否不利于该行业的竞争？

为了回答这三个问题，联邦贸易委员会从波音、麦道和空客三家公司的消费者组成角度进行了研究并对航空公司有了一些独特的理解。欧盟委员会则主要将焦点集中在第三个问题，分析集中后的竞争形式，并且产生了与公平贸易委员会不同的结论。欧盟委员会认为：集中可以增加波音公司在长期独占供应合约上的机会；集中可以使波音公司的客户占有率从 60% 增加到 84%；集中将加强波音获得共同资助研发和知识产权的更多机会。这些担心可以被波音公司所作出的让步一一解决，在波音公司所作妥协中包括限制了对其加入长期独占合约及得到政府援助的机会。联邦贸易委员会认为欧盟委员会保护了竞争者而不是消费者。

2. 通用电器/霍尼韦尔（GE/Honeywell）案[2]

通用电器是一家积极于在航天器发动机、动力系统、工业系统、金融服务业及运输系统等领域内进行工业合作的公司；而霍尼韦尔恰好是一家在航空制造和服务业、汽车动力产品、电子原材料、运输和动力系统等方面掌握了先进技术和制造工艺的公司。通用电器试图收购霍尼韦尔公司所有的股本并使之成为它的全

---

〔1〕 Commission Decision of 30 July 1997 Declaring a Concentration Compatible with fhe Common Market and the Functioning of the EEA Agreement (Case No. IV/M. 877-Boeing/McDonnell Douglas), 1997 O. J. (L336) 16.

〔2〕 Commission Decision of 03/07/2001, Case No. Comp/M. 2220.

资子公司。整个收购标的高达420亿美元，如果成功，将是全球最大的制造业收购案件。

2000年10月，美国和加拿大分别批准了通用电器收购霍尼韦尔的提议。2001年7月3日，欧盟委员会公开表示此项集中不符合一般市场的要求，否决了这次收购。

美国反托拉斯管理机构及欧盟委员会共同确定了要特别提高注意合并所带来的反竞争影响的四类市场，包括：喷气式航天器发动机、航空电子工业和非电子工业市场、发动机启动器以及小型海上汽油蜗轮。但在评定合并对竞争的影响方面，两个反托拉斯管理机构在一些问题上持相反意见。两家机构对以下问题没能达成一致：“在拥有像波音和空客这样大规模精明的买家的市场上，将航空电子及非电子系统和航天器动力系统进行捆绑是否是一个成功的策略。”“由于通用在全球范围航天器采购量较小（小于10%），通用在飞机租赁方面的垂直一体化是否要考虑现实中丧失抵押品赎回权的问题。”“通用电器在财务上的巨大优势可以支持霍尼韦尔在研发上投入更多的资金并且为消费者提供比他们的竞争对手更低的价格，这样是否会破坏该行业中的竞争?”“这类的降价是否会迫使其竞争对手退出市场而破坏竞争?”欧盟对这四个问题的回答都是肯定的，而美国机构则认为答案都是否定的。

第一个争论的焦点集中在混合捆绑理论。欧盟认为合并后企业可以为低价目的进行捆绑提供补充产品，这是企业分开所不可能达到的。因为合并后企业可以使一个产品的销售对其互补产品需求量的外部影响内部化。因此，仅仅在一个补充品市场上竞争的企业可能会由于竞争减少的影响而被迫退出市场。第二个争论的焦点集中在垂直一体化。欧盟委员会认为通用电器航空投资和租赁公司（GECAS）可以通过在飞机租赁方面的垂直一体化为合并后的企业提供一个有力的杠杆，以增加市场份额并且减少在航天器市场中的竞争。尽管GECAS在飞机租赁业务中市场份额占有不到10%，但是欧盟委员会发现GECAS所拥有的巨大影响力来源于他们创造出的一种别人无法匹敌的经济动机使飞机制造商更加偏爱通用的产品。GECAS更加偏爱由通用或是霍尼韦尔设备组装的飞机。因此，飞机制造商都愿意使用通用或霍尼韦尔的设备来组装飞机，以达到将整机出售给飞机租赁公司的目的。这种动机的实际是来自飞机制造商当确认通用会购买其产品时所面临的相对有限的经济风险，或者可以通过从通用集团的其他分公司，如通用投资或是GECAS，所得到的经济补偿，特别是在面临一个相当大的销售前景时。因为GECAS这种垂直一体化是独一无二的，因此其影响力远远超过其相对小的市场占有率所带来的影响。

美国司法部并不赞同这两个观点。因为降低价格会提升消费者的利益，因此从机构的角度考虑并不应该考虑竞争者会被迫推出市场的可能性。所以，混合捆绑以及结合了价格降低的垂直整合是可行的。由于欧盟委员会公认了效率收益（Efficiency Gains）的重要，因此它认为这些短期收益会由于竞争减少和新公司在市场上丧失赎回权所带来的长期损失而消失。他们认为应该明确“保护竞争者，是为了保护竞争而不是为了保护竞争者自身。”然而，对通用及霍尼韦尔案例进行研究的 Patterson 和 Shapiro 认为“欧盟的方法缺乏经济利益方面的考虑”。他们认为欧洲的方法搞混了丧失赎买权和掠夺行为之间的区别。无论对集中计划持特殊的赞成或是反对意见，可以明确的是对垂直一体化可能带来的影响上的观点存在着差异，并且没有一个统一的标准可以参考。〔1〕

总之，大洋两岸在这两起案件中表示出的矛盾和冲突成为欧盟控制企业集中立法改革的一个重要动因。

3. Aritours、〔2〕 Schnerder〔3〕和 Tetra〔4〕案对欧盟控制企业集中立法改革的冲击

2002 年，委员会对三个集中案 Aritours、Schnerder 和 Tetra 作出的决定分别被欧洲初审法庭所撤销。比如在 Aritours 案〔5〕中，欧洲初审法庭的判决确立了集体支配性地位的构成要件：①市场透明度，即寡头企业的每一个成员必须能够知道其他成员如何采取行动，以监督其是否遵守共同的政策；②必须存在遏制（报复）机制，以确保每一个成员不产生背离共同政策的动机；③现有的及潜在的竞争者或消费者采取的可预见的行动将不损害共同政策的预期效果。该判决直接成为《横向集中指南》第四部分“协同效应”分析中应该考虑的三大要素。〔6〕

此外，欧洲初审法庭在 Luxembourg 案中取消三项禁止决定同样引起了巨大争议。

上述这些案件的判决暴露出 4064/89 号条例的重大不足。尽管旧条例在有效控制共同体内的企业集中方面起到了重要作用，但是无论在实体还是程序规则方面该条例都存在着不足。

---

〔1〕 该案的官方评价可参见 G. Drauz：Unbunding *GE/Honeywell*：the Assessment of Conglomerate Mergers undger EC Competition Law，*Fordham International Law Journal*，Vol. 25，2002.

〔2〕 Case T-342/99 Aritours v Commission［2002］5 CMLR 7. Airtuos/First Choice，Case IV/M. 1524，委员会 1999 年 12 月 22 日的决议被欧洲初审法庭在 2002 年 6 月 6 日宣布无效。

〔3〕 Joined Cases T-310/01 & T-77/02 Schneider Electric SA v Commission，22. 10. 2002.

〔4〕 Joined Cases T5 & T-80/02 Tetra-Laval v Commission，25. 10. 2002.

〔5〕 Case T-342/99，Airtours v. Commission，Judgment of June 2002.

〔6〕 刘和平、郑文兵、刘元高：《欧盟最新并购控制立法改革述评》，载陈安主编：《国际经济法学刊》第 12 卷第 2 期，北京大学出版社 2005 年版，第 232 页。

特别是随着欧洲共同市场的发展，随着欧盟一体化进程的不断提高，企业集中浪潮此起彼伏，集中案件迅速增多，复杂程度也显著提高，欧盟有关企业集中的监管制度的不足之处日益凸现，4064/89 号条例有关规定下产生的集中审查的经济分析越来越显得捉襟见肘。此外，有关营业额门槛的折中办法并没有获得委员会的完全认可。在委员会 2000 年 6 月 28 日向理事会提交的《关于企业集中控制条例营业额门槛应用的报告》中，[1] 委员会就指出，第 1 条第 3 款的引进并没有解决多重申报问题（Multiple Filings）。

再次，欧盟竞争法改革为现有的企业集中控制立法改革提供了范例，欧盟治理问题的大讨论在一定程度上为企业集中控制立法的完善指明了方向。[2]

2002 年 12 月 16 日，理事会通过《关于实施〈欧共体条约〉第 81 条和第 82 条竞争规则的条例》，废除了在欧洲延续近 40 年的权力集中型竞争执法体制，确立了权力分散型竞争执法体制以及更为有效的委员会与成员国竞争主管机构（亦被称之为主管机关）（National Competition Authorities，NCAs）以及法院共同实施竞争法的制度。[3] 这种制度也被认为是建立一种欧盟竞争网络（European Competition Network，ECN）。该条例为企业集中控制立法改革提供了借鉴。此外，鉴于欧盟治理中出现的民主赤字问题以及欧盟机构的越权越位，委员会于 2001 年 7 月发布《欧洲治理白皮书》，[4] 从而引发了关于欧盟治理的大讨论。欧盟竞争法的各个主要分支都在酝酿着大改革。[5] 这场大讨论在思想上为企业集中控制立法的改革打开了大门。

最后，如同前文所讨论的，为适应竞争政策国际协调的发展趋势，缓和在跨国集中反垄断审查方面出现的激烈冲突，欧盟竞争机构需要做出应对。

二、改革历程

2000 年夏，欧盟委员会开始对《欧盟理事会第 4064/89 号关于企业集中控制的条例》进行改革，起初注意力主要在决定哪些集中行为应在共同体层面上受到调整，从而在布鲁塞尔（欧盟总部所在地）而不是成员国的国家部门层面上

---

〔1〕 Report from the Commission to the Council on the application of the Merger Regulation thresholds, COM (2000) 399 final, 28. 6. 2000.

〔2〕 刘和平、郑文兵、刘元高：《欧盟最新并购控制立法改革述评》，载陈安主编：《国际经济法学刊》第 12 卷第 2 期，北京大学出版社 2005 年版，第 228 页。

〔3〕 更多讨论请参见戴雪晴：《欧共体竞争法执行的分散趋势》，载朱卫国主编：《群星照耀欧洲》，法律出版社 2003 年版，第 70 – 72 页。

〔4〕 COM (2001) 428 Final Governance European.

〔5〕 Mario Siragusa：A Critical Review of the White Paper on the Reform of the EC Competition Law Enforcement Rules, *Fordham International Law Journal*, Vol. 23, 2000, pp. 1092 – 1094.

被详细审查的标准问题上。后来，欧盟各界对第 4064/89 号条例的评价逐渐变广、加深。各方面评价包括各种程序问题，也包括管辖权限问题和审查标准问题。

这些问题当中，当属管辖权问题引起的争议最大。改革管辖权限问题的动机来自于竞争部门和法律、商业领域共同的愿望，希望找到更好的途径保证跨管辖权限兼并能够被最适合解决问题的机构和部门评价，并避免不必要的重复和监管负担。商业领域逐渐国际化和欧洲社会扩张前景是注重处理跨管辖权限兼并的主要因素，这个问题也已经被其他组织如经合组织（OECD）和国际竞争网络（ICN）提出。

实际上，4064/89 号条例适用的“市场支配地位”的审查标准确实造成“漏网之鱼”。控制集中的概念来源于竞争法中处理垄断或市场控制力滥用的部分。很多集中可以严重威胁竞争，而不需要跨越以传统方式理解的市场支配地位门槛。尤其是人们会很容易地想到求过于供的情形，这样的集中会严重削弱竞争而同时不会赋予任何企业控制地位。这样的集中自然就会成为 4064/89 号条例规定的漏网之鱼。关于这一问题，下文还将有更详尽的讨论。

因此，为进一步完善企业集中控制制度，2001 年欧盟委员会发起一揽子综合改革。欧盟委员会于 2001 年 12 月 11 日公布了《关于修订理事会 4064/89 号条例的绿皮书》。[1] 一年后又公布了企业集中控制条例的改革包裹（Reform Package），[2] 主要包括《关于制定理事会企业集中控制条例的建议》[3]《横向集中评估指南草案》[4]和一系列旨在改善决定制定程度的非法律性措施，如在竞争理事会内设置一个竞争经济专家的职位（Chief Competition Economist），设置一个由经验丰富的官员组成的复查委员会（Peer Review Panel）来对所有第二阶段的调查进行复查，以及发布一系列的最佳实践指南（Best Practices）等。[5]

除第 139/2004 号控制企业集中条例获得通过外，《控制企业横向集中评估指南》和《欧盟控制企业集中控制程序最佳实践指南》也获得通过，并与 139/2004 号条例同时生效，有关纵向及混合控制企业集中方面的指南也即将出台。[6]

---

〔1〕 Green Paper on the Review of Council Regulation 4064/89, COM (2001) 745 final of 11. 12. 2001.

〔2〕 Commission adopts comprehensives reform of EU merger control, Press Releases, IP/02/1856, 11. 12. 2002.

〔3〕 Propose for a Council Regulation on the control of concentrations between undertakings, COM (2002) 711 final of 11. 12. 2002.

〔4〕 Commission Notice on the appraisal of horizontal mergers under the Council Regulation on the control of concentrations between undertakings, COM (2002).

〔5〕 Press Releases, IP/02/1856, 11. 12 . 2002.

〔6〕 这两个指南出台之前，欧盟控制企业集中法律制度主要还是调整横向集中（横向合并）活动。

三、改革评价

2003 年 11 月 27 日，欧盟部长理事会就 4064/89 条例[1]修订文本达成政治上协议，2004 年 1 月 20 日，欧盟部长理事会最终通过了经修改的《欧盟理事会关于控制企业集中的第 139/2004 号条例》，并于 2004 年 5 月 1 日欧盟扩张当日开始生效。这标志着由欧盟在 2001 年 12 月根据 4064/89 号条例的回顾条款[2]发起的改革程序终于获得通过。

相较于 4064/89 号条例，139/2004 号条例进行了大量重要的修订，包括引入所谓的"实质性阻碍有效竞争标准"（Significant Impediment to Effective Competition，SIEC 标准），改善提交程序，提高申请日和承诺程序的灵活性。2004 年 4 月 7 日委员会发布《关于实施第 139/2004 号〈欧盟理事会关于控制企业集中条例〉的委员会条例》（第 802/2004 号条例，即 139/2004 号条例的实施细则），对控制企业集中申报文件及申报表格、简式表格、调查及决定时限、听证权及听证会、文件查阅权及保密信息的处理、企业提交的承诺等根据新控制企业集中条例进行修改，增加申报前移送管辖理由书的格式，该实施细则亦于 2004 年 5 月 1 日开始实施。

如前所述，欧盟集中控制目的是为具有跨界影响的企业集中审查提供一个公平的竞争环境和"一站式"审查。成员国不愿把审查权转移给委员会，并对委员会能力有所怀疑。作为回应，欧盟部长理事会在 139/2004 号条例中对委员会机构施加管辖权和程序两方面的限制。前者限制了委员会与成员国相对的集中控制权力范围，而后者使委员会受制于一些特定的决议最后期限。139/2004 号条例从 2004 年 5 月生效，对保持欧盟企业集中控制的独特因素进行了革命性变革。委员会也进行了一些管理和组织方面的调整。依据 139/2004 号条例和实施细则，欧盟委员会作为实施竞争政策的行政管理机构，对一项具有共同体意义的集中拥有专属管辖权。据此，属于 139/2004 号条例管辖范围的企业集中在实施之前必须向委员会申报该集中计划，由委员会根据一系列的实体标准审查该项集中对竞争可能产生的影响并决定是否予以批准。

欧盟集中控制法改革最初目的是使扩大的欧盟拥有一个更加现代化、更加灵活的司法机构，以此保证"以最适合的水平实现合并集中度控制的有效性、公平性、透明性。"在这个立法目的的指导下，所有这些控制企业集中控制条例、实

---

〔1〕需要指出的是，此处的 4064/89 条例（1989 年 12 月 21 日）是其的修正版（1990 OJ L257），最初文本的 4064/89 条例于 1997 年 6 月 30 日理事会条例 1310/97 修订，修正版文件编号 1998 OJ L40 17。

〔2〕Green Paper on the review of Council Regulation（EEC）No. 4064/89，COM（2001），745/6 Final，Brussels 11. 12. 2001，available at http：//europa. eu. int/smarapi/cgi/sga_ doc.

施细则和指南的出台及实施，加上一系列具有指导性意义的判例，[1] 一并构筑起欧盟比较完整的控制企业集中监管体系，并将对欧盟的控制企业集中监管起到划时代的作用。

综上，在139/2004号条例中，委员会提出了一系列上述提及的有关管辖权限、实体性标准、企业集中控制程序的改革。修订的内容主要包括企业集中控制规则的变化；关于管理权限的重要变化和关于委员会在集中评价中进行的实体性标准所发生的变化；最后是集中控制程序中发生的重要变化。

第四节　欧盟委员会竞争总司内部监督制度改革

一、竞争总司原有监督制度

（一）竞争总司的结构设置

欧盟委员会的正式决定，由委员集体作出。而在竞争事务领域，在委员会的20名委员中，由一位委员专门负责竞争事务。一些程序性的决定授权负责竞争事务的委员作出。委员会竞争总司（也被称为第四总局）[2] 负责竞争事务的日常工作，由A、B、C、D、E、F、G七个司和一个合并规制局（Merger Task Force，简称MIF）构成。每个司下面又设立了若干个不同的处（Units）。具体而言，A司负责总的竞争政策和协调，B、C、D、E、F司分别负责调查不同工业部门的企业违反竞争规则的情况。G和H司负责国家援助的情况。“合并规制局”根据欧盟理事会4064/89号条例成立，其地位类似一个司，下设四个工作组（Operating Units i-iv），是负责处理集中申报所引致各种问题的专门机构，主要负责企业并购的申报和合并控制，其最后以委员会的名义作出决定。竞争总司只集中精力处理一些有重要意义的案件。[3]

（二）听证官（the Hearing Officers）对欧盟竞争总司的监督

听证官在1982年设置，最初只是针对卡特尔、滥用市场地位等反竞争行为组织、主持和举行听证，后来其职能扩展到企业集中控制领域。欧盟委员会拟采用不利于集中当事人的裁定时，应该通知集中当事人有要求听证的权利。139/

---

〔1〕 欧盟企业集中控制法律制度的渊源还包括判例，除了欧盟委员会发布的关于集中行为的决定、指令和通告，由于判例法体系的存在，控制企业集中政策还包括由欧洲法院和欧洲初审法庭所作出的对于集中案件的判例，例如前面提到的1971年著名的大陆制罐（Continental Can）公司案。

〔2〕 1999年之前，习惯称之为DG IV：Directorate General IV，1999年Mario Monti负责竞争政策以来，也称之为DG Competition：Directorate General Competition。

〔3〕 王晓晔著：《欧共体竞争法》，中国法制出版社2001年版，第375－376页。

2004号条例的执行细则中对具体的听证程序有详尽规定。从2001年5月起，听证官不再隶属于欧盟竞争总司，而是直接受欧盟委员会领导，从而可以对欧盟竞争总司进行有效监督。

（三）垄断和限制性交易措施咨询委员会（the Advisory Committee on Monopolies and Restrictive Trade Practices）对欧盟委员会的监督

垄断和限制性交易措施咨询委员会创立于1962年，由代表欧盟成员国竞争政策方面的资深官员组成，不隶属于欧盟委员会。139/2004号条例规定，委员会在执行139/2004号条例某些条款时必须向该委员会咨询。虽然欧盟委员会可以不遵守该咨询委员会的意见，但是应该最大限度地考虑咨询委员会的意见。

二、竞争总司重组

139/2004号条例生效之后，委员会将面临新的工作环境。欧盟竞争政策的重要内容将转变为委员会与成员国主管机关以及其法院之间的紧密合作关系，从而确保竞争规则运行的有效一致。委员会于是开始致力于建立欧盟竞争网络，以实现集中案件在委员会与成员国之间简便灵活的移送，同时开始重组竞争总司，从依据可利用的有关卡特尔、反托拉斯和企业集中的法律文件组建竞争部门的模式向设立5个特定行业局的组织结构转变。

三、强化技术支持和内部监督

企业集中是一个非常复杂的法律问题，同时也是一个非常精巧的经济问题。为了获得有力的技术支持，委员会为竞争总司任命了首席竞争经济学家，从而在整个调查程序中提供建议和指导，并成立了由产业经济学家以及外部专家所组成的工作组。此外，在企业集中申报的第二阶段，委员会成立了内部审核专家组。内核小组以其独立于MTF案件组的地位，经过审查得出有关案件优点和不足的第二次意见，无疑会提高委员会最终决定在法律上和经济上的可靠性，使该内核小组对调查人员所作出的初步结论的合理性进行真正有效的内部审核。该专家小组对其第一个介入的案件（P&Q/Carnival案）的结果产生了决定性的影响。该案中，专家小组拒绝接受案件组的分析并作出令人震惊的同意该集中继续进行的决定。自该案件以来，已有10起企业集中案件都采取了专家组进行内核，并取得了良好的效果。[1]

---

〔1〕 See Mario Monti: EU Competition Policy after May 2004, *Fodham Annual Conference on International Antitrust Law and Policy*, October 24, 2003.

第三章

欧盟控制企业集中法律制度的适用范围

欧洲共同体的机构，只享有法律明确规定的权限。[1] 欧盟委员会在进行企业集中控制管辖时也是一样。139/2004 号条例第 21 条第 2 款、第 3 款明确规定：“除应接受法院司法审查外，欧盟委员会享有依据本条例作出决定的专有管辖权。”“任何成员国不得对任何具有共同体意义（Community Dimension）[2] 的企业集中适用其国内法。”“欧盟成员国不得应用本国法律，除非委员会按照条例第 9 条规定将交易提交给成员国”。上述规定授予委员会享有对一项具有共同体意义的企业集中是否与共同体市场相容的行政职权，欧洲法院则有权对委员会有关决定进行司法审查。

具有欧共体意义的集中属于委员会的管辖权限，受委员会处理。因此，首先必须确定何谓具有欧共体意义的集中。

第一节 集中的概念分析

集中（Concentration）与收购、兼并、合并等词汇在竞争法中极易导致混淆，尤其是在日常生活用语中，人们往往倾向于用并购一词，因此，有必要对这几个词汇加以分析。

一、并购活动中的“收购”和“兼并”

所谓并购，是“收购”和“兼并（或称为合并）”这两个词的合称，用英文表述为“Merger & Acquisition”，简写为“M&A”，指的就是公司兼并和收购的总

---

〔1〕 Andre R. Fiebig: International Law Limits on the Extraterritorial Application of the European Merger Control Regulations for Reform, *European Competition Law Review*, Vol. 6, 1998, p. 323.

〔2〕 Community Dimension 一词有不同译法，包括共同体范围、共同体规模、共同体纬度、共同体市场等，本书将其译成共同体意义。

称。但是，在不同的语言环境和法律指导下，并购的内涵和外延是有所不同的。因此，并购这个概念的法律内涵究竟如何，尚存在不同的理解。

在西方法律文献之中，并购一词有多种表述方式：Merger、Acquistition、Consolidation、Takeover、Purchase、Tenderoffer。[1] 其中，兼并（合并）的含义较为统一。根据《简明不列颠百科丛书》的解释，兼并指的是“两家或更多的独立的企业公司合并组成一家企业，通常由一家占优势的企业吸收一家或更多的公司。”《布莱克法律词典》将兼并定义为：“一个事物（或权利）被另一个事物（或权利）所包含，通常而言，其中一个事物没有另一个事物重要或显赫。在此，次要的事物失去了独立存在的地位。”[2] 有些学者因此主张，企业兼并是指在竞争中占优势的企业购买其他企业的全部财产，合并组成一家企业的行为。企业合并是指两个或两个以上企业依据法定条件和程序，通过订立合并协议而并为一个企业的法律行为。[3] 两者几乎是在同一个意义上使用的词汇。

对于收购，《布莱克法律词典》定义为：“成为某项财产的所有者的行为，尤指通过某种行为取得物质性财产权。”[4] 收购具体又可分为资产收购（Asset Acquisition）和股权收购（Stock Acquisition）。资产收购是指一家企业通过购买另一家企业的全部或主要资产，使对方停止营业或解散，从而在事实上取得该目标企业控制权的市场交易行为。股权收购是指一家公司通过购买另一家公司的股权，当获取的股权达到一定比例后，取得该目标公司控制权的一种市场交易行为。

二、不同法律部门使用的“并购”概念

1. 传统民法和公司法的观点

传统民法和公司法的理论认为，法人的合并是指两个以上的法人合并为一个法人。合并的方式有两种：一种是新设合并，即两个以上的法人合并为一个新法人，原来的法人消灭，新的法人产生；另一种是吸收合并，又称为兼并，即一个或多个法人归并到一个现存的法人中去，被合并的法人的主体资格消灭，存续法人的主体资格依然存在。我国《公司法》吸收了这一观点，规定了公司合并可以采用两种方式，一种新设合并，一种是吸收合并。这两种企业合并方式合称为组织合并。[5]

---

〔1〕 详见史建三等著：《中国并购法律环境与实务操作》，法律出版社2006年版，第4-5页。

〔2〕 Henry Campbell Black M. A.: *Black's Law Dictionary*, 5th ed. West Publishing Company. 1979, p. 891.

〔3〕 季晓南主编：《中国反垄断法研究》，人民法院出版社2001年版，第301页。

〔4〕 Henry Campbell Black M. A., *Black's Law Dictionary*, 5th ed. West Publishing Company. 1979, p. 23.

〔5〕 王晓晔：《欧共体企业合并控制法及其新发展》，载于杨紫烜主编：《经济法研究》第1卷，北京大学出版社2000年版，第305-306页。

在民法和公司法的领域中，一般来讲，企业兼并是指一个企业吸收（吞并）其他企业，被吸收企业失去法人资格，其资产及债务均由吸收企业承继的情形，即所谓的吸收合并。这是民法上法人资格变更的合并。

2. 投资法的观点

投资法上所谓收购是指一个企业通过购买某个目标公司的部分或全部资产或股份而获得对目标企业的控制权和支配权，目标企业作为独立的法律实体依然存在。通过收购可以形成合资企业或独资经营企业。[1] 收购这种投资方式不能划入上述两种法人的合并形式中去，因为收购方与被收购方都可以存续。但它的确又完成了企业资产的合并与重组。由于收购方多出现于国际投资领域，因此，有学者干脆把收购（Acquisition）、吸收合并（Merger）、新设合并（Consolidation）列为收购现存企业的三种方式，[2] 而更多的学者将企业兼并与收购并列为并购。

3. 证券法的观点

这种观点出现在《证券法》关于上市公司收购的法律规范当中，在这种情况下，通过收购公司股份而实现的公司之间控制力的转移往往被称之为企业收购，企业合并则特指两个以上实力相当的企业之间的混同行为。也就是说，从证券法的角度看，企业并购则往往包括兼并（取得全部股权的行为）和收购（取得部分股权的行为）两种情形。[3]

4. 竞争法的观点

在竞争法中，当涉及两个或多个企业结合为一体，或者一个（或多个）企业取得对另一个（或多个）企业的控制时，存在“企业兼并”“企业并购”“企业合并”“企业集中”等多种称谓。企业合并存在狭义和广义上的区别。一般狭义理解的企业合并是指两个或两个以上企业依据法定条件和程序，通过订立合并协议而并为一个企业的法律行为，包括吸收合并和新设合并两种情形，公司法意义上的企业合并即作此理解；广义的企业合并不仅包括上述情形，还包括取得企业控制权的行为。在这个时候，企业并购是通过取得目标企业的控制权，运用自身可控制的资产，去获得目标企业现有生产能力而进入该行业，并因此使目标企业法人地位消失或引起法人实体改变的一种投资方式。[4] 通常竞争法意义上的企业合并，以及与其相似几个概念如（企业）集中、兼并、合并收购等，应从

---

〔1〕 余劲松主编：《国际投资法》，北京大学出版社 1999 年版，第 120 页。

〔2〕 余劲松主编：《国际投资法》，法律出版社 1997 年版，第 90 页。

〔3〕 很明显，此处的收购不同于在竞争法中对其的理解。

〔4〕 陈宝刚：《反垄断法对企业并购的规制》，载《河南省政法管理干部学院学报》2002 年第 5 期，第 84 页。

最广义上界定，即企业经营权无论是形式上或实质上的转移均包括在内，也就是说，竞争法意义上的并购是指发生在两个独立的经济和法律实体之间的行为。

不同的法律部门对并购的界定既相互区别又相互联系。《公司法》对企业合并的规范注重对出资人（股东）、债权人、职工利益的保护，要求公司在合并时对债权人履行告知义务和偿债担保义务。《证券法》对企业并购的规范侧重于信息披露、正当程序和被收购方的公正待遇等。竞争法对企业合并的规范强调在保护市场竞争的同时促进企业合并的发展，要求企业合并不要对市场竞争造成实质性减少或创设、强化市场支配地位。

从外延上看，竞争法中所谓的并购最为广泛，无论是《公司法》上的吸收合并和新设合并，还是《证券法》上的要约收购、场外收购都属于竞争法的调整对象。因此，企业集中控制法律制度中的合并包括民法或者公司法意义上的合并，但又不限于这种合并。[1]

而且，从广义上理解，企业合并有横向合并、纵向合并、混合合并之分。横向合并（Horizontal Integration）亦称水平式合并。生产和销售相同或相似产品、或经营相似业务、提供相同劳务的企业间的合并，如美国波音收音机制造公司与麦道收音机制造公司的合并，法国雷诺汽车制造公司与瑞典伏尔汽车制造公司的合并，均属横向合并。横向合并的主要目的是把一些规模较小的企业联合起来，组成企业集团，实现规模效益；或利用现有生产设备，增加产量，提高市场占有率，与其他企业（或企业集团）相抗衡。从整个国家看，过度的横向合并会削弱企业间的竞争，甚至会造成少数企业垄断市场的局面，牺牲市场经济的效率。因此，在一些市场经济高度发达的国家，政府往往制定有反托拉斯法规，以限制横向合并的蔓延。纵向合并（Vertical Integration）亦称垂直式合并。生产的产品或提供的劳务具有内在联系的企业间的合并。参与合并的各家企业，其产品相互配套，或有一定的内在联系，形成产供销一条龙；或其提供的劳务具有前后的联系。例如，汽车制造公司合并橡胶轮胎企业或汽车零配件厂，可保证汽车零配件的供应。又如1995年美国迪斯尼公司收购大都会——美国广播公司，可以使前者制作的娱乐节目通过后者传播给公众，而后者则可提高收视率。这类合并的结果，往往形成一个新的产供销一条龙或集娱乐制作和传播于一身的企业集团，增强企业实力。不过，大而全的企业集团的形成，可能会因管理能力不足而丧失原有的灵活性和效率，这是合并前所必须考虑的。混合合并，有时也被称之为集团合并，泛指分属于不同行业、不同经营层次的企业之间进行的合并。包括横向合

〔1〕 孔祥俊著：《反垄断法原理》，中国法制出版社2001年版，第592页。

并和纵向合并以外的其他所有形式的合并，具体又分产品扩张型、市场扩张型和纯粹的混合合并。[1] 这种合并活动中，其双方既不存在竞争关系，也不存在买卖关系，它虽然不能直接提高一个工业部门的集中度，但是从长远和发展的眼光来看，它们也能推动经济的集中和市场均势的增长，如惠普与康柏的合并。在各国企业合并反垄断实践中，在很长一段时期内，对横向合并的控制一直较为严厉，而垂直合并和混合合并也不同程度地遭到了禁止。但是，目前的情况发生了变化，美国1992年的横向兼并指南放弃了对后两者的调整，欧盟的139/2004号条例目前也仅针对横向集中活动适用。

三、经济学上对"并购"的理解

竞争法上的企业结合在经济学上被称为企业集中。本书采取的就是这个概念。

1. 收购与股权联合

从经济学的角度看，公司兼并同公司收购存在较大差别，它们属于两个层次上的概念，收购强调的是行为，而兼并强调的是结果，此外收购这一行为可能导致兼并的结果。两个词的共同之处在于都包含着若干经济力量组合、凝聚到一起的含义。现实中使用"并购"一词主要是指一家企业以现金、债券、股票或其他有价证券，通过收购债权、直接出资、控股及其他多种手段，购买其他企业的股票或资产，取得其他企业的资产的实际控制权，使其失去法人地位或对其拥有控制权的行为。这种界定实际上采取的广泛的调整对象。

从投资者行为的层面上看，与收购相对应的概念是股权联合。根据国际会计准则第22号《企业合并》的定义："购买是企业合并的一种形式，在这种企业合并中，由一个企业，即购买方，通过转让资产、承担负债或发行股票等方式来获得对另一企业，即被购买方的净资产的控制和经营权"；股权联合是"一种企业合并的形式，在这种企业合并中，参加合并的企业的股东联合控制了它们全部的或实际上是全部的净资产和经营，以达到继续共同分担合并后主体的风险和分享收益，因此，任何一方都不能认定为是购买方"。需要特别指出的是，这里所说的"股权联合"强调的是双方对企业的共同控制权，这种控制权并不以股份控制为限，也可以是在经营上的控制。因此，收购与股权联合的核心区别在于一方是否拥有独占的控制权。

基于母、子公司具有的三大法律特征，即母公司实际控制子公司，母、子公

---

〔1〕 倪振峰编著：《竞争法案例教程》，复旦大学出版社2005年版，第327页。

司的控制关系是基于股权的占有或控制协议，母、子公司各为独立法人，由收购最易产生的企业形式是母、子公司。由股权联合最易产生的企业形式是合资经营企业。由于合资经营企业允许合伙（我国的中外合作经营企业即可采用合伙形式），因此，股权联合可以突破法人资格的束缚。合资经营企业在各国的解释不一。例如，依美国国内法的解释，合资经营企业是指“两个或两个以上人的特殊结合，以从事某些追求利润的风险活动而不借助于合伙人、公司等形式，或两个或两个以上的人将其财产、金钱、力量、技术和知识汇集于一体组成一个联合体，负责一盈利商业实体的业务。”〔1〕 有些欧洲学者则将合资经营企业定义为“为完成一个或几个具体项目或交易与其他企业组建的商业联合体。”〔2〕 其中有一个共同的特征，即资本的联合。

有学者根据这种分类方式将投资分为独自经营和合资经营（Joint Venture）两种实践方式。〔3〕

需要强调的是，很多学者将（Joint Venture）简单译为合资企业，这是不准确的，〔4〕 Joint Venture 应该译为合资经营企业，因为其具有共同投资、共同经营、共负盈亏的特点。而“合资”一词强调资本的组成，而不是经营共存。因为合资经营企业依其法律性质可以分为：①股本式合资经营企业（Equity Joint Venture）；②契约式合资经营企业（Contractual Joint Venture）。股本式合资经营企业的特征中“合资”比较明显，而契约式合资经营企业则强调“合作”。

上述这两种企业形式都可以归属于“关联公司”（Affiliated Companies）或“公司体系”（Company Systems）。所谓关联公司不是公司法上的一种公司形式，而是一种在实践中不断发展的经济实体形态。日本在其财务诸表规则中第 8 条第 4 款规定：“一方公司实质上拥有另一公司 20% 以上 50% 以下的表决权，并通过人事、资金、技术、交易等手段严重影响该公司的财务和经营方针者为关联公司。”〔5〕 德国股份有限公司法第 15 条规定：“关联公司是指法律上独立的企业，这些企业在相互关系上属于拥有多数资产的企业和占有多数股份的企业，从属企业和支配企业、康采恩企业、相互参股或互为一个企业合同的签约方。”〔6〕 我国

〔1〕 美国《法律判例汇编大全》(Corpus Juris Secudum)，第 48 卷，1947 年，第 1 节。转引自王贵国著：《国际投资法》，北京大学出版社 2001 年版，第 247 页。

〔2〕［美］茜楠（Heenan）：《合伙人组织及其他赢利集团》，载于《国际比较法百科全书》，第 13 卷，1972 年第 1 章。转引自王贵国著：《国际投资法》，北京大学出版社 2001 年版，第 247 页。

〔3〕 王贵国著：《国际投资法》，北京大学出版社 2001 年版，第 241－256 页。

〔4〕 反对的学者观点见刘和平：《中外合营基金法律问题研究》，载于陈安主编：《国际经济法论丛》第 1 卷，第 390 页。

〔5〕 张扣娣编译：《日本企业集团的母子公司关系》，经济科学出版社 1983 年版，第 2 页。

〔6〕 卞耀武主编：《当代外国公司法》，法律出版社 1995 年版，第 115 页。

《外商投资企业和外国企业所得税法实施细则》第52条、《税收征收管理法实施细则》第36条规定："所谓关联企业（含关联公司）是指在资金、经营、购销等方面存在着直接或间接拥有或者控制关系，直接或间接地为第三者所拥有或者控制，其他在利益上具有相关联的关系的公司、企业、其他经济组织。"

关联公司的基本特征是资本的控制或联合，这种关系如果被滥用甚至可以危及到国家利益与社会秩序。因此，股权联合同样应该被竞争法所调整。

2. 经济学上的"集中"

并购在经济学上实际指的是"集中"。经济学理论认为，所谓企业集中就是企业通过扩张或联合使市场上作为经济独立的决策单位数量减少，从而生产日益集中于少数企业手中。集中后的企业既可以保持也可能失去了独立的法人资格；企业在法律上是否仍然保持独立地位并不重要，重要的是在经济上已经失去了独立地位，即丧失了经济决策自主权。企业集中有两种基本形式：企业的内部增长和企业的外部增长。企业的内部增长是单个企业的扩张，与外部增长相比，形成企业集中的过程过于缓慢。在竞争过程中，企业很难单纯依靠内部增长获得垄断地位、形成竞争限制。所以在各国制定的竞争政策及其实践中，对企业外部增长的控制远远胜过对其内部增长的控制。

从经济学的角度分析，企业的外部增长是企业集中的主要形式，依据其实现途径的不同可以分为三种情况：横向合并、纵向合并和混合合并。这里的企业合并的概念相当于本书所使用的"集中"概念，包括企业兼并和企业联合。前者被兼并的企业不仅在经济上，而且在法律上都失去了独立地位，融合为一个经济实体；后者参与联合的企业在法律上仍然保持独立地位，但在经济上失去了独立地位。前文已经讨论过三种合并形式。横向合并，是在同一市场上两个以上的生产同类或相近产品的独立企业合并为一个企业，实现横向一体化，它一般发生在同一部门中，并且主要集中在那些要求进行大规模生产的部门。这是企业集中的最初的基本形式，直到今日它依然是最为普遍的形式。纵向合并，是指处于不同生产阶段、相互形成购销关系的独立企业之间实行的合并，实现纵向或垂直一体化。它们涉及相互关联的不同生产部门、不同市场，是竞争发展到一定阶段的产物。混合合并，是那些既不处于同一部门、同一或相关市场，也不处于购销关系之中的独立企业之间实行的合并，合并后的企业成为多样化经营的、规模巨大的混合联合公司。这属于纯粹跨部门的一种企业集中，是集中的新形式，对竞争限制的作用也最为明显。此外，通过企业外部增长实现的集中还有一种特殊的形式，即所谓的"联营企业"。它是由两个或多个母公司联合创建或收购的一个子公司。在竞争法上按其独立性程度可以分为：集中式和合作式联营企业（即本书所称的欧盟法上的“结合型和合作型联营企业”)，前者是一个独立的企业并且主要不是为母公司服务，有其自己的独立的活动范围；后者只是母公司之间在一定经营活动和市场行为方面相互协调的一种合作组织形式。

第二节　欧盟控制企业集中法律制度的“共同体意义”

一、我国的相关规定

我国1989年《关于企业兼并的暂行办法》中将企业兼并定义为：一个企业购买其他企业的产权，使其失去法人资格或法人实体的一种行为，不通过购买方式进行的企业之间的合并不属于本法的规范。这是典型的民法和公司法意义上的企业合并。

1996年财政部发布的《企业兼并有关财务问题的暂行规定》将兼并定义为：一个企业通过购买等有偿方式取得其他企业的产权，使其失去法人资格或虽然保留法人资格但变更投资主体的一种行为。此处已经注意到了仅仅从结果调整企业合并的不足之处，而且注意到合并行为的重要影响。

《关于企业兼并暂行办法》[1] 规定，本办法所称企业兼并，是指一个企业购买其他企业的产权，使其他企业失去法人资格或改变法人实体的一种行为，不通过购买方式实行的企业之间的合并，不属本办法调整。该办法还将企业合并分为承担债务式、购买式、吸收股份式和控股式四种形式。很明显，办法规定兼并主体只限于企业法人，且兼并方式只限于购买。[2]

我国的《反垄断法（草案)》(征求意见稿）中采用的是广义的定义，该稿中使用的是“企业兼并（集中)”的概念，在草案第25条中将企业兼并定义为：“（一）一个或者多个企业并入一个现存的企业，或者两个以上的企业结合形成一个新的企业；（二）一个企业通过收购其他企业的股份取得对其控制；（三）两个或者两个以上的企业通过协议、联营等方式形成控制与被控制的关系。”但是，该稿迄今未形成法律。2003年4月由国家工商总局、外汇管理局、原对外贸易经济合作部、国家税务总局联合制定的《外国投资者并购境内企业暂行规定》中明确将并购分为两种方式，即股权并购和资产并购。其中，股权并购指外国投资

---

〔1〕国家体改委、国家计委、财政部、国家国有资产管理局联合发布的体改经（1989）第38号文——《关于企业兼并的暂行办法》第1条，1989年2月19日。

〔2〕有学者认为这是一个重大的缺陷。段晓娟：《德国企业兼并法律制度及其对我国的启示》，载《国际贸易问题》1998年第11期，第56－59页。

者协议购买境内非外商投资企业的股东的股权或认购境内公司的增资，使该境内公司变更设立为外商投资企业。在实践中，并购方通过股权并购方式进入目标企业有两种方式：一是受让目标企业原有股东的股权；二是认购目标企业的增资，这两种方式也可以结合使用。

从上述规定来看，我国立法相关规定同样是符合经济学上对“集中”一词的理解。

二、其他国家的相关规定

美国反托拉斯法规定的集中包括两种情况。1914 的《克莱顿法》第 7 条规定的股份收购（Stock Acquisitions）和 1950 年的《塞勒—凯弗尔法》在对《克莱顿法》第 7 条修订时增加的资产收购（Asset Acquisitions）。美国法院则对这一概念采用了扩大的解释方法，将要约收购（Tender Offers）、合营企业（Joint Venture）等涉及企业控制权转移的行为都纳入《克莱顿法》第 7 条的管辖范围。法院还通过判例，将《克莱顿法》适用于一系列能形成实际控制关系的交易形式如：财产让与、租赁、知识产权的独家许可使用，[1] 甚至涉及很小比例的营业收购[2]，等等。

总之，美国反托拉斯法的一个原则是，无论交易采取什么样的形式，只要在交易方之间产生了实质性的控制关系，这种交易就有可能构成对《克莱顿法》第 7 条的违反。也就是说，集中在美国的反托拉斯法上存在狭义和广义的区分，成文法上的股份收购和资产收购是狭义的合并，判例法上涉及控制权转移的广义合并，实质上就是指经济力量的集中。[3]

另外一些国家则在反垄断法种采用将合并等同于集中的概念。如《加拿大竞争法》第 91 条将合并定义为“任何能导致另一方全部或部分经营的控制权或其中的部分显著利益被收购或创设的交易行为”。[4] 德国《反对限制竞争法》第 23 条第 2 款则将其意义扩大到能使企业直接或间接对另一企业发生支配性影响的所有联合方式。

---

〔1〕 United States v. Columbia Pictures Corp. , 189 F. Supp. 153 (S. D. N. Y. 1960).

〔2〕 American Crystal Sugar Co. v. Cuban-American CO. , 152 F. Supp. 387 (1957), aff'd, 259 F. 2d 254 (2d Cir. 1958).

〔3〕 卫新江著:《欧盟、美国企业合并反垄断规制比较研究》，北京大学出版社 2005 年版，第 14 页。

〔4〕 Section 91 of the Competition Act (Canada).

三、欧盟对“共同体意义”的理解

欧盟《关于集中概念的通告》[1] 将合并分为新设合并和吸收合并两种，这与欧盟《公司法第3号指令》（the Third Directive on Company Law）以及我国公司法[2]所称的合并的分类是一致的，实质上所谓的法律上合并（Legal Merger）属于狭义理解的合并。因此，前者实际上是组织合并，即相互独立的两个或者两个以上的企业实行合并。这种合并可以是一个企业取得另一个企业，也可以是两个企业合并成为一个新的企业。[3]

以后者而言，有关企业可以保持法律上的独立性，仅仅是有一个永久性的单一经营管理，由此并入真正的经济实体。企业控制另一家企业的方式可以多种多样，可以分成单独控制（Solely）和共同控制（Jointly）只要存在施加决定性影响（Decisive Influence）的可能性，即可宣告控制成立。[4] 这是一种广义理解上的合并，属于经济性的合并（Economically-oriented）。[5]

139/2004号条例出台后，合并与获得控制权的行为统称为集中（Concentration），[6] 因为集中一词反映了合并与获得控制行为的本质，即合并与获得控制使得企业的资金、规模、市场份额都较以前有更高程度的聚集。根据139/2004号条例序言规定，集中是指永久性改变有关企业结构的行为，如果达到欧共体的程度，就属于条例的管辖范围。[7] 该条例仅仅适用于在共同体范围内具有影响的企业集中。[8]

具体而言，集中行为（Concentration）表现形态包括：①合并行为（Merger），即两个或两个以上原先独立的企业合并；②股份或资产的取得（Acquisition of Stock or Assets），即一个或多个已经控制了至少一个企业的人，或者一个或多个企业，通过购买股票或资产、签订合同或任何其他手段，获得对另外一个企业

---

〔1〕 The Commission Notice on the Concept of a Concentration [1998] OJ C66/5, [1998] 4 CMLR 586, paras. 6 and 7.

〔2〕《中华人民共和国公司法》第184条。

〔3〕 王晓晔著：《欧共体竞争法》，中国法制出版社2001年版，第306页。

〔4〕 朱淑娣主编：《欧盟经济行政法通论》，东方出版中心2000年版，第246页。

〔5〕 欧盟的学者就持有这种观点，见 Alison Jones and Brenda Sufin：*EC Competition Law, Text, Cases and Materials*, Oxford University Press, 2001, pp. 717－718；C. J. Cook and C. S. Kerse：*EC Merger Control*, 3rd ed., Sweet and Maxwell, 2000, pp. 27－29.

〔6〕 也有学者译为聚合，参见阮方民著：《欧盟竞争法》，中国政法大学出版社1998年版，第209页。

〔7〕《139/2004号条例》序言第23段。

〔8〕 欧盟竞争法的著作中，合并（Merger）和集中（Concentration）常常混用。此处的集中是广义上的合并。See Morten P. Brogerg：Merger Control in Europe, *World Competition*, Vol. 20, No. 4, June 1997, p. 8.

或多个企业直接或间接的全部或部分的控制权的行为；③合营行为（Joint Venture）④兼任管理职务的行为（Interlocking Directorates）。[1]

139/2004 号条例第 3 条第 3 款对第 2 款第 2 项进一步解释道：为了本法规的目的，通过权利、合同、其他任何手段或者上述手段之一项或者多项，以及应予考虑的有关的事实或者法律因素，获得对一个企业行使决定性影响的，构成控制。特别是在下列情况下构成控制：①享有对一个企业的所有权或者对其全部或者部分资产的使用权；②通过权利或者合同对一个企业机构的组成、投票或者决定具有决定性影响的。可见，集中不仅包括对原先独立企业的控制，而且也包括通过法律或协议获得控制。

如果几个企业共同建立一个合营企业，也会涉及取得企业的支配权问题。其中，集中性合营企业受139/2004 号条例管辖，[2] 而合作性合营企业[3]则被认为是一种卡特尔，应当适用《欧共体条约》第 81 条。此外，少数持股（Minority Shareholdings）[4]、策略联盟（Strategic Alliances）[5] 和兼职领导（Interlocking Directorship）[6] 虽然可能造成相关企业的联合市场支配地位，但由《欧共体条约》第 81 条来解决更为合适。如果一个合营企业符合第 3 条的规定，但是它创设的目的在于协调，或者实际上协调了创设企业的竞争行为，应该由《欧共体条约》第 81 条调整。合并中的连锁交易（Multiple Transactions）行为应该被视为一个合并交易，而特定形式的风险资产投资（Venture Capital Investments）则不受139/2004 号条例管辖。[7]

也就是说，在欧盟竞争法中，没有采用并购的概念，而采用的所谓企业集中实际上包括合并、控制和设立合营企业三种形式。之所以采取这种分类法，显然是兼具在行为和后果两个层面上调整企业之间的合并行为。

---

〔1〕 王为农著：《企业集中规制基本原理——美国、日本及欧盟反垄断法比较研究》，法律出版社2001 版，第 12－19 页。

〔2〕 也被译为全功能性合营企业（Creation of Full-function Joint Venture）。部分功能合资企业（Partial-function Joint Ventures）的设置不属于该法管辖，如研究和发展机构（R&D），生产型合资企业（Partial-function Production Joint Venture）等的设置。

〔3〕 指企业之间主要以合同或产业结构形式达成的，关于生产、科研发展、科技转让、供货等方面的合作协议。策略联盟常常建立在相互竞争的企业之间，从而破坏了该市场的有效竞争。

〔4〕 即持股额低于 50%，从而对该企业没有控制权的持股形式。

〔5〕 王晓晔著：《欧共体竞争法》，中国法制出版社 2001 年版，309 页。

〔6〕 一个企业的董事、经理等高层领导同时兼任另一家与之相竞争的企业的高层领导。

〔7〕 参见胡志光主编：《欧盟竞争前沿问题研究》，法律出版社 2005 年版，第 61－62 页。

第三节　139/2004 号条例适用范围的设置

一、一般规定

根据 139/2004 号条例第 3 条第 1 款和第 2 款的规定，集中指如下永久性控制权发生变动的集中：①涉及两个或两个以上企业的集中；②收购一个或多个已经控制着至少一个企业的企业，或通过一个或多个交易、证券和资产的购买、或通过合同及其他途经、直接或间接地获得一个或多个企业的控制权；③永久运转的合资公司的组建，具有全能的自我管理的经济实体的产生也应该认为是一项合并。

综上所述，139/2004 号条例确定的企业集中行为包括下列情况：

1. 组织合并（合并）（Mergers Between Previously Independent Undertakings）

组织合并是指相互独立的两个或多个企业依据法定条件和程序，通过订立合并协议而并为一个实体的法律行为，包括吸收合并与新设合并。139/2004 号条例要求参与合并的企业在合并之前必须是在经济上和法律上相互独立的实体。一个康采恩中的两个企业因为在经济上不是相互独立，它们之间的合并不得被视为企业合并。

2. 控制（Acquire Control）

控制是指一个或多个自然人、企业通过购买股份、资产、合同安排或者其他方式（如人事联合），取得对其他企业的全部或部分控制的法律行为。具体又可以分为单独控制（Sole Control）和共同控制（Joint Control）两种。

在 Eridania/ISI 合并案中，[1] 前者通过向后者的另一个股东 Finbieticola 购买 15% 的股份，从而拥有后者 65% 的股份。Finbieticola 仍保有 35% 的股份。委员会认为，在该项交易发生之前，前者和 Finbieticola 实施的联合控制（各自拥有后者 50% 的股份）。基于前者并不拥有绝对多数股份，ISI 公司董事会能够行使许多重要的权利，包括对人事安排、终止生产以及如何进行销售作出决定。该项交易发生后，可供后者行使的权利大大减少，其仅仅能够对涉及企业结构重大变化的事项（如增加资本、转让总部）行使否决权。据此，委员会最后认定，作为 15% 的股份转让的结果，Eridania 公司已经取代了与 Finbieticola 的联合控制而获得了单独控制地位，因此该项交易必须依据条例的规定进行申报。

---

[1] Case IV/M62 [1991] 4 CMLR 663.

1997 年关于南非英美有限公司（AAC）和英国 Lonrho 公司集中案中，虽然 AAC 仅取得 Lonrho 的 24. 98% 的股份，委员会认为这个股份的取得就构成企业合并。因为根据 Lonrho 股东大会在 1993—1996 年的情况，AAC 由此可以取得 Lonrho 股东大会 50% 以上的表决权。

3. 设立合营企业

合营企业是指两个或多个企业为某种目的而共同投资设立的企业。欧盟竞争法将合营企业分为两类：集中型合营企业和合作型合营企业。

139/2004 号条例大大扩展了集中型合营企业的内涵，将那些具有共同体意义的所有完全功能型合营企业[1]（即使存在协调母公司竞争行为的因素）纳入条例管辖，过去那些不属于条例管辖的一部分合作型合营企业现在也要按照条例规定进行审查。根据 139/2004 号条例第 2 条第 4 款的规定，合作型合营企业（范围已经缩小）仍然纳入《欧共体条约》第 81 条管辖，如果合营企业的目的或效果在于使得母公司的竞争行为得以协调，则应当根据欧共体第 81 条第 1 款和第 3 款规定的标准进行审查。审查时委员会应当特别考虑到：在合营企业所在市场及与其密切相关的相邻市场中，母公司是否基本上保持原来的行为以及这种协调行为是否可能排除相关市场上的实质性竞争。据此，永久运转的合资公司的组建，具有全能的自我管理的经济实体的产生也应该认为是一项合并。

需要指出的是，当交易不是集中时，《欧共体条约》第 81 条可以适用，但不排除成员国对此进行的集中评估；当交易是集中，但不具有欧共体意义的情况下，该种情况的实质在于如何在“共同体意义”之下完成委员会和成员国的移交，从而使得只对一个或少数几个成员国利益有关的共同体意义的企业集中由所属国管辖，而没有共同体意义却涉及多个国家的企业集中由委员会管辖；成员国可以把不具有欧共体意义的集中提交给委员会，但集中应该影响成员国之间的贸易，并严重影响提交成员国内部竞争。

由上可见，首先，具有共同体意义的企业集中，毫无疑问由 139/2004 号条例管辖。对于不具有共同体意义的集中，则要区分两种情况：如果该集中产生和加强的市场支配地位阻碍的是成员国境内的有效竞争，而不涉及成员国之间的贸易，则应由成员国竞争机构适用其国内竞争法进行规制；相反，则委员会保留依据《欧共体条约》第 81 条进行规制的权力。

其次，具有共同体意义的集中型合营企业依据 139/2004 号条例规定的实体

---

〔1〕 根据［1993］OJ C43/2 通告对完全功能型合营企业的界定，指行使独立经济实体的所有功能的合营企业。

要件和程序要件进行规制，而合作型合营企业则纳入《欧共体条约》第 81 条的管辖范围。

最后，如果一项集中使相关企业产生了市场支配地位，由 139/2004 号条例进行规制；如果已经具有市场支配地位的企业通过集中行为进一步增强了其支配地位，由 139/2004 号条例管辖；此外如果该支配企业还涉及滥用性行为，如拒绝交易、搭售、歧视待遇、掠夺性定价等，仍由《欧共体条约》第 82 条予以调整。实践中，委员会对一个具有共同体意义的合营企业进行审查时，一般遵循以下步骤：①其是否属于《欧共体条约》第 81 条的管辖范围，即该合营企业的设立是否使得母公司之间的竞争行为得以协调，并根据条例第 2 条第 4 款进行分析。可以认定该企业构成合作型合营企业，接下来审查是否可以根据《欧共体条约》第 81 条第 3 款得到豁免，委员会将特别考虑这种协调是否可能排除相关产品或服务市场的实质性竞争；②在确定该合营企业应由 139/2004 号条例规制的前提下，根据 139/2004 号条例规定的实体标准评估这种设立行为是否可能产生或加强市场支配地位，是否可能严重阻碍共同体或其重大部分的有效竞争。

二、例外规定

根据 139/2004 号条例第 3 条第 5 款的规定，下列情况视为未产生集中：

（1）信贷机构或其他金融机构或保险公司，为其自身原因或他人原因而从事的正常业务，包括经营和买卖证券，若出于转售目的而暂时持有一个企业的证券，只要不是为了控制该企业的竞争行为而行使表决权，或者它们虽然行使了表决权，但这只是为了全部或部分地处置该企业，或者处置其财产，或处置其证券，而且处置发生在取得后的一年内。委员会应请求可以延长一年的处置期，条件是这些机构或公司能够证明，这些处置在规定的期限内具有合理性。

（2）政府机构依据成员国有关清算、解散、破产、停止支付以及和解等类似程序而取得支配权。

（3）根据欧盟第四届部长理事会依《欧共体条约》第 54 条第 3 款（g）在 1978 年 7 月 25 日发布的第 78/660 号指令中关于某些类型公司年度财务的第 5 条第 3 款的规定，金融控股公司实施的第 1 款（b）项规定的经营行为，如果由于控股而行使表决权，特别是因涉及任命被控股企业的管理和监督机构的成员而行使表决权，其目的只是为了维持其投资的全部价值，而不是直接或间接地决定该企业的竞争行为。

但是，欧盟对集中（并购）概念仍然存在不足之处，如少数持股和连锁董事就没有被集中概念所包容。[1]

三、从属性限制

在集中的过程中,[2] 集中各方常常会就限制某些权利或者经营行为达成协议，这些协议往往涉及一定程度的限制竞争的内容，这就是从属性限制（Ancillary Restrictions）。从属性限制的规定最早出现在美国，由 William Taft 法官在 United States v. Addyston Pipe & Steel Co. 一案中提出。而在欧盟竞争法上，狭义的从属性限制是指与《欧共体条约》第 81 条不符的契约安排，广义的理解则包括一切限制竞争协议或者经营行为。[3] 从目前的实践来看，广义的理解获得了普遍认可。与集中有关的限制竞争协议或者经营行为，属于从属性限制，受 139/2004 号条例调整。

根据 139/2004 号条例序言第 21 段，如果相关企业接受了与实施集中直接相关且为实施集中所必要的限制性条件，本条例应予以适用。委员会宣布合作与共同体市场相协调的决定将自动包括这些限制，而不必在具体案件中对这些限制作出评价。然而，当案件出现了新的或尚未解决的问题以致会引起法律不确定性的时候，委员会可以根据相关企业的请求，明确评价该限制是否与实施集中有着直接的关系，以及这个限制对于实施集中是否必要。如果委员会的现行通告或者公布没有涉及案件中提出的问题，这个案件就是出现了新的未解决的问题，并由此产生了不确定性。此后，为了给企业提供法律的确定性，委员会于 2005 年 3 月 5 日发布了《关于与集中直接相关和必要限制措施通告》。对于通告所没有包括的特殊情况，当事人可以从委员会公布的决定中寻找指导，如果以前的决定中没有相关的内容涉及，那么，就构成了“引起真正的不确定性的新问题和未决问题”，当事人可以请求委员会认定。

四、成员国分享管辖权

（一）成员国分享管辖权的一般规定

在某些情况下，成员国也可以评估一个具有共同体意义的集中。

139/2004 号条例第 9 条赋予了委员会在成员国要求的情况下把一个具有欧共

〔1〕 欧盟并购概念及除外规定、不足参见刘和平著：《欧盟并购控制法律制度研究》，北京大学出版社 2006 年版，第 60－63 页。

〔2〕 85. F. 271 (6th Cir 1898), aff'd as modified, 175 U. S. 211 (1899).

〔3〕 See F. Enrique G. D.: The Notion of Ancillary Restraints under EC Competition Law, *Fordham International Law Journal*, Vol. 19, 1996.

体意义的集中提交给集中发生的成员国，这种要求必须满足两个条件：①合并在该成员国内部严重影响竞争，并具有独特市场特性；②并没有构成共同市场的相当一部分。

这条规定实际上涉及委员会和成员国之间的管辖权划分的问题。

在139/2004号条例生效之前，欧盟企业集中控制结构是建立在独立管辖区域的基础上的，由委员会独享具有市场支配地位的集中的审查权。“一站式审查”原则的确立使得欧盟内跨国大型集中的审查程度大大简化，但是也产生了新的问题。委员会竞争总司原竞争委员 Claus-Dieter Ehlermann 曾经宣称：“欧盟竞争法执行机制的分散化是不可避免的。”[1] 在139/2004号条例生效之后，这一论断得到了实践的证明。

首先，在139/2004号条例制定后，根据欧盟法的附属原则，具有欧共体意义的集中适用于委员会的管辖权限，其余没有共同体意义的集中均由各成员国竞争法机关分别管辖。

其次，根据“共同体意义”的标准完成委员会和成员国的移交，使得只对一个或少数几个成员国利益有关的共同体意义的企业集中由所属国管辖，而没有共同体意义却涉及多个国家的企业集中由委员会管辖。139/2004号条例规定，欧盟成员国不得应用本国法律，除非委员会按照139/2004号条例第9条规定将交易提交给成员国，即提出了所谓的“高效移交”机制（Streamlined Referrals）。

这样一来，如果交易是集中，但不具有欧共体意义时，25个成员国中除卢森堡外，欧盟成员国的企业集中控制机制可以发挥作用；2004年5月1日以来的10个新成员国都有自己的竞争机构。成员国也可以把不具有欧共体意义的集中提交给委员会，但该集中应该影响成员国之间的贸易，并严重影响提交成员国内部竞争。

（二）提交程序对管辖权分配的影响：双向移交体系

通告后移交体系从一开始就是欧盟企业集中控制体系的一部分。139/2004号条例第9条包括所谓的“德式条款”，即从欧盟委员会向成员国的移交。该条款是由于德国担心委员会会对欧共体范围内具有特有权限而安排的，当时德国已经拥有一个十分有效的企业集中控制机制。139/2004号条例第9条提供的移交机制旨在调整第1条所作出的以转交为基础形成管辖权限的影响。139/2004号条例第9条使得可以向国家性企业集中控制机构提交案例，国家性机构有时更适合处

[1] Jo Show, Decentralization and Law Enforcement in EC Competition Law, *Legal Studies*, Vol. 15, 1995, p. 135.

理一些集中。由此即使在满足欧盟集中控制标准的情况下，也可以在国家层面处理集中。

4064/89 号条例没有包括任何允许从成员国向欧盟委员会联合提交的机制。4064/89 号条例第 22（3）条为满足一些像荷兰这样缺乏自己的企业集中控制体系的成员国的利益而引入。从 1998 年 2 月开始，荷兰建立了自己的企业集中控制体系，即使在成员国扩大以后，只有小国家如卢森堡[1]、列支敦士登[2]没有该国自己的企业集中控制体系。1998 的修订首先对 4064/89 号条例第 22（3）条作出修改，允许联合提交，[3] 但 2002 年之前并没有采用该修改。向欧盟委员会的联合提交最近几年由于欧盟竞争机构网络[4]内部的合作和协商而开始，迄今为止只有三个涉及多个管辖权限的集中案件向欧盟委员会进行联合提交。[5]

1. 从欧盟委员会向成员国的提交

4064/89 号条例第 9 条在过去遭受很多批评，理由主要是针对提交案例的标准、时间表和不公平提交产生的一些问题。企业完成提交程序往往会抱怨成本太高。另外，对各国竞争机构提交的案例对待问题也存在关注，主要是指程序方面的问题。[6] 此外，第 9 条程序也不经常采用，直到 2001 年绿皮书公布之后，也只有 29 个案件从委员会向成员国提交。2003 年末，总提交决议只有 58 个。[7] 第一次修改并于 1998 年 3 月 1 日[8]开始生效的 1310/97 号条例第 9（2）（B）条只在三种情况下作为由欧盟委员会向成员国提交的基础。[9] 在 1310/97 号条例下，提交案例的标准对提交构成了重大障碍。第 9（2）条赋予委员会是否、多大程度上向一个或多个成员国提交案例的选择权利。第 9（2）（B）条下的标准适用范围更加有限，其仅仅适用于集中影响竞争而不在市场中形成特别重大的组成部分。考虑单一国家构成共同市场重要部分的地域是欧洲法院和欧盟委员会的一贯做法。迄今为止，由于欧盟委员会缺乏提交动力和可供利用的有关程序，集中案件的分配一直受到限制。在 1310/97 号条例期间，提交仅仅在集中通告后

---

[1] 卢森堡在 1999 年大约有人口 43 万人。

[2] 列支敦士登在 1999 年人口大约为 32 000 人。

[3] 1310/97 号条例，NOTE12。

[4] 如前所述，欧洲竞争机构网络于 2001 年 4 月建立，是一个包括各国竞争机构的论坛组织，欧盟委员会和自由贸易协会作为其监督机构。

[5] http：//europa. eu. int/comm/competition/mergers/cases/decision/m2698_ en. pdf/.

[6] 进一步讨论见 Green Paper on the review of Council Regulation（EEC）No. 4064/89，COM（2001），745/6 Final，Brussels 11. 12. 2001.

[7] 应声明该数字包括涉及几个国际机构的重复计算，如果不包括重复计算该数字为 55。

[8] 1310/97 号条例，NOTE1。

[9] See CASE COMP/M. 2446，http：//europa. eu. int/comm/competition/mergers/cases/decisions/m2446_ en/pdf.

才会进行。成员国在通告3周后要求提交，并在6周内获晓是否允许或拒绝。这导致集中的延迟和成本的增加。

因此，欧盟委员会用“实质性阻碍有效市场竞争”取代了1310/97号条例第9（2）（a）条规定的市场支配地位标准，欧盟部长理事会最终采用的139/2004号条例第9（2）（a）条，还补充说明应提供足够证明集中在成员国市场内部实质性阻碍有效竞争。然而，委员会建议把成员国要求提交的时间从三周缩短到两周的想法被排除，仍然根据当前的规定把期限确定为三周。[1] 所以，委员会在要求提交集中案件的问题上取得了一定的胜利。[2] 市场支配地位标准和“实质性阻碍有效竞争标准”之间的替换是否取得进展则需要实践的进一步验证。如果该标准根据实质性阻碍有效竞争标准执行，那么就不可能发生太多集中案件被提交的情况。因为，既然新标准是为了促进提交而设立，人们自然会希望能够根据新139/2004号条例第2（4）条进行独立的解释。在今后更长的时间内，实质性阻碍有效竞争标准要根据139/2004号条例第2条加以理解，在集中案件已经向成员国提交的情况下，各国的竞争机构应该毫不迟疑地对案件进行裁决。通知双方初步的竞争评估和可能采取的进一步措施，而这些措施都要在委员会提交后的45天之内完成。

2. 从成员国向欧盟委员会的提交

139/2004号条例第22条并没有对成员国向委员会提交案例的能力产生实质性的影响，但是整个程序原则得到合理化。一个或更多成员国可以要求欧盟委员会核查在他们的权限下失败的集中，这些集中会影响成员国之间的贸易，在提起要求的成员国市场内部会严重地阻碍有效竞争。[3] 委员会也可以通过邀请有关成员国的方式启动某项提交，请求应该在集中通告之后的15个工作日之内作出，或者没有通告的要求下通知涉及的成员国。其他成员国可以在15个工作日之内决定是否参加提交请求，委员会必须在10个工作日之内决定是否接受该案例。委员会应该及时通知成员国或集中涉及方已经采取的判决，也可以要求提交通告材料。提出申请的成员国不应再继续在集中中实行本国的法律，没有提出联合提交请求的成员国可以继续实行本国的竞争法。申请期间本国的集中控制时间表应该暂停，直到决定是否核查集中。139/2004号条例第22条对程序的澄清有助于完善整个程序，因此从集中涉及方的角度来看显然受到欢迎。与委员会提议中所设想的一系列新观念相比，此次改革最大的成就应该是委员会只可以在各个成员

---

〔1〕参见委员会关于企业集中控制条例改革的提议，NOTE2。

〔2〕139/2004号条例，NOTE2。

〔3〕139/2004号条例，NOTE2。

国提交之后才获得对这些案件的管辖权。4064/89 号条例第 4（5）条中没有列出适用于从成员国向欧盟委员会提交的实质性标准，第 4（5）条只规定了信息递交的顺序，主要是由拟定集中方以合理的形式向委员会提交。与 139/2004 号条例第 4（5）条下规定的提交相比一个最大的不同就是其不允许部分提交，无论是只参与一部分案件还是所有成员国中的几个的形式。成员国有 15 个工作日在提交方面达成一致，如果任一成员国不赞同，则案件不能提交。[1] 只有在所有成员国都表示赞同的情况下，集中才被认为具有共同体意义，并向委员会通告。对于拟定集中方而言，应注意到启动提交方案是十分危险的。因为集中一旦提交即具备共同体意义，欧盟委员会将对其对整个欧盟市场的影响进行评估。如果没有提交，那集中只受几个成员国国内竞争管理机构的评估，范围仅限于成员国内部。提交一旦完成，成员国将不再对集中适用本国法律，而由欧盟委员会进行评估。由于从成员国向欧盟委员会提交过程缺乏实质性检验标准，对于拟定集中方来说可能遭受欧盟委员会评估的不利影响。

无疑，随着此次改革的进行，欧盟委员会的角色正在逐步加强。这不仅仅是因为有更多的案件具有共同体意义，也因为更多的案件会被提交给欧盟委员会而不是欧盟委员会提交给各个成员国。而且，我们必须注意到，委员会将是通告前提交的主要角色，也是整个集中案件提交过程的协调者。

五、评价

现行的管辖权分配机制反映了欧盟委员会对《欧共体条约》第 81 条、第 82 条所提出的修改建议。在新的《欧共体条约》第 81 条和第 82 条的实际结构下，竞争当局间的协作网络被建立，以委员会为中心，所有成员国以同样的方式统一适用欧盟竞争法，并特别授权成员国的竞争当局适用欧盟竞争法。在这种新方式下，国内法庭也能发挥更重要的作用。因为在这两条规定下，大量的案件将不由委员会评估，而在成员国层面适用欧盟法。

在以合作为基础的企业集中控制结构下，一个主要任务就是保证网络中所有的成员国以相同的方式适用法律，以防止企业公平竞争领域的破坏。因此维护单一市场，这也会防止或限制企业的挑选法院（Forum Shopping）行为，因为竞争网络中没有一个成员国会给予企业更多的照顾。为此，欧盟委员会发挥了关键作用，因为它承担了监管（Monitoring）职能。如果有可能的话，委员会监控（Policing）该网络以确保网络中的决策一致。

---

〔1〕 139/2004 号条例，NOTE2，第 4 段。

为此，当成员国对有关集中的决定显然与欧盟法不一致的情况下，委员会必须要有干涉及积极从网络中另一个成员国那里提审案件的权力。为了使欧洲竞争网络有效运作，成员国的竞争管理当局应当自动通知委员会，它正在调查一个集中案；当竞争管理当局对该案作出最终决定前，它要通知委员会它的决定，以及为何作出该决定。竞争网络中委员会和成员国之间的交流将在预设的时间框架中进行，否则，就可能产生这样的情况，即信息交流太迟以至于委员会来不及作出反应。当然，除非成员国的竞争管理机构被授权适用欧盟控制企业集中法律制度，否则上述系统无法在实践中有效运作。

对此，新出台的实质性阻碍有效竞争标准在现有的关于集中的独立管辖区域结构中起到重要分配作用，决定了哪些案件具有市场支配地位，因而将由委员会单独管辖。在竞争合作网络中，有关机关将根据实质性阻碍有效竞争标准来判断集中案件是否具有共同体意义。对那些具有共同体意义的案件，该程序将会决定在网络中案件被分配的情况。该程序会使用以效果为基础的标准来评估相关市场的区域范围的竞争问题，包括在相关市场的溢出效应。这将决定竞争的重心该由哪个有权机关来进行审批。例如，一个案件，它的竞争重心主要但不全部在法国，那么就由法国当局适用欧盟竞争法律来审查它。同样地，比如说，一个集中案件相比英国更多地影响到法国，将只在法国被审查，以避免不必要的重复和产生法律上的不确定性。当一个案件显著地影响到三个或三个以上成员国，它将自动交由委员会审批。委员会将自动负责涉及全球市场的集中，这些案件需要和一个非欧盟国家的竞争当局的双边合作，比如与美国司法部的双边合作。委员会同样对涉及欧盟法律新问题的案件具有排他的管辖权。

由于上述程序承认一部分具有实质性阻碍有效竞争标准的集中可能仅仅涉及成员国竞争问题，这可能激励成员国进一步使它们自己的控制企业集中法和欧盟法律保持一致，从而维持并发展两者之间越来越强的一致性。为了使合作的方式发挥作用，成员国必须有相关的义务和资源。他们必须充当一个支持的团队，在需要的时候，相互提供机密信息，法律必须允许这样的信息交换。他们必须定期会面讨论案件和其他重要发展。所有这些都是确保统一决策的要求。这样的系统是分享所有权和分享责任的统一（Integrative with a Degree of Shared Ownership and Shared Responsibility），而不是在现有的结构之下由委员会单独管辖具有实质性阻碍有效竞争标准的集中案件。这样的系统也将和《欧共体条约》第 81 条和第 82 条采取的新结构保持一致。

第四节　涉及第三国的企业集中控制

企业集中控制领域所谓的涉及第三国的企业集中问题是指，如果大型跨国企业在一个以上成员国拥有较大的营业额，即使它的主要活动发生在共同体之外，其并购活动或设立合营企业的行为也可能受到条例的管辖。大致可以包括：欧盟企业在第三国进行的集中；第三国企业与欧盟企业在第三国进行的集中；第三国企业在第三国进行的集中。委员会一般从两个方面对此种案件进行管辖：第一，形式上的干预，即要求在共同体市场内达到一定销售额标准的集中必须向欧共体委员会进行申报。这个程序虽然是形式上的，但可以帮助委员会掌握涉及第三国企业的集中。第二，实质性的干预。即委员会对该集中的否决权。

一般来说，竞争法域外适用的理论基础可能包括企业实体理论和效果原则。但是，值得注意的是，与美国的做法不同，欧洲法院公开接受的只是企业实体理论，对效果原则却不置可否。1969 年的 Dyestuffs 案涉及了欧盟竞争法的域外适用问题。[1] 该案中，ICI 等三家公司被指控参与染料涨价的一致行动，因为尽管它本身并未在共同体经营，也未与共同体进行贸易，但是它向其位于比利时的子公司发出价格指示。委员会对 ICI 予以了处罚，理由包括：ICI 的行为使其子公司成为它的代理人；由于 ICI 对其子公司的控制，它实质上已经在共同市场进行经营活动；ICI 的行为对共同市场产生了影响。欧洲法院最后依据第二个理由，即企业实体理论作出反对 ICI 的判决。[2]

尽管效果原则没有得到欧洲法院的正式承认，但是欧盟委员会仍然在后来的一些案件适用了效果原则。

一、企业实体理论

自 20 世纪 70 年代初以来，欧洲法院采用了一种“企业实体理论”（Theory of Enterprise Entity）。根据这一理论，跨国公司的母公司和子公司被视为一个整体，如果域外的母公司对域内的子公司行使实际控制权，前者因后者具体的反竞争行为应受共同竞争规则约束。根据这一原则 ，执委会对于跨国公司在欧共体内有关固定价格、歧视定价、禁令出口、拒绝供货、排他或选择供货、兼并公司

---

〔1〕 See Liad Whatstein: Extraterritoral Application of EC Competition Law: Comments and Reflections, *Ierael Law Review*, 1992, Vol. 26, No. 2, pp. 204 – 205.

〔2〕 Dyestuffs, Official Journal, L 195/11, 1969, p. 16.

等"滥用市场支配地位"的行为，均有权予以禁止、取缔或者罚款。[1]

在 Dyestuffs 案中，欧洲法院首次适用该理论，指出："……子公司具有独立法人地位的事实，不足以排除将其行为归因于母公司的可能性……这种情况下，在适用竞争法时，因各公司独立的法人地位而产生的形式上的分立，其重要性不能超过它们行为的一体性。"[2]

但是，该理论只能适用于母子公司间的关系，而缺乏更广泛的适用性。

二、效果原则

（一）欧盟控制企业集中法律制度中效果原则的确立

所谓效果原则是由美国第二巡回上诉法院在1945年的美国诉美国铝业公司案中首次提出，其具体含义是指依据交易时对美国境内的效果而不是交易行为发生地来适用美国反托拉斯法。[3] 效果原则的采纳扩大了美国反托拉斯法的适用范围，但是也遭到许多国家的反对，这使得美国在适用该原则时作出了某些修正。[4]

欧盟竞争法在其域外适用方面接受美国反托拉斯法的"效果原则"。[5] 但是，欧盟委员会在历史上一向采用的是客观管辖权原则。[6] 该原则来自于国际法上的客观属地管辖权（Objective Territoriality Principle）。[7] 以效果原则为基础行使属地管辖权，实质上是属地管辖原则的一种延伸适用。[8] 根据属地管辖权的不同类型，效果原则也分为客观管辖权原则（后果地原则）和主观管辖权原则（履行地原则）。

在139/2004号条例出台之前，欧盟控制企业集中法律制度中并没有明确提及涉及第三国企业的集中，但是在实践中，这个问题是被包含在内的。

欧共体经济与社会委员会曾经对4064/89号条例的适用范围与第三国企业集

---

〔1〕 52 Halsbury's Laws of England, 1986, pp. 886－887. 转引自曾令良：《欧洲共同体与现代国际法》，武汉大学出版社1992年版，第122－123页。

〔2〕 许光耀著：《欧共体竞争法》，法律出版社2002年版，第300页。

〔3〕 See United States v. Aluminum Co. of AM., 148 F. 2d 416, 443－444 (2d Cir 1945).

〔4〕 1976年的Timberlane Lumber Co. v. Bank of America案、1982年的《对外贸易反托拉斯改进法》都发展了该原则。但是直到1995年的《反托拉斯国际指南》（1995 Antitrust Enforcement Guidelines for International Operation）才明确规定《克莱顿法》下的境外合并行为也应受到美国反托拉斯法的调整。

〔5〕 王晓晔著：《欧共体竞争法》，中国法制出版社2001年版，第332－333页。

〔6〕 Mertens v. Straet-Bendix [1964] O. J. L/1426.

〔7〕 See Liad Whatstein: Extraterritoral Application of EC Competition Law: Comments and Reflections, *Ierael Law Review*, 1992, Vol. 26, No. 2, pp. 205－206.

〔8〕 刘和平、倪受彬：《试论〈欧共体并购控制条例〉的域外管辖》，载陈安主编：《国际经济法学刊》第12卷第4期，北京大学出版社2006年版，第260页。

中的关系发表过意见，并且在其 1988 年 6 月就 4064/89 号条例草案提交的鉴定书中指出，出于法律稳定性的需要，条例应当尽可能地明确其适用范围，而且应当明确地规定，如果第三国企业参与的集中能够对欧共体市场的竞争造成不良影响，这些集中也应当接受条例的管辖。[1]

但是，由于当时欧洲法院正在为“纸浆案”[2] 中的管辖权问题所困扰，[3] 4064/89 号条例立法工作组不愿意去涉及域外管辖的问题。因此，4064/89 号条例对集中企业在世界范围的市场销售额和共同体意义的市场销售额的最低要求作了明显的区分，目的是避免那些对共同体市场没有影响的集中，特别是没有影响的涉及第三国企业的企业集中也得服从 4064/89 号条例的管辖进行集中申报和服从禁止集中的规定。

但是，在实践中，欧盟委员会在禁止或限制第三国企业集中的问题上，同样接受了“效果原则”。尤其是在 139/2004 号条例出台之后，效果原则得到进一步确立。139/2004 号条例序言第 10 部分明确指出：“只要有关集中企业的总营业额超过规定的标准，则有关集中应视为具有共同体意义，而不管参与集中的企业在共同体境内是否有住所或者主要经营场所，只要其在共同体开展重要经营活动。”

根据上述规定，如果一项集中符合新条例中的基本标准或者补充标准，则无论对欧共体贸易或者竞争是否存在影响，欧共体对其都享有管辖权，即欧盟委员会是否行使管辖权、如何对集中申报义务人进行处罚等都不取决于参与集中企业的所在地或者并购是否对欧共体有任何影响。即使委员会认为一项并购并不会对欧共体产生任何影响，委员会仍然可以对该集中行使管辖权。该管辖标准不管集

---

〔1〕 王晓晔著：《欧共体竞争法》，中国法制出版社 2001 年版，第 331 页。

〔2〕 A. Ahlstrom Osakeyhtio and Others v. Commissionm, Joined Cases 89, 104, 116, 117 and 125 – 129/85, 1988 ECJ 5193, 1988 C. M. L. R. 901.

〔3〕 1988 年的“纸浆案”中，若干非欧共体的纸浆制造商被委员会指控违反了《罗马条约》第 85 条第 1 款关于禁止限定价格的规定，因为他们共谋在共同体内以同一价格出售产品。这些制造商中有很多在共同体内并无分公司或者子公司，大部分企业仅仅向共同体销售产品。根据效果理论，委员会认为有关企业的固定价格协议和一致行动对共同体产生了直接、重大和故意的效果，所以其享有管辖权，并据此作出决定，对组成固定价格卡特尔的加拿大、美国、芬兰、瑞典、挪威、西班牙和葡萄牙木纸浆生产商施以重额罚款。所有位于欧共体之外的制造商们上诉至欧洲法院，要求撤销委员会的决定。其上诉理由是委员会错误地定义了第 85 条的地域范围，因此适用该条款违反了国际法上的不干涉以及礼让原则。欧洲法院在 1972 年“染料案”中所创设的“单一经济实体理论”对本案并不适用。因为有些企业在欧共体内并没有子公司。如果严格遵循单一经济实体理论，法院至少应当承认委员会对部分制造商没有管辖权。由于适用效果理论中的“后果地原则”容易引起欧共体与他国之间的对抗，因此，当时法院处于进退两难的境地。最终，法院作出了解释，强调了履行的重要性，发展了“履行地”标准理论。*Re Wood Pulp Cartel* (116 – 117, 125 – 129/88) (1988) 4 C. M. L. R. 901.

中对欧共体市场机构的实际影响，只关心有关企业的销售地，这与欧洲法院主张的“履行地”标准[1]保持一致。

在Gencor/Lonrho案[2]中，Gencor向欧洲初审法庭提起撤销之诉，称欧盟委员会对该案不具有管辖权，因为其有关经营活动是在非欧共体成员国——南非境内进行的，而且该集中已经获得了南非竞争主管机构的批准。[3] Gencor同时辩称，即使根据“纸浆案”，该集中的履行地也是在南非境内。欧洲初审法庭拒绝了Gencor的诉讼请求，指出：只要是在共同体境内销售产品就符合“纸浆案”判决中的履行地标准，而不论产品供给地以及生产商所处的地理位置。Gencor与Lonrho在共同体市场销售产品而且在并购后仍将如此，因此已经符合履行地标准。在“波音/麦道案”中，委员会也巧妙地采用了这种做法。[4]

在JCSAT/SAJAC案中，日本四家大公司在日本成立一家合营企业，以在日本提供通讯服务。鉴于经营通讯业务必须经过许可并存在技术上的要求，欧盟委员会认为该集中“目前对共同体没有影响……且该情势不会改变”，[5] 但是该并购属于新条例的管辖范围，因此该合营企业应该向欧盟委员会申报以获得批准，否则该集中不得进行。鉴于委员会所拥有的极为广泛的管辖范围，有学者称之为无限的域外管辖权。[6]

（二）效果原则的适用问题分析

从Gencor/Lonrho案、波音/麦道案以及Aerospatiale-Alenia/de Havilland案[7]来看，欧盟委员会实际上是坚持效果原则的。但是，欧洲法院在Gencor/Lonrho案中根据履行地标准而不是效果原则行使管辖权，某种程度上反映了欧盟委员会与欧洲法院在域外管辖根据认同上的分歧。[8]

---

〔1〕 该标准是欧洲法院在1971年审判的Beguelin案中确立的。See Beguelin Import Co. v. G. L. Import-Export S. A. 1971. ECR 949 – 959.

〔2〕 See Case IV/M. 619, Gencor/Lonrho, Commission Decision 97/26/EC of April 24, 1996［1997］, O. J L11, p. 30 and Gencor/Lonrho v. Commission, judgement of March 25, 1999, Case T-102, p. 26, 1999 E. C. R. II-753.

〔3〕 Pierre E. J. Brooks: Competition and Policy Harmonization in the Southern African Region, available at http://home. yebo. co. za/ ~ interlegal/pej-art. htm, Nov, 15, 2004.

〔4〕 具体情况请参见刘和平、倪受彬：《试论〈欧共体并购控制条例〉的域外管辖》，载陈安主编：《国际经济法学刊》第12卷第4期，北京大学出版社2006年版，第258 – 259页。

〔5〕 Case IV/M. 346, JCSAT/SAJAC, June 30, 1993.

〔6〕 刘和平、倪受彬：《试论〈欧共体并购控制条例〉的域外管辖》，载陈安主编：《国际经济法学刊》第12卷第4期，北京大学出版社2006年版，第256页。

〔7〕 Aerospatiale-Alenia/de Havilland, Case IV/M. 53, Commission decision of 2 October1991, 1991 O. J. L334/42。该案是委员会根据条例禁止的第一例域外集中案件。

〔8〕 刘和平、倪受彬：《试论〈欧共体并购控制条例〉的域外管辖》，载陈安主编：《国际经济法学刊》第12卷第4期，北京大学出版社2006年版，第261页。

这种分歧实际上反映了效果原则的先天缺陷，它不仅带来法律问题，同样还带来了经济和政治问题。

首先，效果原则扩大了委员会的管辖权，这导致了委员会工作效率的急剧下降，增加了不必要的负担。其次，该原则与公认的国际法基本原则相违背。从更广泛的视野看，原则的适用对全球经济秩序也带来了潜在的不稳定因素。对此，Maria Johansson 一针见血地指出，欧盟委员会之所以适用效果原则，背后的政治原则就在于欧共体试图确立其国际身份以及欧盟委员会树立其在成员国心目中的权威和信誉。[1]

过分的诉累使得委员会意识到必须谨慎对待效果原则。欧洲法院在 Germany v. Commission 案[2]中就指出，委员会必须简洁明了地阐明其决定所依据的法律原则以及事实依据，使得委员会作出决定的推理过程通俗易懂。[3] 对此，委员会允许有关参与集中的企业以简式表格进行集中申报。但是这仅仅适用于那些在欧共体没有或者只有微小的经营活动的合营企业。[4]

从整体上看，欧盟对“效果原则”的理解还是和美国有所不同。欧盟更加注意国际礼让原则，强调适用欧盟竞争法时如果没有违反其他国家的重要利益，[5] 也没有强制要求从事与其他国家国内法相违背的行为时，国际礼让原则应该成为不适用欧盟法的理由。

---

〔1〕 Maria Johansson：Extraterritorial Jurisdiction in Competition and Antitrust Matters, *ELSA APEL*, Vol. 2, 2003, p. 145.

〔2〕 Case 24/62 Germany v. Commission [1963] E. C. R. p. 63.

〔3〕 Andre R. Fiebig：International Law Limits on the Extraterritorial Application of the European Merger Control Regulation and Suggestions for Reform, *European Competition Law Review*, Vol. 6, 1998, p. 329.

〔4〕 学者也对委员会如何限制滥用效果原则的可能性提出了各种建议，请参见刘和平、倪受彬：《试论〈欧共体并购控制条例〉的域外管辖》，载陈安主编：《国际经济法学刊》第 12 卷第 4 期，北京大学出版社 2006 年版，第 266－267 页。

〔5〕 此处的重要利益指的是那些能够高于维护欧共体内部有效竞争这一基本原则的利益。Aluminum Imports from Eastern European, 1985 O. J. (L92) 1, p. 47.

第四章

欧盟控制企业集中法律制度中的市场与企业问题

判断一个企业集中行为是否合理，各国竞争控制机关一般分析的步骤通常参照美国1997年司法部和联邦贸易委员会联合发布的兼并指南中规定的步骤：界定相关市场、市场份额、认定合并后将产生的潜在不利后果、市场进入难易程度的分析以及可能产生的效率的认定。美国反托拉斯法对兼并活动性质判断的过程实质上就是对竞争法中“市场集中”这一概念的分析过程，这一分析过程如今在世界范围内得到了广泛适用。[1]

与美国相比，欧盟竞争法体系在审查企业集中案时同意重点关注对竞争的影响，考虑的因素也比较相近。美国和欧盟的竞争控制机关和法院都对竞争者之间的协议、相关价格，以及具有高市场力量的企业间的协议和并购进行重点审查。[2] 但是欧盟采取的步骤与美国稍有不同。欧盟首先分析的是否存在着创设或强化市场支配地位的情形，再对与企业集中活动有关的其他多种因素进行分析，最终决定是否批准一起企业集中行为。

具体而言，欧盟委员会对案件的实质性分析首先定义“共同体意义”，然后从“受影响”的市场的定义开始，如相关产品[3]和地理市场。然后，委员会对可能竞争影响和抵消因素进行分析，并利用集中方的协助决定是否可以在期限内达成协议。

4064/89号条例用世界、欧洲范围内的交易定义了何种情况构成“共同体意义”。集中交易双方满足以下条件为共同体意义：所有相关企业（即集中涉及的企业）在全球范围内的总营业额之和超过50亿欧元；相关企业中，至少两个企

---

〔1〕 Thomas E. Kauper：The Problem of Market Definition under EC Competition Law, *Fordham International Law Journal*, Vol. 20, 1996, pp. 1683－1684.

〔2〕 参见Michael Kampamba：《欧美反垄断法与企业并购政策对中国的启示》，载《现代管理科学》2002年第5期。

〔3〕 其中横向合并中相关企业的单独或合并市场份额往往要达到或者超过15%，纵向合并中相关企业的单独或者合并市场份额达到或者超过25%。

业在共同体范围内的总营业额超过2.5亿欧元；如果每一相关企业在共同体范围内的总营业额有2/3以上来自同一成员国，则不属于该条例管辖。

139/2004号条例第1条则规定，如果参与集中的企业上一年度的营业额符合以下两项标准之一，则该集中便具有"共同体意义"。根据"基本标准"（Initial Test）如果参与集中的企业在全球范围内的年度总营业额超过50亿欧元，并且在至少两个有关企业中，每一个企业在共同体意义内年度总营业额超过2.5亿欧元，则该集中具有共同体意义。但如果每一个有关企业在共同体范围内年度总营业额的2/3以上均来自同一成员国，即使它们达到上述两个门槛，也不具有共同体意义。此两项标准在实践中适用于多重并购（Multiple Transaction）行为，[1]以防止集中当事人将一次具有共同体意义的集中分解为数次较小的集中以规避条例的适用。

上述规定确立的只是"基本标准"，在另外一种情况下，即在至少三个成员国的营业额相当大，但是又尚未达到全球范围和共同体范围的总营业额标准的企业集中情况下，将适用1998年3月生效的1310/97号条例[2]中规定的"补充标准"（Supplementary Test）。根据该标准："一项集中即使达不到上述第2款规定的标准，如果满足以下条件，仍然视为具有共同体意义：所有相关企业在世界范围内总营业额之和大于25亿欧元；在至少三个成员国内部，所有相关的总营业额之和大于1亿欧元；在上述三个成员国中的每一个国家内部，至少两个相关企业的总营业额超过2.5亿欧元；并且至少两个涉及方在欧洲范围的总营业额大于1亿欧元；除非每一相关企业在共同体范围内的总营业额有2/3以上来自同一个成员国，则不属于条例管辖"。很显然，补充标准中关于企业规模的规定门槛明显降低。

此外，要强调的是，原4064/89号条例第5条对营业额界定为：企业的营业额包括其在一个会计年度内，所有的销售和服务收入，是扣除回扣、增值税和销售税后的一个净值。

综观欧盟与美国关于企业集中控制的分析方法，总体上较为相似，区别在于

---

〔1〕 4064/89号条例第5条的款规定，一般情况下，计算有关企业的营业额时应包括有关企业所有的经营收入净值，但是"如果集中行为表现为取得一家或多家企业的一部分，不论该部分是否构成一个法律实体，仅有作为集中标的部分所涉及的营业额应计入卖方名下。然而，如果前项所述的两个或多个集中行为在最近一次集中交易后的两年内发生，且在相同的人或企业之间进行，则应视为同一次并购"。139/2004号条例保留了这一规定。详见刘和平著：《欧盟并购控制法律制度研究》，北京大学出版社2006年版，第49-51页。

〔2〕 Council Regulation（EC）No. 1310/97 of 30 June 1997 amending Regulation（EEC）No. 4064/89 on the control of concentration between undertakings, Official Journal L 180, 9.7.1997, p. 1.

美国的分析过程并不是将涉及企业集中的各类因素一并考虑，而是对厂商协调行为、单边效应、市场准入、效率因素和濒临破产企业集中五个因素给予了重点关注。有些学者进一步认为，这是由于美国将市场界定认为是一种经济因素加以考虑，欧盟则考虑了更多政治和社会因素。[1] 不过从技术层面看两者都是从市场集中的分析入手的。[2]

第一节 市场的概念分析

一、欧美竞争法关于市场定义的比较

竞争法上的市场指的是不同的竞争性企业的竞争区域，这一竞争区域通过确定当事企业之间是否存在竞争约束（the Competitive Constraints）加以界定。在进一步判断市场中的相关企业是否拥有市场支配地位之前，竞争管理当局首先必须对相关市场（Relevant Market）进行定义。OECD 曾经断言："任何类型的竞争分析的出发点都是'相关市场'的界定。"[3] 相关市场概念对于竞争法的重要性可见一斑。

相关市场界定方法一般包括二分法、三分法和四分法。《日本关于审查公司合并等的事务处理基准》中对"一定的交易领域"规定，所谓市场，依交易的对象（商品范围）、交易的地域（地理范围）、交易阶段、交易相对方而划定。[4] 这是世界范围内竞争立法的一个特例。而根据三分法，相关市场可以分为：①以货物（含服务）为标的而划分的相关市场，即相关产品市场（Relevant Product Market）；②以地域为界限而划分的相关市场，即相关地理市场（Relevant Geographica Market）；③以时间为标准而划分的相关市场，即相关期限市场（Relevant Temporal Market）。相关产品市场即指从消费者的角度出发，根据产品的性能、价格和使用目的，相互之间可交换和替代的所有的商品和服务的总和。相关地理市场是指相关企业出售和购买商品或服务的地理领域，该领域的竞争状

〔1〕 Thomas E. Kauper: The Problem of Market Definition under EC Competition Law, *Fordham International Law Journal*, Vol. 20, 1996, p. 1683.

〔2〕 Thomas E. Kauper: The Problem of Market Definition under EC Competition Law, *Fordham International Law Journal*, Vol. 20, 1996, p. 1690.

〔3〕 OECD, Glossary of Industrial Organization Economics and Competition Law, p. 54. 转引自孔祥俊：《反垄断法原理》，中国法制出版社 2001 年版，第 279 页。

〔4〕 王长河、周永胜、刘凤景译：《日本关于审查公司合并等的事务处理基准》，载尚明主编：《主要国家（地区）反垄断法律汇编》，法律出版社 2004 年版。

况充分相似，而且和比邻区域有明显的区别。[1] 相关期限市场主要规定从某一时间起到某一时间止为划分一个相关市场的界线。相关期限市场只有在特定的情况下才加以区分，如与季节有关（如圣诞树市场），或与确定期限有关（如有最后期限的投标）时，期限才有经济方面的重要性。重要的期限因素有：①知识产权的期限，在这一期限内可产生法定垄断；②生产时间的差异，指产品适应市场的迅捷性；③产品的商业寿命，如新闻报纸的时效性等。其中，第三种相关期限市场在实践中极少适用，各国在实践中采取的是二分法。

如 OECD 对“市场界定”的解释为：“市场界定有两个基本方面：①产品市场，即成为一类的产品；②地理市场，即成为一类的产品的地理区域。”[2] 美国 1997 年的横向兼并指南认为，“市场可以定位为一种产品或一组产品及生产和销售这种（些）产品的一个地理区域，对这种（些）产品和这个地理区域来说，在假设所有其他产品的销售条件不变的情况下，如果这个市场上现在和未来只存在唯一的厂商，而且假定该厂商的定价不受管制并以追求利润最大化为目标，那么这个厂商很可能会采取细微但是显著的、非短期（Small but Significant and Nontransitory）的提价方法获利。”[3]

而根据欧盟《市场界定通告》[4] 的规定，相关市场通常是指当事人在其中从事经营活动时的有效竞争范围和判定在各个当事人所经营的产品或服务之间是否存在着竞争关系的场所。[5] 欧盟竞争法在历史上曾经涉及相关期限市场的问题，如欧洲法院曾认定，20 世纪 70 年代初的石油危机时期就构成一个明确的期限市场。[6] 但是，这一标准在实践中应用极少。因此，本书不作讨论。

下面对相关产品市场和相关地理市场两类市场分别讨论。一般来说，市场份额、市场结构、竞争者的强弱、市场准入障碍（Harriers of Entry）和科技的发展等都会被认为是评估市场支配地位的重要指标。

需要指出的是，委员会根据 1997 年发布的通告对产品和地理市场作了定义，

---

〔1〕《委员会第 447/98 号关于实施企业集中控制条例的条例》附录。

〔2〕 OECD, Glossary of Industrial Organization Economics and Competition Law, p. 54. 转引自孔祥俊：《反垄断法原理》，中国法制出版社 2001 年版，第 275 页。

〔3〕 Market Definition, Measurement and Concentration, Horizontal Merger Guideline, Section 1, para. 3, revised on April 8, 1997. 美国司法部认为 5% 的涨价就可能促使消费者扩大选择其他产品。很多学者认为单纯从消费者的角度来考虑，可能会将产品市场界定的过宽。我国学者也认为此做法不适合在中国适用。王晓晔：《企业合并中的反垄断问题》，法律出版社 1996 年版，第 236 页。

〔4〕 Commission Notice on the concept of concentration under Council Regulation (EEC) No. 4064/89 on the control of concentration between undertakings [1998] OJ C66/5, [1998] 4 CMLR. 586.

〔5〕 王为农著：《企业集中规制基本法理——美国、日本及欧盟反垄断法比较研究》，法律出版社 2001 年版，第 6 页。

〔6〕 李文杜：《欧盟竞争法中的相关市场理论》，载《国际经济合作》1999 年第 6 期，第 43 页。

采用了与美国相同的 SSNIP 界定法（Small but Significant and Nontransitory）[1]，这使得双方在市场界定的实际效果方面已经几乎完全一样，两者已经形成了一些有关市场界定的共同原则，包括：产品的需求替代性是市场界定中的决定性因素；最小产品系原则；作为市场界定依据的价格只能是竞争市场价格。[2] 这被认为是向美国有关机构在横向兼并指南中对市场所作定义靠拢的一步。

二、欧盟控制企业集中法律制度对市场定义的分析

139/2004 号条例本身并没有明确界定相关市场的内容，但委员会先前根据《欧共体条约》第 81 条和第 82 条作出的决定，以及欧洲初审法庭大量的相关判决对此作出足够的解释。[3] 根据第 802/2004 号条例以及 1997 年颁布的《委员会关于市场界定的通告》[4]，委员会在此适用的一般方法通用于根据《欧共体条约》第 81 条、第 82 条及 139/2004 号条例处理的案件。因此在整个欧盟竞争法体系中，相关市场的界定并无二致。相关市场的界定通过分别界定相关产品市场和相关地理市场来实现。

（一）市场界定的方法

竞争法上市场界定方法有两种，一种是传统的产品功能界定法，另一种就是 SSNIP 界定法。早期，欧盟竞争法的做法是，从产品所具有的物理特性和功能特性出发，运用产品功能界定法完成市场界定。美国的做法也如出一辙。1982 年美国率先采用了 SSNIP 市场界定法，而欧盟直到 1997 年才开始采用。

所谓产品功能界定法主要是依据产品功能上的互换性（Functional Interchangeability）来完成对相关市场的界定。1979 年欧洲法院在 Hoffmann-La Roche v. Commission（Vitamins）一案中明确表示："相关市场这一概念事实上隐含着这样一层意思：在同一市场的不同产品之间存在着有效的竞争。这预示着就产品的具体用途来说，它们之间存在很大程度上的互换性。"[5] 后来这种产品之间的互换性被扩大到包括产品的功能、价格和用途等方面。从欧盟的判例看，产品的技术特征、价格、用途、耐用性、消费者对产品互换性的判断、制造技术、设备和

---

〔1〕 Para. 17 of Commission Notice on the concept of concentration under Council Regulation (EEC) No. 4064/89 on the control of concentrations between undertakings [1998] OJ C66/5, [1998] 4 CMLR 586.

〔2〕 卫新江著：《欧盟、美国企业合并反垄断规制比较研究》，北京大学出版社 2005 年版，第 45 - 47 页。

〔3〕 See Thomas E. Kauper: The Problem of Market Definition under EC Competition Law, *Fordham International Law Journal*, Vol. 20, 1996, pp. 1691 - 1701.

〔4〕 [1997] OJ C 372/5.

〔5〕 Case 85/76, Feb. 13, 1979, ECR. 1979, p. 461; 3 CMLR. 1979, p. 211, at 24.

投入方面的差异、[1] 市场的竞争条件和合并当事方企业的营销方式[2]等都是影响市场界定的重要因素。它的缺点在于市场界定的结果往往带有很强的主观任意性，加之越来越多的产品具有多样化的物理特征和预期功能，导致这一方法最终被弃用。

SSNIP 方法也叫“假定的垄断者测试”（the Hypothetical Monopolist Test），从集中后的企业的一个假定的狭小产品（地理）市场出发，逐步分析在价格发生小幅、显著和非短期性变化情况下（一般情况下是假设在可预见的未来价格上升了5% ~10%）企业盈利的变化情况，如果价格上涨后有足够多的消费者转向其他产品（地理）市场，那么企业就不能从涨价中获利。原先作为分析起点的产品（地理）市场就应该被扩大到消费者拟转向的目标市场，这个测试过程要一直进行下去直到最后出现某一产品（地理）市场，在这个产品（地理）市场企业可以通过涨价实现盈利。它实际上是一种思想实验，在实验的每一个阶段那些被称为“最好的替代品”都将纳入到产品市场中来，直到一些产品形成一个组合，这个组合就是竞争分析所要界定的市场。与传统的产品功能界定法相比较，SSNIP 方法将市场界定建立在严密的经济学分析论证的基础之上，从而大大减少了传统产品功能界定法所固有的主观随意性。[3]

欧盟的《市场界定通告》中规定，SSNIP 界定法不仅适用于企业集中，而且适用于《欧共体条约》第 81 条和第 82 条所规范的其他限制竞争行为，[4] 但是该通告之中仍然保留了相当多的产品功能界定法的影响，尤其体现在对产品市场的定义上面。

按照通告中的定义，产品市场界定的标准应该是依据产品在其特征、价格以及用途上的互换性和替代性，此处残留了产品功能界定法的痕迹。此外，委员会依据 139/2004 号条例第 6（1）（b）条对集中案进行裁决时，还保留功能互换法界定产品市场的做法。欧盟认为此处采用产品功能界定法简便易行，所得出的最终结论也与采用 SSNIP 界定法所得出的结论相符。

（二）相关市场的界定

所谓相关市场，通常是指当事人在其中从事经营活动时的有效竞争范围和判

---

〔1〕 Renault/Volvo, Case IV/M004 [1990], at point 10 of the unpublished decision discussing technical aspects that affect supply; VIAG/Continental Can, Case IV/M081 [1991], at point 13 of the unpublished decision looking at supply side factors.

〔2〕 Magneti Marelli/CEAc, Case IV/M043, [1991] OJ L222/38, point 10 of the unpublished decision discussing competitive conditions in the battery market.

〔3〕 卫新江著：《欧盟、美国企业合并反垄断规制比较研究》，北京大学出版社 2005 年版，第 49 页。

〔4〕 这种适用范围的扩大同样受到了学者的质疑，具体情况参见卫新江著：《欧盟、美国企业合并反垄断规制比较研究》，北京大学出版社 2005 年版，第 51 - 52 页。

定在各个当事人所经营的产品或服务之间是否存在着竞争关系的场所。[1] 在各国的竞争法规制上，除自身违法的少数情况外，对涉嫌行为一般都是通过分析其是否对竞争造成损害来确定其违法性的，而对涉嫌行为进行审查必然涉及对相关市场的界定。相关市场的界定通过分别界定相关产品市场和相关地理市场来实现。

1. 相关产品市场认定

根据委员会于1994年颁布的3394号条例附录《依4064/89号理事会条例集中申报之格式（Form CO)》的规定以及新《关于相关市场定义的通知》，相关产品市场是指从产品的特征、价格以及用途等各方面考虑，消费者或者顾客认为它们是可转换或可替代的全部产品或服务的市场。通常情况下，参与集中的企业总是试图从更广泛的意义上去界定市场，这样集中市场份额将大大降低；而委员会的竞争总司则通常从较窄意义上进行界定，以确定市场份额是重大的。如在Pepsico v. KAS案中，委员会将柠檬碳酸汽水定义为一个单独的市场，而没有将所有的风味软饮料定义为同一产品市场。委员会认为，消费者的消费偏好在很大程度上是不变的。比如，喜好可乐风味饮料的消费者并不会因该种饮料的提价而发生消费的转移，从而购买其他类型的饮料。不过，依据案情的不同和产业政策等多方面的考虑，委员会在认为集中行为本身有利于欧盟的产业政策，而对竞争损害甚小时，也会扩大相关产品市场的界定，使相关企业的市场份额下降，从而使得集中行为获得通过。

此外，许多判例表明，委员会不需要对整个市场作出细致的分析就可以作出决定，即使在最窄意义上界定市场（即假定集中可能导致最高的市场份额），委员会仍然可以作出批准集中的决定，因为在这种情况下，集中不会导致市场支配地位的创设或者加强，不作出市场界定可以免除集中当事人的信息申报负担。

委员会界定相关产品市场通常采用的标准是“可替代性”（Substitutability）或者所谓“可转换性”（Interchangeability）。进行具体评估时，委员会更多强调“需求方面”产品的可替代性，包括商业意义上能使消费者转换或替代其他产品的所有因素，产品的物理特征、价格、预定用途、最终用途、交易的环境以及买方的性质等均应予以考虑。这种认定标准既适用于商品市场，也适用于服务市场。可相互替代的商品应当是在一定程度上相互替代以满足同一种需要的商品，具体来说应当包含以下两个条件：一是这些商品必须具有同等消费水平下的同等

---

〔1〕 王为农著：《企业集中规制基本法理——美国、日本及欧盟反垄断法比较研究》，法律出版社2001年版，第6页。

功能，比如电动割草机和手推式割草机具有同等功能，是相互替代品，而电动割草机和联合收割机则不具备同等功能，因而不是相互替代品。二是这些商品的价格应大体处于同一消费水平上，比如，由著名设计师设计的昂贵的时装与大批量生产的成衣就不是可以相互替代的商品。[1]

在集中申报第二阶段的审查过程中，如果时间允许，委员会会将需求和供给两个方面都纳入分析过程中。也就是说，在确定相关产品市场时，除了从需求角度即消费者的角度来认定商品的相互替代性外，有时候委员会也会从供给角度即从厂商的角度来认定产品的相互替代性。供给角度的相互替代性是以厂商具备生产两种不同产品的能力为基础的。比如，一个生产男鞋的制造商在预期到生产女鞋会有更大的利润时，便会转而去生产女鞋，因为生产这两种产品的工艺流程和所需设备大体相当。但是，男鞋和女鞋对消费者来说却是完全不可替代的商品。[2] 此外，由于对市场认定过程中的事实往往在发生变化，[3] 因此，委员会在以前案件中对相关市场问题作出的界定并不约束以后的案件。

（1）功能或者技术特征相似，可能存在替代用途的产品市场界定。单纯的技术特征相似并不能成为决定是否存在相关市场的唯一因素。产品之间如果在技术特征方面并无差异，但是拥有不同的用途，在这种情况下，也有可能不被委员会确定为具有相关市场。而产品之间如果在技术特征方面存在差异但是可能存在相同用途的情况下，委员会也要具体分析实际情况从而作出是否存在相关市场的决定。[4] 1992 年的 Nestle/Perrier 集中案[5]，在对相关产品市场的界定过程中，Nestle 公司主张，由于具有缓解喉咙干渴功能的并非只有瓶装矿泉水（Bottled Source Water），因此应该把包括清凉饮料（Soft Drinking）在内的所有非酒精饮料划定为一个产品市场。

委员会驳回 Nestle 公司这一主张，认为：

首先，从需求的角度看，矿泉水同清凉饮料存在下列区别：第一，矿泉水主要是由于其属于自然食品和健康食品的特征，因而被人们购买和定期消费；第二，二者在产品构成、品位、使用目的、价格等方面存在不同，并不存在充分的

---

〔1〕 林国忠、张强：《欧盟〈合并规则〉及对我国合并控制立法的启示》，载《南开经济研究》1998 年第 1 期，第 62 页。

〔2〕 同上。

〔3〕 欧洲初审法庭在 Coca-Cola 诉委员会案中作出这一说明。Case T-125 and 127/97 [2000] ECR II-1733：5 CMLR 467. 卫新江著：《欧盟、美国企业合并反垄断规制比较研究》，北京大学出版社 2005 年版，第 51－53 页。

〔4〕 See Thomas E. Kauper：The Problem of Market Definition under EC Competition Law, *Fordham International Law Journal*, Vol. 20, 1996, pp. 1740－1744.

〔5〕 Case IV/M 190 [1993] 4 C. M. L. R . M. 17.

可替代性；第三，零售业者认为二者分别属于不同的单个市场。

其次，从供给的角度看，由于矿泉水的生产和消费受到法律上的严格限制，因此生产者对矿泉水和清凉饮料采取的是明显不同的价格政策，两者之间并不存在有供给的可替代性。[1]

无论是从需求角度还是供给角度来衡量产品的相互替代性，关键的尺度都是产品的价格弹性（Price Elasticity）。以需求的价格弹性为例，如果某一特定产品微小的价格上涨就会导致需求从该特定产品大量地向另一种产品转移，那么对这种特定产品的需求就是富于价格弹性的，这就意味着该产品同需求转移导向的产品是可以相互替代的，可以构成同一个相关产品市场。欧盟竞争法本身没有规定在衡量特定产品的价格弹性时以该产品提价多少为标准，但美国横向兼并指南却采用了一个比较生硬的标准，即规定如果相关产品持续的、幅度在5%以上的提价导致消费需求导向的改变，则该产品将被视为富于价格弹性。在TetraPak v. AlfaLaval案中，委员会在确认无菌包装纸盒及包装机时隐晦地采用了美国的这一标准。

（2）存在密切联系用途的不同产品。在Tetra/Sidel案中，委员会认定，即使从技术上讲参与集中的企业是在不同的产品市场上活动，委员会仍然可能阻止这项集中。该案中，Tetra Laval公司在纸盒包装行业拥有80%的全球市场份额，而Sidel公司在塑料包装行业拥有60%的全球市场份额。委员会认定，这两个市场尽管相互独立，但是存在密切的联系，尤其是在牛奶、咖啡、茶等产品包装方面，由于这些产品可以任何一种包装形式进行销售，因此两个市场存在部分交叉，将来甚至会融合。委员会认定该项集中将增强Tetra公司控制两个市场发展以及提高购买价格的能力，最终作出了禁止集中的决定。[2]

（3）子市场（Sub-market）问题。在美国，子市场问题在上个世纪60年代进入最高法院的视野，[3] 欧洲竞争法的实践相对较晚。在欧盟竞争法历史上，1978年的香蕉案（United Brands v. Commission）[4] 是这个问题的一个典型案例。该案中，United Brands是一家美国香蕉生产商，其在欧洲的业务由United Brands Continental经营。委员会认为United Brands Continental在香蕉市场上存在着诸如

---

〔1〕 Nestle/Perrie, O. J. L 356/1, at 3 –4 (1992).

〔2〕 但是目前这仅仅只是委员会的最初决定，欧洲初审法庭已经以证据不足为由宣布该决定无效。委员会已经向欧洲法院提起了上诉。卫新江著：《欧盟、美国企业合并反垄断规制比较研究》，北京大学出版社2005年版，第53页。

〔3〕 Thomas E. Kauper: The Problem of Market Definition under EC Competition Law, *Fordham International Law Journal*, Vol. 20, 1996, p. 1684.

〔4〕 Case 27/76, [1978] ECR 207. [1978] 1 CMLR. 429.

歧视性定价和对部分客户拒售等滥用市场地位的现象。United Brands 不服，向欧洲法院提起诉讼。双方争论焦点在于是否存在统一的香蕉市场。

United Brands 认为，香蕉和苹果、梨、葡萄、草莓等水果是替代品，这些鲜果应该属于同一个市场，香蕉本身不构成一个单一的市场。委员会则认为，从香蕉所具有的独特品质、功能和经济属性分析，应该构成一个单独的市场，而且联合国粮农组织的研究也表明香蕉和其他水果之间的交叉弹性很低。

欧洲法院进一步发现，香蕉所独有的一些特殊性质，诸如柔软、风味、外观、可长期生产和供应、容易处理、老少皆宜等，使得任何种类其他水果无法成为其替代产品，即使世界上食用最广泛的柑橘也无能为力。再从价格方面看，香蕉价格一直相对稳定，从未因其他季节性水果大量应市而受明显影响。据此，欧洲法院认定，香蕉与任何其他水果之间不存在着可替代性，香蕉市场是一个相对独立的市场，从而支持了委员会的观点。

子市场的界定思路属于传统的产品功能界定法范畴，与 SSNIP 方法相矛盾。意识到此问题之后，在此后的 Eridania/ISI 案中，[1] 委员会的做法就发生了相应变化。该案中，委员会发现砂糖的用户主要有两类，食品零售商和工业用户，出售给这两类用户的砂糖价格也相差很大，但是委员会并没有界定出两个砂糖市场。因为有事实表明，如果零售砂糖的价格再有所提高的话，就会有人在意大利将工业砂糖重新分包销售给食品零售商。[2]

在 1991 年 Aerospatiale-Alenia（ATR）/de Havilland 案中，委员会不同意申请方将设有 20~70 个座位的中小型客机视为相关产品市场的观点。为真实地说明飞机制造商的竞争情况，将 20~70 个座位的飞机细分为 20~40 个座位和 40~70 个座位。[3]

（4）银行业产品市场。欧盟对银行业产品市场的界定采取以产品为基础的市场界定方法，认为银行业与其他普通的工商企业之间不存在本质上的区别。

在 Fortis/CGER 案中，委员会认为银行业可以分为三个市场大类，即零售银行、公司银行和金融市场。零售银行又可以分成若干不同的产品组合，包括活期账户、债券、养老金、贷款等。“银行提供的每一种产品都是不同的，但是不同产品之间的替代性又是难以计量的；在银行的产品组合之间不存在相互替

〔1〕 Case IV/M62, OJ C204［1991］.

〔2〕 卫新江著：《欧盟、美国企业合并反垄断规制比较研究》，北京大学出版社 2005 年版，第 50 页。

〔3〕 王晓晔：《维护有序市场竞争——欧共体竞争法中企业合并控制》，载《国际贸易》2000 年第 10 期，第 45 页。

代性。”[1]

当然，也有很多学者认为美国确立的以产品束为基准的产品市场划分法可以将产品市场界定为某种有形的产品市场和无形的服务市场，美国的做法比欧盟的做法更为科学与合理。

2. 相关地理市场

相关地理市场，也被称之为相关地域市场。与确定相关产品市场相对应，委员会也必须界定相关地理市场。根据139/2004号条例第9条第7款的规定，地理市场是指参与集中的企业提供其产品或服务的一个区域，而且在这个区域内提供相同或相似产品、服务的企业的竞争条件基本相同，由此可以使得这个区域与相邻区域区别开来。这个规定最早在欧洲法院关于Suiker Unie案[2]的判决得以确立。

界定相关地域市场的因素通常包括：由不同的主要销售商分别在不同的地区代理相同的产品。可以将该产品按销售地区划分不同的相关地域市场；不同地区之间持续性的非歧视性的价格差价可以证明存在不同的地域市场；需求或供给转移的可行性以及产品运输的可行性及费用高低可以使相关地域市场扩大到进行生产的相关企业所在地区以外的地域。如果将产品运至某个地区或在该地区设立一个生产同类产品的新企业都是不可行的，则可以证明存在不同的地域市场；不同的法律制度、不同的营销策略以及不同的销售增长率等。相关地理市场的范围可能是一个成员国境内（甚至是成员国境内的某一区域），也可能是两个或多个成员国，或者是整个欧盟境内，至于某些尖端的高科技产品，则可能是全球范围。

《委员会关于市场界定的通告》对相关地理市场的界定提供了具体指导。[3] 139/2004号条例规定，“以有限市场份额为由，集中不会对竞争造成阻碍，可视为与共同市场相容，特别是市场份额不超过25%时”。委员会因此在横向集中指南中指出“如果集中涉及方和其他涉及方产生或加强集合控制地位，那么该条款不再适合”。委员会横向集中指南第19、20条提供了HHI指数测度，可以用来作为竞争问题的指示计。通常，委员会在界定相关地域市场时会将以上各种因素平衡考虑，因为依据不同的因素所作出的结论可能恰好是对立的。比如在CCIEGT案中，有些因素表明相关地域市场应包括整个共同体，包括进入各国国内市场的障碍、产品的标准化和各成员国都拥有同类制造商等；而有些因素则表明相关地域市场应仅限于某一成员国国内市场，包括各成员国的不同制造商采用

[1] Case IV/M342 [1993] 5 C. M. L. R. 534, paras. 19 – 22.

[2] 该案是涉及《欧共体条约》第81条的案例。Suiker Unie, [1975] E. C. R at 1977 section 371, [1976] 1 C. M. L. R, at 451.

[3] 胡光志主编：《欧盟竞争法前沿研究》，法律出版社2005年版，第148页。

不同的营销策略和销售网络等。在该案中，委员会并没有作出最终的裁决，因为即使依据最狭窄的界定，该集中行为也没有引起多大异议。[1]

(1) 区域市场。此处所谓的区域市场指的是，是否单个或若干个成员国而不是全欧盟就可以构成一个单独的地理市场。这种区域地理市场的界定需要考虑的因素非常复杂，主要涉及法律方面的障碍、产品或服务本身所具有的内在结构方面的限制、消费者偏好等。

在 Alcatel v. Telettra 案中，由于通信产品准入壁垒的存在，委员会将西班牙的线路交换系统和微波通信系统市场视为独立的地域市场加以单独考虑。其他一些案件中地理市场的定义反映了对于一些产品来说单一欧盟市场并不存在，如 Volvo/Scania 案[2]，瑞典严格的检测标准说明了这样一个事实，即瑞典对重型卡车产品来说是一个分离的市场。在前面讨论过的 Nestle/Perrier 集中案，委员会从共同体市场的竞争状况、法国的出口和其他成员国平行进口的威胁、市场准入的障碍三个方面分析，最后将法国界定为这起企业集中案的地理市场。

而且，独立的区域市场可以小到比一国的国内市场更小，而仅包括某一地区。比如，在 BP v. Petrome 案中，委员会将西班牙的加那利群岛视为独立地域市场。

(2) 共同体市场。在 American Cyanamid/Shell 集中案[3]中，参与集中的企业认为此案涉及的除草剂地理市场应该是共同体市场，它们的理由包括：集中生产设备有利于大规模生产化学原料，并有利于为生产终端产品而创造集中化的固定设备；在该市场上，整个欧盟境内存在大量的多个国家的中间商；其使用的是国际商标而非国内商标；与产品的昂贵价值相比，运输成本比较低。

委员会对此持相反的观点，认为尽管生产过程可以集中，但是除草剂行业的销售活动仍然是在国内市场基础上进行的；此外，各个国家播种模式的不同，导致所销售的产品的范围以及各自的化学说明书不尽相同；由于各个成员国采用各自的授予执照标准，现有的行业条例管理体制也鼓励在国内市场上销售产品；尽管目前存在共同体规制体系，涵盖了用于植物保护产品的销售、分类顺序、说明书和包装，但这仅仅是从长远利益上促进共同体范围的贸易，因此，除草剂地理市场不能界定为共同体市场。

在 1991 年 Mannesmann/Boge 案中，委员会认为整个共同体可视为避震器的

---

〔1〕 林国忠、张强：《欧盟〈合并规则〉及对我国合并控制立法的启示》，载《南开经济研究》1998 年第 1 期，第 63 页。

〔2〕 See M. Ivaldi & F. Verboven: Quantifying the Effects from Horizontal Mergers, *European Competition Policy*, 2000. 另，参见卫新江著：《欧盟、美国企业合并反垄断规制比较研究》，北京大学出版社 2005 年版，第 51－52 页。

〔3〕 Case IV/M 354 [1993] OJ C273/6.

地域市场，在共同体所有成员国，这种产品的价格基本是一致的。

（3）全球市场。世界经济全球化和国际市场一体化进程，使各国反垄断机构关于垄断性企业合并的认定标准发生变化，特别在界定相关市场时，许多国家不再仅仅局限于在一国范围内进行考察。

在企业的年销售额确定的情况下，在一个较小的市场上，一个企业就占有较大的市场份额。如果在一个较大的市场上，该企业只能占有较小的市场份额。因此能否正确地界定相关市场对于允许或者禁止企业合并就具有决定性的意义。除相关的产品市场外，销售这些竞争性产品的地域范围，即相关的地域市场随着经济全球化、国际化趋势的加强、地域范围的不断扩大，企业相关市场也有扩大的趋势。波斯那等学者进一步创设出"转换理论"（Diversion Theory）。根据该理论，假如一个远距离的销售者在当地有一定销售量，那么，为了计算一个当地销售者的市场份额，必须把这个远距离销售者的所有销售量（无论在何地销售）考虑为当地市场的一个部分。〔1〕

据此，拉尔进一步指出，根据相关的产品市场的特点，对于国际性的竞争，其相关的地域市场可能是：①美国的一个或者几个地区；②美国的全部领域；③美国的部分或全部领域再加外国的领域。这种变化必然导致反垄断机构关于垄断性企业合并认定标准的放宽，从而使许多原本得不到批准的企业合并得以进行，如美国波音与麦道的合并、迪斯尼兼并美国广播公司、德国的克虏伯公司兼并蒂森公司等。〔2〕

在欧洲，早期，委员会倾向于将相关地理市场界定为国内市场，随着欧盟的发展，原来以成员国国内市场为相关地理市场的许多产品逐步扩展到整个欧盟，共同体的地理含义在竞争法中实际上已经得到了拓展，〔3〕特别是高科技产品领域，如通讯、计算机等领域，被界定为共同体市场的可能性已经大大增加。Aerospatiale/Alenia/De 案、〔4〕Harilland Boeing/McDonnell Douglas 案〔5〕和 Digital/Phillips 案〔6〕都是典型案例。也就是说，要特别考虑到欧盟市场一体化的影

〔1〕 William M. Landers and Richard A. Posner：Market Power in Antitrust Cases, *Harvard Law Review*, Vol. 94, March 1981, p. 363.

〔2〕 182J. A. Rrhl. Aao. s. 36. 转引自程吉生：《国外企业合并控制反垄断法发展趋势的分析》，载《现代法学》2000 年 2 月，第 138 页。

〔3〕 Thomas E. Kauper：The Problem of Market Definition under EC Competition Law, *Fordham International Law Journal*, Vol. 20, 1996, p. 1767.

〔4〕［1991］OJ L334/42：Case IV/M053［1992］4 CMLR M2.

〔5〕［1997］OJ L 336/16：Case IV/M877［1997］5 CMLR 270.

〔6〕 Case IV/M129［1991］4 CMLR 737.

响。[1] 在某些只有少数厂商能够生产这类产品的行业，地理市场业往往被界定为全球市场。在Shell/Montecatini集中案中，委员会认为获得技术许可制造聚丙烯的市场是全球性的，因为在全世界只有3家企业掌握此项技术并相互竞争新的生产企业。[2] 而食品业、零售业、分销业这类与日常消费息息相关的行业，地理市场通常还是界定为地区性的市场，尤其是在界定那些与消费者偏好、品牌和及时服务的地理市场时更为明显。在Promodes/BRMC案中，涉及法国的两家超级连锁市场的合并。委员会认为地理市场的界定是地区性的，"综合所有这些因素，我们认为消费者对日用生活用品的购买基本上是地区性的。消费者愿意跑多少路和花多少时间去寻找一家超市，这都取决于一些区域性的因素。"[3]

三、竞争法与贸易法关于市场定义的比较

需要特别强调的是，在"市场"概念的确定上贸易法与竞争法存在巨大的差异，两者不能等同视之。

在韩国酒税案中，WTO专家组在一个后来没有被上诉机构通过的声明中认为：没有必要像在竞争法下一样在第3条第2款下用一个相同的标准界定市场。专家组陈述道：

"尽管贸易法和竞争法之间的相互作用的具体性仍是在不断的发展中，我们同意对市场的定义不必是相同的。一般来说，贸易法具体的如第3条通过消除损害国际贸易的歧视性的政府措施的方式集中于促进对进口商的经济机会。因此，贸易法调整的是竞争的潜在性的问题。反垄断法一般集中于阻止、限制或消除竞争的公司的或进行结构性的调整。当实施性法律主要旨在促进竞争机会时，与旨在保护竞争的实际机制相比，市场被定义得比较广泛并不是不合逻辑的。在我们看来，那么，对于第3条第2款第二句，使用一个比在反垄断法中更宽泛的市场概念是合适的。我们也注意到了竞争法在这方面取得的发展。例如，根据建立在第3条用语之上的《罗马公约》的第95条，在一系列欧洲法院所作出的裁决中，蒸馏酒精饮料一直被认为是同类的或有竞争性的。[4] 另一方面，在据欧共体集

---

〔1〕 Section 32 of the Commission Notice on the Definition of the Relevant Market for the Purpose of Community Competitive Law, OJ C372 on 9/12/1997.

〔2〕 Case IV/M269, [1994] OJ L332/48; [1996] 4 CMLR469.

〔3〕 Case Iv/M242, Decision of July13, 1992.

〔4〕（原脚注）参见 Commission v. France（欧盟委员会诉法国），Case 194/78，1980 ECR 347；Commission v. Kingdom of Denmark（欧盟委员会诉丹麦王国），Case 171/78，1980 ECR 447；Commission v. Italian Republic（欧盟委员会诉意大利共和国），Case 1983 ECR 601；Commission v. Hellenic Republic（欧盟委员会诉希腊共和国），Case 230/89，1991 ECR 1909。

中条例进行的集中的审查中,[1] 欧盟委员会裁定威士忌(Whisky)构成了一个独立的市场。[2] 同样地,在一个关于第95条的案件中,香蕉被认为对其他水果构成竞争。[3] 然而,据欧盟竞争法,香蕉构成了一个不同的产品市场。[4] 我们注意到,尽管《罗马条约》第95条与《关贸总协定》第3条同类,《罗马公约》和《关贸总协定》在范围和目的方面也是不同的。但是,我们注意到,审查欧洲法院在同类的情况下是如何定义市场的,有助于理解对非歧视性规定和竞争法的分析间的关系。[5]"[6]

第二节 与共同市场相容性的审查

欧盟竞争法在对企业或政府的行为是否具有反竞争性质进行衡量时,通常采用是否"与共同市场相容(相协调)"的措辞。无论是限制竞争协议、滥用市场支配地位,还是国家援助、企业集中,只要其行为与共同市场相容,便不会被竞争法所禁止。但是,欧盟竞争法中并没有对"相容性"作出明确的规定。因此,这个概念实际上在实践中的适用是非常灵活的,往往取决于不同的影响竞争行为和委员会的态度。

139/2004号条例第2.2和2.3条规定对集中与共同市场的相容性进行检测,看是否实质性阻碍有效竞争或共同市场中的相当一部分,尤其是是否会产生或加强市场中的支配地位。在139/2004号条例的导言中说明了修改后的标准:第2.2条和第3条中实质性阻碍市场竞争的概念应该不仅仅限于市场支配地位概念,还包括通过企业间的非协作行为而产生的反竞争影响。

139/2004号条例第2.1条要求委员会评估集中时考虑如下因素:

(1)维持和发展共同市场内部的有效竞争,以便考虑到涉及市场的结构,共同体内部或外部企业间的可能竞争。

(2)集中涉及企业的市场地位、经济和财务状况、供货商和顾客的多种选择、获得供应和市场的渠道、进入、提供和需要相关产品和服务的法律或其他障碍、技术及经济进步。

---

[1] (原脚注)1989年12月21日关于企业之间集中控制的Council Regulation(委员会法规)第4064/89号文件。

[2] (原脚注)Guinness/Grand Metropolitan(基尼斯/大都市)第IV/M 938号案。

[3] (原脚注)欧盟委员会诉意大利案,Case 184/85,1987 ECR 2013。

[4] (原脚注)United Brands(统一商标)诉欧盟委员会,Case 27/76,1987 ECR 207。

[5] (原脚注)在裁定相互关联的条款之间的关系时,我们并无意暗示说我们采纳了由这些或那些ECJ案子中界定的符合这一概念的目的的市场定义。

[6] 韩国酒税案专家组报告,第10.81段。

以上规定的明确特点在于明确了对相关产品和地理市场作出界定是确定一项集中是否产生或加强市场支配地位的前提。

第三节　欧盟控制企业集中法律制度中的相关企业

一、企业的概念

相关企业是欧盟控制企业集中法律制度中的重要概念，而在讨论这一概念之前，我们应该了解企业这个概念。

D. G. Goyder 指出："竞争是一些在相同时间向一定的顾客群销售同类商品或服务的企业间所形成的关系。每一个利用它的生产和销售设施，作出将产品或服务投放市场的商业决定的企业，通过那些必要的活动，使自身与同一地理市场的其他企业处于潜在的或者现实的竞争关系，这个地理市场可能是一条海上航线、一个城市、一个地区、一个国家、多个国家、整个欧共体，甚至全世界"。[1] 可见企业这个概念对于竞争法的重要意义。

大多数国家或地区的竞争法规范对象都是 Undertakings，但是竞争法中，"Undertakings" 的译法并不统一，学者大致将其译为事业[2]和企业[3]两种。本文认为，译为企业更符合中文的表述习惯。

美国 1914 年《克莱顿法》第 7 条将该法的适用范围限定为"公司"（Corporations），1980 年的《反托拉斯程序改进法》（the Antitrust Procedural Improvement Act）中将公司改为"人"（Persons），从而将企业集中控制法律制度中的规范对象扩大到非公司法人的合伙、未注册的合营企业和个人等。

日本《禁止私人垄断及确保公正交易法》所采用的定义则更为具体，其第 2 条将企业分为事业人和事业人团体两类，前者是指"从事商业、工业、金融业以及其他事业者"，后者是指"以增进事业人的共同利益为主要目的的两个以上事业人组成的结合体或者联合体"。[4]

---

〔1〕 D. G. Goyder: *EC Competition Law*, Oxford University Press, 2003, p. 8.

〔2〕 卫新江著：《欧盟、美国企业合并反垄断规制比较研究》，北京大学出版社 2005 年版，第 10 - 11 页。阮方民著：《欧盟竞争法》，中国政法大学出版社 1998 年版，第 210 - 211 页。许光耀著：《欧共体竞争法》，法律出版社 2002 年版，第 241 页。

〔3〕 王晓晔研究员将其译为企业。参见王晓晔：《欧共体竞争法》，中国法制出版社 2001 年版，第 53 页。

〔4〕 日本《禁止私人垄断及确保公正交易法》，1996 年 6 月 26 日修订，第 2 条。日本反垄断法的具体规则可参见王长河、周永胜、刘风景：《日本禁止垄断政策的历史回顾》，载季晓南主编：《中国反垄断法研究》，人民法院出版社 2001 年版。

中国台湾的《公平交易法》第2条将企业定义为“公司、独资或合伙之工商行号、同业公会、其他提供商品或服务从事交易之人或团体。”[1]

中国大陆的《反垄断法（草案）》（征求意见稿）第4条中将企业作了宽泛的定义，“本法所称的经营者，是指从事商品生产经营或者服务（以下所称商品包括服务）的法人、其他组织和个人。”

可见，竞争法的主体适用范围是十分广泛的，任何从事商品生产经营或者提供服务的组织和自然人，不论其是否以盈利为目的，都属于其调整对象。欧盟的情况也不例外。

二、相关企业的原则性规定

企业是欧盟控制企业集中法律制度的规范对象，有关企业的概念在欧洲法院和欧洲初审法庭的一系列判例中不断被加以阐释。欧洲法院和欧洲初审法庭对企业采取的是一种扩大解释的方法，将从事经济活动任何主体都纳入到企业的概念之中。

欧洲法院和欧洲初审法庭确定企业概念时主要考察两个方面：首先，法院认为是否参与经济活动是构成企业的主要标准，以此确定竞争法应用的具体范围。法院认为，企业包括每一个从事经济活动的主体（Entity），而不管它采取什么样的法律形态，也不管它的融资方式如何。自然人、合伙企业、公司、行业协会、合作社、互助保险公司等都属于竞争法上的主体。就主体所涉及的经济活动范围来说，不仅包括货物的生产和分销，而且还包括各种各样的服务产品。[2] 一个非营利性的机构一旦其从事某些具有商业性特征的运营，在其从事商业性运营的范围内也将被视为是企业。[3] 如BBC是一家在英国提供公共广播服务的公司，它曾被授权依据它制作的儿童系列片制作玩具，它的这一行为被视为构成一项企业活动。在认定公共主体是一个企业时，并不需要证明公共主体的从事商业活动是受利润动机支配的。基于非营利目的从事管理作家和艺术表演者版权行为的协会也被定义为一个企业。

其次，如何确定一个企业。因为经济活动参与者的表现形式具有多样性，从单个的自然人到复杂的集团公司都是参与经济活动的主体。确定企业的边界有助于解决两方面的问题，一是有助于确定竞争法实体规则的适用对象；二是可由此

---

〔1〕 中国台湾《公平交易法》，2000年4月26日修订，第2条。

〔2〕 Case C-41/90，［1991］E. C. R. I-1979，at para. 21；转引自卫新江著：《欧盟、美国企业合并反垄断规制比较研究》，北京大学出版社2005年版，第11页。

〔3〕 Case 155/73 Sacchi［1974］E. C. R. 409；［1074］2. C. L. M. R. 177.

确定违反实体规则的自然人或者法人群体能否被归于一个相关的企业。这就有可能使得没有直接参与违反竞争法的公司需要为另一个公司的违法行为负责，因为这两个公司同属于一个企业。[1]

在AmbulanzGlockner案中，欧洲法院指出："共同体竞争法意义上的企业的概念包括参与经济活动的每一个实体，而无论该实体的法律地位和筹资方式"。也就是说，欧洲法院检验一个实体是否是企业的基本标准是相关实体是否参与了在特定的市场提供货物或服务的活动，而且至少原则上私人参与者是为了从中获益才执行该活动。根据这一标准，政府部门也可能构成竞争法意义上的企业。

在Hydrothen案中，法院认为：在欧盟竞争法中，为了确定相关协议的主旨，企业一词必须被理解为一个经济实体，而不管在法律上这个经济实体是由多少个自然人或者法人构成。在这个案件中，一个自然人和两个完全由他所控制的公司被认定为一个企业。在Shell案中，欧洲初审法庭认为，《共同体条约》第81条所指的经济实体是，由人以及有形的和无形的因素构成的一个统一的经济组织，这个实体意在追求特定的长期经济目标，并且能够实施条约指定的那种违法行为。欧洲初审法庭据此认定Shell和Shell集团所属公司构成了一个企业。[2]

也就是说，欧盟竞争法中，一个实体能否成为企业，取决于它在相关的限制竞争活动中能否作为法律上和经济上独立的行为主体出现。[3]

在1310/97号条例中的第1条和第5条都涉及这个重要概念。为此，欧盟委员会发布了关于关于企业集中控制的欧盟理事会4064/89号条例中相关企业的概念的通告（简称《通告》），[4] 并取代了之前的《关于相关企业概念的通告》。《通告》的规定被第139/2004号条例吸收。

结合《通告》，在对此概念的解释权限问题上，委员会对第1条和第5条关于相关企业概念的解释不影响欧洲法院或欧洲初审法庭所可能给予的解释。[5]

通常情况下，相关企业是合并或直接取得支配权的直接参与者。在合并的情况下，相关企业将是正在合并的企业。[6]

在集中而非合并或设立新的合营企业，即在单独或共同取得在先存在的公司

---

〔1〕 刘英国：《欧共体竞争法中企业特征的法学与经济学分析》，载《广西社会科学》2005年第5期，第59页。

〔2〕 刘英国：《欧共体竞争法中企业特征的法学与经济学分析》，载《广西社会科学》2005年第5期，第59页。

〔3〕 王晓晔著：《欧共体竞争法》，中国法制出版社2001年版，第54页。

〔4〕 Notice on the concept of undertakings concerned under Council Regulation (EEC) No. 4064/89 on the control of concentrations between undertakings [OJ 1998, No. C66/14].

〔5〕《相关企业的概念通告》第4条。

〔6〕《相关企业的概念通告》第5条和第6条。

或其部分时，一个对产生该交易行为相当重要的当事人，即出售者，在确定相关企业时可能被忽视。根据上述定义，由于从交易行为完成那一刻开始，它已经放弃了对公司的所有控制，它们之间的联系和其一同消失，它的作用也就结束。在出售者和取得支配权的公司共同进行控制时，其将会被作为相关企业之一予以考虑。[1] 以下将进一步讨论不同交易行为中相关企业的认定。

三、不同交易行为中相关企业的认定

（一）合并

在合并的行为中，每一个参与合并的实体都是相关企业。

（二）取得单独支配权的情况

首先，在取得对整个公司的单独支配权时，取得支配权的企业和被取得的企业或目标公司都将是相关企业。[2]

条例第5条第2款第1段规定，当一个交易行为涉及对一个或者更多个企业的部分取得支配权时，只有作为那些交易对象的部分才作为有关出售者予以考虑。部分是指为一个或更多的法律实体（例如附属公司）、出售者内部的分公司（例如一个分支机构或单位）或本身能构成一项业务的有明确市场营业额的具体资产（即某些情形下的品牌或执照）。此时，取得者和作为整体考虑的目标公司的被取得部分是相关企业。如果是在第5条第2款第2段的情况下，即一个关于错开安排的交易或接连交易的情况下，如果同一个购买者借以在2年之内从同一个出售者处取得几个部分的产权，这些交易行为应被视为最后一次交易之日发生的同一个交易行为。此时，相关企业是指取得产权者和作为整体考虑的目标公司的被取得的各个部分。

其次，在目标公司缩减或扩张之后取得单独支配权的情况下，取得支配权的公司和依交易之日的结构形式所分的一个或几个目标公司是相关企业。

最后，在集团通过其附属公司取得目标公司时，相关企业包括目标公司和获得支配权的从属公司，这样可以统一计算营业额。

（三）共同取得支配权的情况

首先，在取得对新设立的公司的共同支配权时，相关企业是获得对该新设立的合营企业支配权的每一个公司。此时，由于合营企业此前并不存在，也没有自身的营业额，所以不能认定为是一个相关企业。

---

[1] 《相关企业的概念通告》第8条。

[2] 《相关企业的概念通告》第2.1条。

其次，在取得对在先存在的公司或业务的共同支配权的情况下，相关企业一方面是取得共同支配权的每一个公司，另一方面也包括被支配的在先存在的公司或业务。如果在先存在的公司原来由一个公司单独控制，此后，一个或几个新的股东取得共同支配权，而该最初的母公司仍然存在的时候，相关企业是每一个取得共同支配权的公司，包括最初的股东。目标公司在这种情况下并非相关企业。

最后，处于直接分割资产的目的而取得支配权，实际上被认为是一个交易行为，每一个取得支配权的公司借以取得目标公司的相关部分。因此，对于每一个交易行为，相关企业是取得支配权的公司和目标公司的由其取得的部分。

（四）合营企业取得支配权的情况

首先，在合营企业取得对另一公司的支配权的交易中，从取得支配权的一方来看，把该合营企业视为一个单一的相关企业，还是把其每个母公司各自视为相关企业取决于揭开中间公司面纱。原则上，相关企业是取得支配权的直接参与者。但是，如果公司设立没有或很少有营业额的“空壳”公司（Shell Company），或为母公司利益取得支配权时，相关企业则是和目标公司在不同市场上运营的合营企业。在被取得的公司或目标公司的共同体营业额不到 2.5 亿欧元时，相关企业的确定对司法管辖来说是决定性的问题。此时，委员会将依据交易行为的经济现实来决定何者才是相关企业。

其次，在完全功能型合营企业取得支配权，即合营企业有足够的金融和其他资源持久地运营一项业务活动，并且自身也已经在一市场上经营时，委员会通常认为合营企业本身和目标公司构成相关企业，而不是合营企业的母公司。

再次，在合营企业可能被认为是母公司取得支配权的工具时，委员会将认为每一母公司自身而非合营企业和目标公司一道构成相关企业。

（五）由共同支配改变为单独支配的情形

在这种情形之下，一个股东取得了以前由其他股东所持有的份额。在只有两个股东的情况下，每个都取得对整个合营企业的共同支配权，而不是只对其 50% 部分的单独支配。因此，一个股东向另一个股东出售其股份，并不会导致剩下的那个股东由对合营企业 50% 的单独支配变成为对其 100% 的单独支配，而是由对整个合营企业的共同支配改变为对其单独支配。在此种情况下，相关企业就是剩下取得支配权的股东和该合营企业。此时，对别的任何一个出售者，即退出的股东而言，并不构成相关企业。

（六）现有合营企业的共同支配中持股的变化

首先，在股东数量减少时，可能出现由共同支配改变为单独支配的情形，剩下的股东取得对公司的单独支配。相关企业将是剩下的取得支配权的股东和被支配的公司，即以前的合营企业。其他拥有少量投资的股东，由于他们在公司中不具有支配利益，不行使支配权，不构成相关企业。

其次，股东数量的减少不导致由共同支配改变为单独支配时，计划的交易行为通常不认为导致了支配性质的变化，因此不属于应当申报的合并行为。当支配的性质发生显著变化，股东数量的减少使得剩下的股东取得了另外的否决权或者额外的董事会位置，并利用现有的或新股东的同意，从而产生至少由一个股东取得新的支配权的结果时，情况发生变化。相关企业将是取得共同支配权的剩下的每一个股东和合营企业。

最后，在持股上存在变化时，相关企业是指行使共同支配权的股东，包括原有的和新加入的，以及合营企业自身，无支配权的股东不是相关企业。

（七）公司分立和解散时

在此种情形下，相关企业，对应于每一个解散行为而言，一方面是组建合营企业的最初各方，即每一个取得支配权者，另一方面是最初的每一方所取得的合营企业的部分。

（八）两个或更多的公司互换资产的交易情形

此种情形下，不论是否构成法律实体，每一个取得支配权的行为都构成一项独立的合并行为。对于每一项资产转移行为，相关企业是取得资产的公司和被取得资产的公司或资产。

139/2004 号条例第 3 条第 1 款明确规定，在“一个或更多个已经至少支配一个企业的人”取得对一个或更多个企业的全部或部分的支配权时，就认定为产生了一项合并行为。也就是说，只要个人实施了其自身的经济活动，个人取得的支配权将引起相关企业的机构的持久变化。委员会认为，相关企业是目标公司和作为个人的支配权取得者。此规定同样适用于管理层收购（MBO）的情况。[1]

此外，同一个国家所拥有的两个公司之间出现合并或者取得支配权可能构成集中，两个公司在这种情况下将成为相关企业，当然，公司必须属于同一行业并受一个协调性战略的支配。

第四节　欧盟控制企业集中法律制度中的“完全功能型合营企业”

在了解《完全功能型合营企业的概念通告》（本节简称为《通告》）有关完全功能型合营企业这个概念之前，根据 4064/89 号条例，合营企业是被两个或两

〔1〕《相关企业的概念通告》第 10 条。

个以上企业共同支配的企业。实践中，合营企业包括的行为相当广泛，从类似集中的行动到特定方面的合作，如研究开发、生产或分销等；集中的概念定义为所有包括带来相关企业结构的持久变化的行为。

前文已经讨论过，1310/97号条例对4064/89号条例中关于合营企业的规定进行了修订，但是，这个修订并不完善。根据1310/97号条例新增第2条第4款的规定，构成集中的合营企业具有协调保持独立的企业间行为的目的或具有这种效果，仍应按《欧共体条约》第81条以确定是否与共同体相容。而1310/97号条例序言五规定，如果合营企业具有的上述影响或效果主要是"结构性"的，《欧共体条约》第81条不予适用。可见，1310/97号条例的修改并不成功，合营企业的问题仍具有明显的不确定性。[1] 此后，《完全功能型合营企业的概念通告》对此作出了进一步完善。

一、《通告》的效力

首先，《通告》的嗣前/嗣后效力问题。

《通告》第2条规定，本通告取代《关于集中性合营企业和合作性合营企业之间区别的通告》。和委员会自1990年9月21日4064/89号条例实施以来所积累的经验一样，本通告反映了对4064/89号条例的修改。本通告所确立的原则，委员会将在以后的个案中予以遵守，并将进一步予以发展。

其次，《通告》与欧洲法院体系的解释关系。

《通告》第17条规定，委员会对4064/89号条例第3条关于合营企业的解释不影响欧洲法院或欧洲初审法庭所可能给予的解释。

二、《通告》关于完全功能合营企业的一般定义

如果集中所引起的结构变化经常反映了相关市场重组的动态过程，根据4064/89号条例的规定，除非所形成或加强的支配地位造成竞争结构的严重破坏，这些集中都应被许可。考虑上述问题后，《通告》规定，修订后的4064/89号条例第3条第2款对完全功能型合营企业（Full-function Joint Ventures）规定如下："长期执行一个自主经济实体所有功能的合营企业的设立将构成第1款b项规定的集中"。[2] 此款的规定被139/2004号条例吸收。

[1] 蔡从燕：《试论欧盟企业合并控制法中有关合营企业的法律实践》，载《欧洲》2001年第3期，第77页。

[2] 《完全功能型合营企业的概念通告》第7条。

三、完全功能型合营企业与 4064/89 号条例第 3 条规定的集中之间的关系

《通告》第 16 条规定，一个完全功能型合营企业的设立构成 4064/89 号条例第 3 条规定的集中。为合营企业的母公司所接受的对集中的实施来说是直接相关和必要的限制，将和集中行为本身一起评估。

此外，完全功能型合营企业的设立可能导致独立存在的企业协调其竞争行为的结果。在这些情况下，修改后 4064/89 号条例第 2 条第 4 款规定利用与评估集中行为相同的程序对其合作的效果进行评估。该评估的标准和《罗马条约》第 85 条第 1 款和第 3 款的标准一致，即该设立的计划与共同市场是否相协调。

《欧共体条约》第 85 条对既不属于集中又不是合营企业设立的直接后果的限制性竞争性行为的适用，通常必须利用 17 号条例进行审查。

那么，一项行为要成为 4064/89 号条例第 3 条规定的集中，必须满足以下条件：

（一）共同支配

在两个或更多的企业，即母公司（第 3 条第 1 款 b 项）取得共同支配的情况下，合营企业可能属于 4064/89 号条例的范围。第 3 条第 3 款规定了支配的概念，该条款规定支配建立在可能对一个企业发挥决定性影响的基础上，由事实和法律两方面的情况所决定。[1]《委员会关于集中概念的通告》详细规定了决定共同支配的原则。在 KLM/Alitalia 案中，委员会认为，尽管两个航空公司并没有合并，也没有成立合资企业，但是，业务活动的一体化将使得这两个公司构成一个完全功能型企业，从而形成了集中。[2]

（二）企业的结构变化

第 3 条第 2 款规定，合营企业必须长期执行一个自主经济实体的所有功能。满足这一条件的合营企业能引起有关企业的结构的持久变化。《通告》称这些合营企业为“完全功能型”合营企业。[3]

这在本质上意味着在一个市场上运营的合营企业执行那些在同一市场上运营的企业所执行的功能。要做到这一点及为长期地在合营企业协议所规定的地区进行其业务活动，合营企业必须设置负责日常事务的专职管理机构，并有权力使用足够的包括财务、人事、资产（有形和无形的）在内的各种资源。

（1）如果合营企业仅接管了其母公司业务活动的某一具体功能而没有进入

---

〔1〕《完全功能型合营企业的概念通告》第 9 条。

〔2〕 Case No. COMP/JV. 19.

〔3〕《完全功能型合营企业的概念通告》第 11 条。

市场，那么它就不是完全功能型合营企业。

例如，某公司集团所设立的、仅限于某一研究开发业务的合营企业就是这种情况。这种合营企业是附属于其母公司的业务活动的。那些在实际上仅限于对母公司的产品进行分销和销售，因此主要是作为销售机构的合营企业，也是这种情况。不过合营企业利用一个或多个母公司的分销网络或途径而母公司仅只作为其分支机构的情况，并不改变该合营企业的全功能性质。

（2）如果母公司在上游或下游市场顽强地存在，并与合营企业之间存在实质性的销售或购买行为，在评价合营企业的全功能特征时应作为一个因素予以考虑。

合营企业在初设阶段几乎完全以其母公司为销售对象或从其母公司进行采购的事实，通常并不影响合营企业的全功能性质。在初设阶段，为使合营企业在市场上站稳脚跟，这样做可能是必需的。视相关市场的具体情形，该期间一般不超过3年。

在合营企业长期面向其母公司进行销售时，实质性的问题在于该合营企业是否适应在市场上扮演一个活跃的角色，而不管这种销售本身如何。在此，这种销售在合营企业的总产量中所占的相对比重是一个重要因素。另一个因素是其对母公司的销售是否在通常商业条件和基础上进行。

（3）涉及合营企业从其母公司进行采购时，合营企业的全功能性不见得是真实的，尤其是在合营企业对与其处于同一水平上的产品或服务没有增加什么附加价值时。

在这种情况下，合营企业更接近于一个联合销售机构。不过，与这种情况相比，如果合营企业正在商业市场上活跃着，并执行着在此类市场上的一个贸易公司通常的功能时，它通常不是一个附属的销售机构，而是一个完全功能型合营企业。除了综合性的公司以外，商业市场是以专门性的产品销售和分销公司而非以纵向综合性的公司的存在为特征的，产品在市场上存在不同的供货渠道。此外，许多商业市场可能需要运营者向诸如销路、储存、仓库、车站、运输船队和销售人员等具体设施的投资。为在商业市场上建立一个完全功能型合营企业，一个企业必须具有必要的设施，可能不仅从其母公司而且还要从其他竞争对手取得可观比例的供货。

（4）合营企业必须拥有长期经营的计划。

母公司交付给合营企业的上面所述的资源的事实通常说明了这一点。另外，设立合营企业的协议通常规定某种可能性，如合营企业失败，或母公司之间发生根本分歧。这作为合营企业的最终解散的预备条款或更多母公司从合营企业退出而可能出现。这种条款并不阻止合营企业被认定为长期运营。在为了引起相关企业的结构的持久变化而该持续期间足够长时，或在协议所约定的可能存续期间超出该期间时，协议中所约定的合营企业的持续期间也同样不影响认定合营企业为长期经营。相比之下，在合营企业为短期有限期间的目的而设立时，将不被认定为长期运营。例如，某个合营企业是为了建设具体项目如电厂而组建，但是在建设完成以后，它不参与该电厂的经营，就是这种情形。

第五节　欧盟控制企业集中法律制度中营业额的计算

一、营业额的界定

根据 139/2004 号条例第 5 条，营业额应包括相关企业在一财务年度通过出售产品和提供服务等正常经营活动所获得的款额，在扣除回扣、增值税以及其他直接与营业额有关联的税款后的净值。相关企业的营业额不包括本条第 4 款规定的企业间的产品出售或者提供服务的款额。在共同体范围或在一个成员国范围的营业额，应是指对共同体内或对该成员国内的企业或消费者销售产品和提供服务的款额。

二、适用例外

该规定不适用于只获得一个或者多个企业的部分产权的集中，不论企业的该部分是否已构成法律实体，都只能以与产权交易有关的并购部分的销售价值来计算营业额。但是，第 1 款意义上的两个或多个产权交易行为如果在两年期间发生在相同的人或者相同的企业之间，截至最后一次产权发生之日，将被视为同一个集中行为。

三、信用机构和其他金融机构营业额的计算

对于信用机构和其他金融机构，应按照理事会第 86/635 号指令规定的下列收入项目，合理地扣除回扣、增值税以及与这些项目有直接关系的其他税款后再计算，包括：

（1）利息以及类似收入。

（2）证券收入，包括：

——股票以及其他易变的生产证券收入；

——预期利益的收入；

——投资于关联企业的股票收入。

(3) 取得的佣金。

(4) 资金运营的纯利润。

(5) 其他经营收入。

信用机构或金融公司在共同体和成员国境内的营业额应包括它在共同体内或相关成员国境内所设立的分支机构或子公司所得的上述收入。

保险企业的总保险费额应包括已收入和根据保险合同应由保险企业收入的总款额，包括再保险纲，并且扣除税金，特别征费以及收取个别或者总保费时支付的费用后的净值。根据第 1 条第 2 款（b）项和第 3 款（b）（c）（d）项以及第 1 条第 2 和第 3 款最后部分的规定，计算总保险费额时应包括向共同体居民以及向某成员国居民收取的保险费。

前述的相关企业的总营业额应累计下列企业的各项营业额；

(1) 集中的相关企业。

(2) 下列企业，如果它们被相关企业直接或间接地：

①拥有一半以上资金或资产，或者②能够行使一半以上的表决权，或者③有权任命监事会、董事会或企业法人代表机构半数以上的成员，或者④有权管理企业事务。

(3) 在相关企业中有权行使②项所列的各项权利或者权力的企业。

(4) 被③项所列拥有②项权利或权力的企业。

(5) 被①至④项所指的企业，如果其中有两个或两个以上的企业共同拥有②项所列的权利或权力。

需要指出的是，计算因集中而共同拥有第 4 款（b）项所列的权利或权力的相关企业的营业额时；(a) 在被共同控制的企业与各相关企业之间或者与其他任何同相关企业具有第 4 款（b）项至（e）款规定的关系的企业之间销售产品或者提供服务所取得的款额，不应计算在营业额内。(b) 被共同控制的企业和任何第三方企业间因出售产品或提供服务而取得的款额应计算在营业额之内。这个营业额应按照比例在相关企业之间分配。

第五章

欧盟控制企业集中法律制度中的审查标准问题

在各国的竞争立法和司法实践中，判断企业集中是否合理的标准基本可以归纳为“实质性损害竞争”，[1] 或者与“支配”标准（Dominance Test）[2] 不相符合。日本法对此规定为：“实质上形成限制竞争”；新西兰商法规定，禁止产生和强化支配地位的合并；《德国反限制竞争法》第36条规定了评价企业集中的原则：“如可预见，企业集中将产生或加强市场支配地位，且这种改善超过支配市场的弊端的，不在此限”；第35～39条对企业集中的各种条件、资格等作出了详细规定。我国《反垄断法（草案）》则对此规定为，“如果兼并将产生或者加强市场支配地位、限制竞争，国务院反垄断机关可以禁止，但如果实施兼并有利于国家整体经济和社会公共利益，可以得到国务院特殊批准。”

但是，对“实质性损害竞争”并没有一个统一的认识，各国竞争法对此也作出了自己的理解。

第一节　实质性缩小竞争标准

一、美国的实践

判断企业集中是否严重减少了竞争，首先需要对相关市场进行定义。在具体操作上，美国与欧盟的做法基本相似。但是在找到相关市场后，美国多用HHI指数（Herfindahl-Hirschmen Index）作为评价企业合并是否严重减少竞争的重要标准，偶尔也采用市场份额作为评判的辅助标准。[3]

美国反托拉斯法适用实质性缩小竞争标准（Substantial Lessening of Competi-

---

〔1〕 李钟斌著：《反垄断法的合理原则研究》，厦门大学出版社2005年版，第170页。

〔2〕 National Competition Policy, Australian Government Publish Service, p. 81.

〔3〕 HHI指数的具体情况参见美《横向兼并指南》第1节1.51。

tion Test，简称 SLC 标准）作为集中审核的标准的实践并不是一蹴而就，标准被接受经历了一个过程。

最初，《克莱顿法》对于效率问题没有进行说明。《克莱顿法》只是在第 7 条规定，从事商业或从事任何影响到商业的事业的人不能直接或间接地购买全部或部分股票或其他股份资产，受联邦贸易委员会管辖的人不能购买另一个从事商业或从事任何影响到商业的事业的人的全部或部分资产，如果该购买行为的结果，在国家的任何商业或影响到商业的事业范围内，会严重减少竞争或造成垄断。美国最高法院的早期决议（基于国会意图）对效率表现出明显的轻视，[1] 随后下级法院的决议使得司法界长久以来不愿完全考虑效率的倾向合理化了。[2] 在 20 世纪六七十年代，联邦贸易委员会和其制定的管理条例都表现出对效率问题的有意识的轻视。在 20 世纪 60 年代末，随着 Williamson 的名著《一种反托拉斯抗辩的经济学：福利权衡》的出版，兼并的竞争分析中经济效率的相关论述出现于美国。受该理论的强力影响，美国司法部在 1968 年将这种新意识勉为其难地吸收到第一套《兼并控制指南》（Merger Enforcement Guidelines）中去。[3] 14 年后的 1982 年，联邦贸易委员会在关于横向兼并的声明中也勉强承认了效率在分析中的考虑，但也只是在“诉讼准备阶段的诉讼裁量”过程中执行。此兼并声明在 1984 年被修改过一次。1992 年联邦司法部和联邦贸易委员会同时通过的《横向兼并指南》（Horizontal Merger Guidelines）对横向兼并部分的规定作了修改，其余的兼并仍然受旧指南的约束。目前，效率处理体现在由司法部和联邦贸易委员会联合出版并于 1997 年修订的《横向兼并指南》中。

根据美国现行的判例法，针对企业集中产生的结构性效应应该设置集中的审查体系，以决定一个兼并是否可能是实质性减少竞争或造成垄断。分析兼并在集中方面的效应仍然是评估过程中的重要部分，但是 1992 年的《横向兼并指南》带来的主要变化是，如果要否定一个兼并，反垄断机构被认为要提供可靠的理论，说明在审查中的兼并会如何对竞争产生负面影响。现行文本的理论基础是，兼并不能被否决，除非它有利于明示或默示的共谋，或者加强了垄断或准垄断部分的市场力量：“没有实质性的增加集中度或者没有造成集中的市场的兼并，通常不需要进一步的分析。”[4] 换言之，只有那些会导致相关市场内竞争实质性减

---

〔1〕 See *F. T. C. v. Procter & Gamble Co.*, 386 U. S. at 580，法庭表示，“可能的经济利益不能作为非法行为的辩护。国会清楚一些削弱竞争的兼并可以产生经济效益，但它打破了保护竞争的均衡”。

〔2〕 See *F. T. C. v. Imo Indus.*, 1992-2 Trade Cas. (CCH) para 69, 943 (D. D. C. 1989).

〔3〕 效率抗辩在一种“例外环境”中被承认。见 U. S. D. O. J., Merger Guidelines (1968), Hay and Werden, Horizontal Merger: Law, Policy and Economy, *American Economy Review*, Vol. 83, 1993, p. 175.

〔4〕 美国《横向兼并指南》第 1.0 节。

少的兼并才被认为应当被否定。美国《横向兼并指南》一开始就给出了对相关市场的定义以及在相关市场内对集中的分析。[1] 如果兼并不适当地将集中提高到一个不能接受的水平，兼并指南能够提供进行竞争分析评估的具体规则。潜在的竞争损害被划分为“单方面的”和“协作的”两类。美国的兼并指南明确将集体优势（或者也被称为协调互动，Coordinated Interaction）问题纳入考虑范围。

需要特别指出的是，美国控制企业集中立法与实践存在着一定的不确定性。[2] 在20世纪60年代前，违法确认标准的不稳定性主要体现为适用法律的不稳定；而20世纪60年代以后，随着最高法院兼并判决中兼并分析的基本原则的确立以及兼并指南的颁布，一定时期内适用法律的稳定性有所提高，此时违法确认标准的不稳定性转而体现为兼并指南本身的频繁修订。而且，美国政府在20世纪80年代以来控制企业兼并的实践中并没有完全遵循上述指南，而往往对兼并尤其是那些利于提高国际竞争力的兼并采取更为宽容的态度。[3] 因此，可以说，违法确认标准一定程度上的不确定性是企业集中控制立法中的“有益菌”。

二、加拿大的实践

加拿大竞争法规定：“禁止可能实质性防止或者减少竞争的合并。”这一规定与美国反托拉斯法的规定相近似。

（一）加拿大竞争法第96条的争议

在加拿大，竞争法第96条明确提出了效率抗辩问题。该条指出，任何一个“有可能带来巨大效率收益，最终将抵消因兼并或拟定兼并活动造成的竞争削弱的影响”的兼并将不会遭到竞争法庭的起诉。尽管在立法上对效率抗辩作出如此明确的规定并不多见，加拿大的做法可谓先进，但是，加拿大竞争法第96条本身只有抽象规定，并没有为该条的应用提供具体指导。因此，加拿大竞争委员会控制下的竞争署和竞争法庭对竞争法第96条的不同理解导致了尖锐的冲突，因为两者都运用各自的管辖权限去裁定兼并活动的合法性。冲突的结果是，加拿大最终放弃了以抗辩为基础对待效率要求的做法，转而把效率考虑为交易中竞争分

---

〔1〕 美国《横向兼并指南》第1.0节：市场是一个产品或一组产品和一个区域范围，在其中一个被假定为追求利益最大化的企业生产和销售，不受制于价格规制。所谓价格规制（Price Regulation），是指在这个区域中，那些产品仅有一个现存的或将来的生产者或销售者，可能使价格至少是“小的却是显著的，以及非暂时的”上涨，假设所有其他产品的交易条款不变。相关市场，是指一组产品和一个区域范围，该区域范围恰好能够满足这个标准。

〔2〕 关于反垄断法的不确定性问题，请参见沈敏荣著：《法律的不确定性：反垄断法规则分析》，法律出版社2001年版。

〔3〕 何琼等：《企业合并违法确认标准的不稳定性》，载《江苏警官学院学报》2006年第2期，第58页。

析中的一个因素。[1]

加拿大竞争法案第96条的制定和实践同时也影响了1998年《南非竞争法》第16条的制定，这一条规定为在南非境内发生的集中行为进行抗辩提供了相应的法律依据。南非竞争法庭已经至少在两起案例中遇见过这种效率抗辩，有关部门则制定了与加拿大相关部门截然不同而又更加灵活的议案来考虑效率问题。[2]

（二）加拿大竞争委员会 V. Superior Propane 公司案[3]

Superior Propane 公司案对如何理解兼并中效率标准具有非常重要的意义，是一个典型案例。[4] 在 Superior Propane 公司案中，对司法抗辩和兼并评价程序中效率标准的理解导致加拿大竞争委员会竞争署和具有集中裁定司法权力的竞争法庭之间产生激烈的意见分歧。

该案涉及两家在加拿大境内从事丙烷和丙烷类消费品和设备批发零售业务的公司。此项兼并实际上在这个市场内制造了垄断。要求禁止该兼并的要求被否决后，竞争委员们制定了一项应用程序以寻求解散兼并或修复丙烷市场内因兼并而弱化的竞争。

在第一阶段，竞争法庭认为兼并具有反竞争效果，但因为交易产生效率收益而允许兼并继续进行。在考虑效率问题时，法庭采用社会总福利标准，[5] 法庭的选择表明，法庭只考虑了分配效率中损失的经济资源（净损失），而忽视了再分配作用（福利转移）。法庭希望避免作出价值判断从而被竞争委员会所制定的兼并指南的严格解释所影响。

受判例法（Case Law）[6] 传统的强力影响而青睐“平衡原则”的竞争委员们就竞争法庭的决定向联邦诉讼法庭上诉，诉讼法庭认为竞争法庭在运用总福利标准中犯了法律错误，因为竞争法庭没有考虑兼并的整体效果，而只考虑了由总

---

〔1〕 见 C-29 法案，“竞争法案修补条例”，2nd. Sess.，37th. Parl.，2002，待议会裁决。

〔2〕 见 Trident Steel Pty Ltd. and Dorbyl Ltd. （Case No. 89/LM/Oct00），此兼并削弱竞争行为，但被证实具有“技术、效率或其他收益”并“高于，并抵消任何阻碍或削弱竞争造成的影响”。又见 Tongaat-Hulett Group Ltd. and Transvaal Suiker Beperk a. o. （CaseNo. 83/LM/Jul00），竞争法庭认为兼并带来的效率收益无法抵消交易对竞争造成的消极影响，因为其中一方“已经在效率的极限运作”。对效率处理的对比分析的决定可以在 comptrib. co. za 找到。

〔3〕 竞争委员会 V. Superior Propane 公司 。Trib. 16，No. CT1998002，Doc. No. 238a（4 Apr. 2002）.

〔4〕 案例中采用的效率标准适合于加拿大相对小型经济个体，企业可能不在最低效率规模运行；大市场份额和高集中度使实现规模经济和专业化很必要。案例中的方法可能不适合低集中度水平也可以实现技术效率的大型经济。

〔5〕 在总福利标准下，如果兼并为厂商创造的财富多于消费者损失，交易就不会受到质疑。

〔6〕“平衡原则”或“Hillsdown 标准”要求考虑财富转移或再分配效果，即在消费者损失和控股人获得之间分配。因此围绕传统的总福利和消费者福利标准形成一个变体，弥补它们潜在的缺点并反映特别的政策关注。

损失度量的资源配置的消极影响，所以没有适当考虑更广泛公众的利益。[1] 诉讼法庭作出决定，承认了经济理论制定效率权衡的重要性，实际上表达了对总福利标准忽视福利转移问题的不安，并和加拿大竞争法的多重目的不相一致。

在案件重审过程中，竞争法庭根据诉讼法庭的混合判定原则对兼并重新分析，尽管采用了“平衡原则”，但是仍维持了第一次其裁定时的观点，又一次否决竞争委员会的申请。[2] 这一次，竞争法庭以过于限制性为由拒绝采用消费者福利标准，并称在竞争法案的兼并条款中没有规定对消费者优惠的要求，效率是法案最重要的目标。竞争法庭进一步撤销了委员会提交的关于效率抗辩不可以作为垄断形成的辩护要求。

随后，委员会考虑竞争法案的所有目标并制定了一个新的上诉书。上诉法庭第二次驳回了竞争委员会的上诉，认为竞争法庭的第二次决定是合理的，与法庭第一次上诉决定一致。而且，上诉法庭通过了竞争法庭采取的“平衡原则”，同意了竞争法庭在平衡兼并中效率和反竞争影响的方法的意见和判断。法庭也陈述道，仅仅是兼并后存在的垄断不能排除效率抗辩分析的应用，也不会构成不可修复的反竞争影响。

考虑到进一步诉讼很明显将无助于效率抗辩问题的澄清，竞争委员会决定不再把案件向最高法院上诉。这时，加拿大立法机构开始努力以减少竞争法庭和上诉法庭在垄断和效率标准理解以及消费者在何种程度上从效率中受益等方面所起到的作用。[3] 按照最新的立法动向和发展，加拿大很可能马上从以抗辩为基础转到以因素为基础的方法，来处理兼并过程中的效率宣称。这项 C－249 议案形成的提议由立法委员会签署，由立法机构通过并等待议会最终批准。[4] 一旦该议案获得通过，加拿大将从“平衡法则”转到“消费者受益”标准，这将与欧盟做法更加接近。

Superior Propane 公司案表明了采用的效率标准会影响兼并的评价和每个国家

---

〔1〕 诉讼法庭列举了其他方面：高价格的影响，对生产选择的影响，对中小型企业的影响，以及产生垄断的后果和对加拿大企业参与国际市场的影响。

〔2〕 竞争法庭实际上只考虑福利从低收入家庭的转移达 260 万加元（竞争法庭第一次确定的 600 万加元分配无效上升到 1 120 万加元，不足以超过 2 920 万加元的效率收益）。因此，有学者质疑竞争法庭专断的决定破坏了平等对待原则，对其可持续性表示怀疑。

〔3〕 代表 Dan McTeague 在 2002 年 2 月介绍了 C－248 议案，提出效率收益无法抵消竞争限制的影响，除非这种收益以低价格的形式传送给消费者；产生或加强控制的兼并中抗辩不可用。效率处理问题最终被包括在加拿大现行竞争法律的广泛改革中。

〔4〕 C－249 议案规定：“在决定兼并或拟兼并是否阻碍或削弱竞争中，竞争法庭可能考虑是否兼并带来可能使消费者收益的效率收益，包括竞争性价格或产品选择，而如果没有兼并或拟兼并，这些收益就无法获得。”

或洲际竞争法律的目标是如何影响效率对待的。人们往往误以为，采取总福利标准会增加机会和持续性，但是总福利标准的确忽视了竞争法所承担的主要目标，尤其是消费者利益。另外，该案件也反映出采取的效率标准和各种收益之间的复杂关系，无论效率被看作抗辩或是因素都涉及这一问题。的确，如果标准不能提高消费者福利，那么也没有必要考虑集中分析中能够传达给消费者的效率了。

此外，这个案件中的差别影响和与对特定效率标准解读对相关国际层面产生的影响也具有代表性。

此案中，加拿大竞争法中效率抗辩依赖“平衡原则”而不是消费者福利标准，允许国家剩余增加以及世界剩余被转换并在加拿大获得。我们可以试作如下分析：①兼并具有反竞争性但仍被竞争法第96条允许，在平衡原则法下一些剩余可能从消费者转移到生产者；②消费者如果来自国外，对他们剩余的影响被忽视，所以世界剩余转移到加拿大行业中；③效率收益增加到加拿大行业中（生产者剩余）。因此，竞争法庭附带表示如果兼并中包括外国公司，兼并将因“加拿大没有收益”〔1〕而被禁止。

如果我们在国际社会的环境中考虑这一裁决，那么围绕加拿大的效率抗辩就会产生产业政策的问题，加拿大竞争管理机构就会借此提高加拿大的行业国际竞争力。对此，美国联邦贸易委员会主席Robert Pitofsky在对美国兼并指南改革举行听证会之前就提出过类似观点：“在一些市场情形中，这些因素的考虑（如效率收益）可以通过在其他情况下非法的兼并，并使企业的国际竞争能力得到很大改变。”〔2〕可见，随着跨国兼并案件的增加，效率作为反竞争交易的抗辩会逐渐受到国际社会的关注。

最后，该案反映出僵化的经济理论应用的局限性和兼并实体方面可量化的成本节约与更广泛的公共政策之间的冲突。因此，一个在效率影响分析中把经济学根据和效率宣称当作因素结合起来考虑的灵活方式就会显得更加可行，也会得到更多青睐。加拿大采用的C-249议案反映了这一倾向。

三、其他国家的实践

效率抗辩在澳大利亚竞争法（1974年《贸易惯例法》，亦称《交易行为

---

〔1〕 竞争委员会 V. Superior Propane 公司，Trib. 16，No. CT1998002，Doc. No. 238a（4 Apr. 2002），para 197.

〔2〕 Pitofsky：The Proposals to the Implementation of the United States in the Global Economy，*George Law Journal*，Vol. 81，1992，p. 198.

法》）的竞争与消费者委员会[1]有关兼并的竞争分析中也扮演着重要角色。[2]

在英国，竞争委员会[3]在集中当事方向公平贸易办公室（OFT）[4]提交申报后也对效率抗辩先进行一个深层次的考察。[5]公平贸易办公室依照2002企业法案[6]出版的新兼并控制准则提供了分析效率因素的更加清晰的范围，并作为对消费者有利的抗辩。考虑到后一种情形，公平贸易办公室指导补充说："这种低价格、高质量、更多的购买选择的情形是很少见的。"竞争委员会在指导中强调把效率收益作为一种因素进行分析的重要性，就"可能对市场竞争有积极作用的程度来讲，尽管以前的对手联合在一起，竞争可能仍未被削减"。[7]

第二节 市场支配地位标准

理事会第4064/89号条例第2条第2款规定："如果合并产生或加强了企业的支配地位，共同市场或者共同市场的一个重要部分的有效竞争从而受到严重阻碍，则该合并应被宣告为与共同市场不相容。"这表明市场支配地位标准（Market Dominance test，简称MD标准）在其中得到了适用。但是4064/89号条例对

[1] 亦称交易委员会。根据澳大利亚《贸易惯例法》，竞争与消费者委员会是联邦竞争执法机关，负责《贸易惯例法》和《价格监控法》的实施。国家竞争委员会是竞争政策的咨询机构；竞争仲裁庭是独立的复议机构；联邦法院在竞争与消费者委员会对违法者提起诉讼后审理竞争案件，并判断是否施加处罚；财政经济部则负责竞争政策的制定和竞争法律的修订。参见尚明主编：《反垄断——主要国家与国际组织反垄断法律与实践》，中国商务出版社2005年版，第201－206页。此外，澳大利亚对国内集中和外资并购实施两种不同的法律体系。对外资并购，财政部授权外国投资审查委员会根据《外国并购法》审查。李凌云：《我国反垄断立法中有关外资并购的国民待遇问题》，载《华东政法学院学报》2003年第4期，第44页。

[2] 对于澳大利亚竞争法下的效率分析，见Griffin and Sharp, The Analyses of Efficience in Australia, European Union and the United States, *Antrust Law Journal*, Vol. 64, 1969, p. 649.

[3] 英国在竞争法改革之前，竞争主管机构主要是公平贸易局（DGFT）和竞争委员会（CC，取代原来的垄断和兼并委员会）。它们在执行竞争政策的过程中经常受国务秘书［即英国的贸易产业部（DTI）的部长］牵制。2002年企业法案实施之后，公平贸易办公室取代了原来公平贸易局，竞争委员会接受了新的任务，并受新成立的CAT制约。英国竞争主管机构法律改革情况参见王健：《英国竞争主管机构的法律改革及启示》，载游劝荣主编：《反垄断法比较研究》，人民法院出版社2006年版，第584－591页。

[4] 两者的关系主要根据1973年的公平贸易法决定。事实上，根据公平贸易法，公平贸易局的总局长有建议权、国务大臣有裁决权、竞争委员会有调查和报告权。公平交易办公室则负责竞争委员会的具体事务。

[5] 见劳艾德TSB Group PLC/Abbey案，竞争委员会认为"兼并导致效率收益，但不会以压缩价格的形式传达给消费者"，competition-commission. org. uk/reports/458lloyds. htm，于11 Oct.，2002访问。

[6] 该法案包含了大量的竞争法条款，以及少量消费者保护和破产法条款。其中，竞争法条款于2003年6月20日生效。OFT，"兼并——实体评价指导"，第7.7-7.10段，2003，availble at http：// www. oft. gov. uk.

[7] 《竞争委员会有关兼并的指导》，第3.26-3.27段，2003年6月，http：// www. competition-commission. org. uk/inquiries/cc2. pdf，于11 April, 2005访问.

“市场支配地位”并没有作进一步的解释。因此，在实践中对这一概念的理解多来自于《欧共体条约》第82条相关的判例。

1976年的United Brands案[1]的判决首次明确提及支配地位的概念：“市场支配地位是指一个企业拥有一定经济实力的地位，这种地位可以使得这个企业有能力在相当程度上独立于其竞争者、客户和最终消费者而行为，从而妨碍相关市场的有效竞争。”委员会在实践中过分强调了市场份额，并坚持40%的起点标准。[2] 欧洲法院认为：“如果一个企业享有使它在相关市场上可以阻碍有效竞争的经济权力，从而使它的经济行为在很大程度上不受竞争者、购买者和消费者影响，则该企业享有市场支配地位。”[3] 但是，这些判例中的标准并不清楚。

第82条中优势地位的定义是由欧洲法院在Hoffmann/La Roche v. Commission案判决中提出的：“……因此，优势地位是指这样一种经济地位，在这种地位中，企业享有一种经济力量使它能阻止在相关市场中的有效竞争，企业具有很大程度上不受它的竞争者和它的顾客，并最终不受消费者影响而行动的能力。”[4]

而4064/89号条例确立的标准在决定新的集中实体是否获得或加强了优势地位时考虑一个集中的将来效果而不是仅依赖于静态的市场数据的分析。[5] 尽管4064/89号条例第2条（3）的规定确立了禁止一个集中所需的两方面的标准（A Two-pronged Test：①造成或加强了市场优势地位；②实质性阻碍有效竞争），但是委员会通常只满足于审查标准的第一方面。除非一个集中在第一部分的范围内（可能造成或加强市场优势地位），否则问题的第二部分（是否会产生竞争被实质性阻碍的结果）并不会产生。同样的，在一个集中属于第一部分的情况下，委员会认为第二部分提供了自由裁量的空间，用以决定一个可能造成潜在市场优势地位的集中是否违反了集中控制规则。但是，在第一部分（市场优势）不被满足的情况下，第二部分（阻碍竞争）不能被用来反对一个集中。这种方式造成了对先前集中控制实践的曲解，在那里它只能被用来禁止那些造成或加强市场优势地位的集中活动。[6]

---

〔1〕 Case 27/76 [1978] ECR 207：1 CMLR429.

〔2〕 Selvam, Vijay S. V.：The EC Merger Control Impasse：Is There a Solution to This Predicament, *European Competition Law Review*, Vol. 25, issue 1, January 2004, p. 60.

〔3〕 ECJ 13.02.1979 Sg. 1979, 461, 529-Hoffmann-La Roche; 11.12.1980 Slg. 1980, 3775, 3793-L'Oreal. 转引自胡志光主编：《欧盟竞争法前沿研究》，法律出版社2005年版，第67页。

〔4〕 Case 85/76：(1979) E.C.R. 461.

〔5〕 Peter Verloop (ed.)：*Merger Control in the EU：A Survey of European Competition Law*, 3rd ed, 1999, p. 22.

〔6〕 Motta Massimo：*Economic Analyses and European Union Merger Policy*, European University Institute Working Papers RSC, 2000/33, European University Institute, p. 1.

与此相反，经济学分析则认为，存在大量严重损害竞争却并没有超过优势市场力量最低标准（Without Crossing Threshold of Dominant Market Power）的集中活动。如集中完成后一家公司的市场份额低于40%，则不属于支配性地位，此时其既不属于默示共谋也不属于集体支配地位，但是仍然可以从“单边行为”（Unilateral Behavior）中受益。

在美国Heinz/Beech-Nut案[1]中，Heinz持有13%的市场份额，Beech-Nut拥有17%的市场份额，Gerber持有70%份额。联邦贸易委员会认为，Heinz并购Beech-Nut导致市场中只有两个竞争者，无疑会增大协同（Coordination）的风险。为争夺市场第二的位置，并购双方展开竞争将有利于阻碍市场竞争，因此应该禁止该集中。如果该案发生在欧盟，根据支配性地位标准可能不会被禁止。显然，支配性地位标准在该案中就出现了盲区。[2]

此外，由于欧盟委员会的企业集中控制规则不承认节省成本和增加创新动力的作用，有些有助于增进福利（Welfare-increasing）的集中被禁止了。[3] 实际上，被兼并企业很可能增加了生产效率，降低成本，达到了一定的程度，以至于在这种情况下，虽然竞争减少了，但会发现从长期来看这能达到更低的价格，因此是更有利的。因为这些原因，更高的市场集中度和新的兼并后企业更高的市场份额可能更多地被效率的增加抵消，这种效率增加最终会使消费者受益，获得社会整体福利增加的净效果（Net Effects）。

但是，在先前的标准下，效率抗辩的考虑在欧盟委员会过去的决策过程中严重缺乏。De Havilland案[4]中，委员会认为，集中的目标是减少成本，并进一步得出结论，认为任何对消费者的益处是自然产生的，从而驳回了集中企业的效率论据，因为集中将产生市场支配地位并损害消费者。集中企业在案中的效率辩护理由似乎降低了集中获得豁免的机会，因为委员会指出其所主张的效率“仅仅强化了委员会认为集中企业将获得其竞争对手没法得到的利益的观点”。同样地，在Accor/Wagon-lits案[5]中，被告宣称集中将使它们改进人员培训和使一些设施现代化。但是委员会拒绝了效率辩护并禁止了集中，因为：①被告人没有提供证据支持其效率辩护；②没有证据表明这些利益将抵消集中的反竞争效果；③假定

---

〔1〕 246, F. 3rd 708 (D. C. Cir. 2001).

〔2〕 刘和平、郑文兵、刘元高：《欧盟最新并购控制立法改革述评》，载陈安主编：《国际经济法学刊》第12卷第2期，北京大学出版社2005年版，第234页。

〔3〕 Motta Massimo: *Economic Analyses and European Union Merger Policy*, European University Institute Working Papers RSC, 2000/33, European University Institute, p. 22.

〔4〕 Case IV/M 53 (1991), O. J. L. 334/42.

〔5〕 Case IV/M 53 (1991), O. J. L. 204/1.

消费者对公路、餐饮业的需求是无弹性的，没有证据表明这些声称的利益会惠及消费者。在 MSG/Media Service 案[1]中，委员会禁止在数字付费电视领域设立一个合营企业。委员会认为会有助于“上游市场”数字电视机的发展，但由于合营企业的市场支配地位，其将对“下游市场”的新的进入产生阻止性影响。委员会再次把进入壁垒和效率视为相等的考虑因素。总之，委员会没有在任何一个会产生或加强市场支配地位的案件中采纳效率辩护而豁免本应当受到禁止的企业集中。[2]

由此导致的缺点被美国竞争法体系的支持者和欧洲初审法庭特别强调，为的是呼吁一个更为有效的对集中的经济分析。构成新集中规则形成基础的主张是，集中应该根据统一的经济标准评估，集中的评估应当着重于集中对于市场力量的影响。

总之，尽管经济效率是竞争法的核心问题的观点已被广泛接受，但是形式上，采取市场支配地位标准的欧盟企业集中控制制度并不承认这一点。如前所述，市场支配地位标准认定一个集中与共同市场不相容，是建立在两个要求同时存在的基础上的：制造或加强了优势地位，以及实质性地阻碍了有效的竞争。[3]第一方面的目的明显将优势地位的评估视为标准的主要焦点，第 2（3）条的第二方面，涉及对“实质性阻碍有效竞争”的评估。France v. Commission 一案中，欧洲法院认为，第二方面“意在保证集中和市场竞争结构的破坏存在着因果关系，只有在即使集中没有进行，集中导致的竞争结构会以相似的方式恶化的情况下才能被排除”。[4]

在理论上讲，两个方面应当各自适用，但是在实践中，委员会一再地忽略条文的第二部分，似乎只关注优势地位的产生和增强这一要求。

在确定优势地位时，委员会必须考虑的因素被列举在 4064/89 号条例第 2（1）条中，比较于先前的规则，这里并没有发生变化。它的有效性一直受到强烈的批评，因为它的标准列举并不穷尽，也没有提供指导或给出各因素的可能的排序。然而，一直以来更加强烈的批评是针对实质性标准的，因为它没有考虑到效率因素。

必须特别指出的是，4064/89 号条例先前的措辞是否一定意味着缺少效率抗

---

[1] (1994). O. J. L. 364/1.

[2] Alison Jones and Brenda Sufrin: *EC Competition Law, Text, Cases and Materials*, Oxford University Press, 2001, p. 797.

[3] 4064/89 号条例第 2（3）条。

[4] Case 68/94: 1998 E. C. R. I-1375; 1998 4 C. M. L. R 829, para115.

辩，是存在很大争议的。尤其是，尽管像美国的《横向兼并指南》那样明确规定效率增加的方式是比较理想的，但是，甚至是在市场支配地位标准的框架下，委员会也能通过更广义的界定市场概念以至于不允许存在优势地位的方式，将效率利益纳入考虑范围。根据这些评论，效率抗辩条款已包括在4064/89号条例的第2（1）b条中，需要委员会在评估集中是否与共同市场相容时，考虑到“技术和经济的发展，如果这对消费者有利，而且不构成竞争的障碍的话”。

委员会声称，这使得它能够认真考虑任何效率主张。然而，考虑到条文规定的方式，在这些规定中包括的因素排他性地表明了评估可能的优势地位的方式。一旦根据第2（2）和（4）条发现了优势地位存在，规则似乎并不允许用可能的效率来抵消它。尽管条文的文词本身并没有排除这样的抵消，但是许多评论家因此认为，第2（1）b条作为平衡限制竞争和支持竞争效应的方式是无效的，和美国兼并政策指导方针第4部分规定的真正的“效率抗辩”有很大差别。[1]

因此，尽管在欧盟控制企业集中领域，支配市场标准一直得到适用，但是反对者一直认为适用美国反托拉斯法上的“严重缩小竞争”标准更为有利和便捷，并具有更强的实用性。[2]

第三节 实质性阻碍有效竞争标准的产生

从经济学的角度看，在市场支配地位标准下存在着管制的空白，尤其是对集体优势的管制上。

在研究兼并对社会福利的影响时，传统的经济学理论区分了两种情况。一种情况是，兼并使得一个企业能够单方面地运用市场力量，通过提高价格来获利，却不会失去顾客。[3] 在美国，这等同于分析兼并的单方面效果；而在欧盟，这是指单个企业的优势地位的情况。

另一种情况是，集中可能使相关行业更容易产生共谋。在此，参与集中企业的市场份额没有超过一定的最低标准，虽然不能单方面地提高价格，但是兼并可能决定新的行业情况，为默示共谋（Tacit Collusion）范围的扩大创造了条件。价格可能抬高，企业更可能获得超常的利润（Supra-normal Profits）。在此，“正常”

---

〔1〕 Von Hinten-Reed, Nils and Camesasca, Peter D.: European Merger Control: Tougher, Softer, Clearer?, *European Competition Law Review*, Vol. 24, issue 9, September 2003, p. 460.

〔2〕 原欧盟15国中只有英国在本国竞争法改革后从2003年开始以“严重缩小竞争”作为集中控制的审查标准，爱尔兰在本国竞争法改革后将适用这一标准。

〔3〕 考虑到需求降低的作用，更符合实际的假设是，作为涨价的结果，兼并企业将会失去部分顾客。不过，它将会发现涨价将会更有利，因为抬高价格带来的收益将会超过顾客减少所带来的利润的减少。

的利润是指在均衡状态下（完全竞争，Perfect Competition）所获得的利润。这属于集体优势类型的问题，即共同优势（Joint Dominance）、寡头垄断优势（Oligopolistic Dominance）问题，或者按美国兼并指南的用词，现在也为欧盟横向集中指南所采纳的用词，就是所谓协作效应（Coordinated Effects）。[1]

集体优势的经济学概念并没有被4064/89号条例特别规定。这个概念是为了应对越来越多的需要考虑集体优势的兼并案的需要，随着时间的推移，在以个案为基础的法律实践中，逐步发展形成的。

它首先由欧盟委员会在Nestl/Perrier案中确立。1991年，IFINT作为属于Agneli家族的一个意大利公司，发出要约以获得对矿泉水业的法国公司Perrier的控制权。在该要约之后，Nestl，一个瑞士跨国公司，发出了反要约，该公司先前和BSN公司达成了协议，这两个公司都是矿泉水行业表现活跃的企业。经过了一段时间的不确定后，Nestl最终获得了这场要约收购战的胜利。根据协议条款，Nestl要将Perrier的Volvic水源出售给BSN公司。经过深入调查后，欧盟委员会认为，这样的运作将会导致Nestl和Perrier公司在法国矿泉水市场中的共同优势地位。最终，该兼并被批准，条件是Perrier的部分水源必须被转让给其他独立的生产者。

收购将会使得相关市场中的大企业的数量从3个减少至2个，使兼并企业获得优势地位。在考虑了诸如提供的集中程度（兼并后存留的两个企业，在法国瓶装水市场中，占有大约75%的市场容量，占有超过82%的市场价值）、价格透明度和对双寡头垄断者的市场行为的监管、价格的不可收缩性以及市场进入的高障碍等因素，欧盟委员会决定，“在过去，企业已经认识到联合抬高价格的激励和可能性，计划中的集中将会便利和加强实施这一策略（共同优势）的可能性”[2]。

“然而，委员会决定接受Nestl提出的补救方案，对Perrier公司的兼并加之向BSN公司转让Volvic被批准，条件是Nestl必须将其所有的其他品牌出售给矿泉水市场中非特定的独立企业（除了BSN公司外）。”

委员会作出的该决定是一项创新。如果“优势地位”一词仅指单个企业的优势地位，那委员会首次使用集体优势的概念来禁止兼并，为的是不危及共同市场内不受扭曲的竞争。不过，在4064/89号条例下使用集体优势概念仅仅是一种技术性的解释。

---

〔1〕 横向兼并评估指南第39部分。

〔2〕 Commission Decision, 1992 - 07 - 22, O. J. L356/1.

但是有些人认为，尽管表面上看市场支配地位标准似乎并不适合审查寡头垄断的情况，但是它确实包括了集体优势的情况。欧洲初审法庭在 France v. Commission 案[1]中说，“集体优势的情况并没有超出集中控制规则的范围”[2]，因此，也没有超出市场支配地位标准的范围。在这个案件中，兼并将会导致兼并企业和另一个国有企业总共占有 Mineral Fertilizer Kali（某种农用化肥）市场 60%的市场份额。委员会认定，由于产品种类相同，该兼并会导致缺乏内部竞争，缺少技术创新的动力和缺少高水平的市场透明度。尽管初审法院最终因为没能证明集体优势而取消了委员会的决定，但是，初审法庭认可了在该案中集中控制规则适用于集体优势的情况。

委员会在随后的案件（Kali und Salz/MdK,[3] Gencor/Lonrho,[4] ABB/Daimler-Benz[5]）中也采取了类似的方式，在这些案件中，由于共同优势的主张，集中计划被否决。然而，从委员会的审查清单（Checklist）中设定的在评估集中后限制竞争的标准来看，对集中的调查是以一种非系统化的方式进行的。对于这个问题，委员会竞争政策委员 Mario Monti，在说到新的十年内欧盟控制企业集中政策所面临的主要挑战时，说过：“我们没有一个分析的约束性措施（an Analytical Strait-jacket）能够机械化地决定未来出现的涉及寡头垄断问题案件的结果。在这方面，我们必须在个案积累的基础上，继续提炼我们的分析。”[6]

如前所述，欧洲初审法庭推翻了委员会在 2002 年 6—10 月对三起集中（Airtours/First Choice[7]，Schneider/Legrand[8]和 Tetra Laval/Sidel[9]）的禁止决定，理由是所谓委员会效率分析的不足。在上述所有决定中，初审法院认为，鉴于没有充分的信息以发现违背共谋的行为（Deviation），因此也没有相当的报复威胁，委员会没能提供充分的证据证明上报的集中将会导致默示共谋。

最为重要的是，在集体优势理论的基础上，欧洲初审法庭对决定在何种情况下集中被禁止设立了新的标准。委员会在个案中确定集体优势时，要满足下述所有标准：①必须有足够的市场透明度，以使占据寡头垄断优势地位的每个成员都能知道其他成员的行动，以便于监控他们是否采取了共同政策；②必须有方法使

---

[1] Case C-68/94 and C-30/95：(1998) E. C. R. I-1375；(1998) 4 C. M. L. R. 892。

[2] Case C-68/94 and C-30/95：(1998) E. C. R. I-1375：(1998) 4 C. M. L. R. 892, para. 178.

[3] M. 308 Kali und Salz (1993), OJ C 196.

[4] M. 619 Gencor/Lonrho (1996), OJ C 314.

[5] M. 580 ABB/Daimler Benz (1995), OJ L 11/1.

[6] Merger Control 10th Anniversary Conference, Brussels, 14—15 September 2000.

[7] Case T-342/99, Judgment on 06/06/2002, Airtours/Commission (Rec. 2002, p. Ⅱ-2585).

[8] Case T-310/01, Judgment on 22/10/2002, Schneider Electric/Commission (Rec. 2002, p. Ⅱ-4071).

[9] Case T-5/02, Judgment on 25/10/2002, Tetra Laval/Commission (Rec. 2002, p. Ⅱ-4381).

其他寡头垄断成员对任何违反共同政策的行为进行报复，以使成员有不违反共同政策的激励；③委员会必须证明，可预见现在或将来的竞争者以及消费者的反应不会损害共同政策所期待的结果。[1]

这些标准类似于美国兼并指南中设立的标准。美国兼并指南规定，在评估兼并是否会增加兼并后行业成员之间协作的可能性时，重要的是考虑每个竞争者“发现”和“惩罚”违反协作行为的可能性有多大，以及其他竞争者新加入/扩大从而击败限制竞争影响的可能性如何。

因此，很多学者认为欧盟应该采用“实质性缩小竞争”作为欧盟竞争法今后的标准。尤其是造成联合支配地位的集中带来了严重的竞争法问题，如企业之间相互勾结行为中的默认共谋[2]就没有受到法律约束。而且将市场支配地位标准建立在一个静态分析的基础之上，以市场支配企业为其分析的中心，并不符合经济学的理论。相比而言，实质性缩小竞争标准更符合现代经济学的分析方法。[3]

为了确保所有类型限制竞争的兼并活动都被包括在规则之内，2002 年年底，委员会建议对原有的企业集中控制规则进行修改，以赋予“优势地位”一个相当宽泛的含义使非协作和协作效应（Non-coordinated as well as Coordinated Effects）以及单个企业的优势地位都被包含在内。然而，这样的方式遭到批评，因为它有造成其他问题的危险。扩大规则中“优势地位”的含义可能在法律的其他领域造成“溢出”效应（Spill-over Effect），使与《欧共体条约》第 82 条（禁止滥用优势地位）规定的范围相关的问题产生不希望看到的后果。由于交互影响，事实上，这将扩大第 82 条的特殊规定所适用的公司类型。[4] 另一方面，同样不为人所乐见的是，根据所指称的对象是集中或滥用优势地位的不同，将对同一词语进行不同的解释（因此有不同的法律规定）。鉴于这些考虑，委员会越来越多地被建议改变标准，从市场支配地位标准改为直接的竞争效果模式（a Direct Effect-on-competition Formulation）。[5] 总之，在企业集中控制立法改革的提案

---

〔1〕 Motta Massimo: E. C. Merger Policy and the Airtours Case, *European Competition Law Review*, Vol. 21, issue 4, April 2000, p. 202.

〔2〕 是指两个或多个竞争者通过不明显的形式来达到限制相互之间的竞争的行为。它不需要一个明确的协议，只需要竞争者之间的理解就可以完成。即它们认识到如果它们之间相互协调竞争行为，比如同时抬高价格，它们将会得到更大的利益。

〔3〕 Vincent Verouden, Claes Bebgtsson and Svend Albak: *the Draft EU Notice on Horizontal Mergers: A Further Step Toward Convergence*, the Antitrust Bulleting/Spring-Summer 2004, p. 243.

〔4〕 Selvam, Vijay S. V.: The EC Merger Control Impasse: Is There a Solution to This Predicament?, *European Competition Law Review*, Vol. 25, issue 1, January 2004, p. 58.

〔5〕 Vickers, John: Merger Policy in Europe: Retrospect and Prospect, *European Competition Law Review*, Vol. 25, issue 7, July 2004, p. 456.

中，委员会一直主张采用实质性缩小竞争标准。但是支持派和反对派在讨论中一直达不成妥协。新条例的改革过程中，在部分代表团的支持下（尤其是德国代表团[1]），欧盟委员会拒绝用实质性缩小竞争标准代替原来的市场支配地位标准。而另一方面，相当数量的经济学家、学者和民意主导者（Opinion-leaders）[2] 呼吁一个彻底的前后一致的改革。为了使两个阵营都满意，最终达成了妥协，欧盟委员会自创了一个新的标准，即所谓的实质性阻碍有效竞争标准（Significant Impediment to Effective Competition），[3] 也就是对旧标准重新定义而非完全取代。新标准的措辞更接近于美国的实质性缩小竞争标准，但是它允许欧盟委员会在某种程度上保留原有市场支配地位标准下作出的判例法。

第四节　对实质性阻碍有效竞争标准的评价

根据139/2004号条例第2条第2款的规定，未使共同市场或共同市场的一个重要组成部分的有效竞争受到严重阻碍，尤其是没有造成或加强企业支配地位的合并，应该宣布为与共同体市场相容。根据139/2004号条例，欧盟委员会将在实质性阻碍市场竞争标准的基础上对横向集中评价构建新的分析框架。

一、支持新标准的观点

新标准的支持者认为，实质性缩小竞争标准弥补了市场支配标准在集体优势和效率抗辩方面的空白。采用实质性缩小竞争标准可以加强在兼并控制的实体部分方面的全球的统一，和澳大利亚、英国、加拿大、日本、美国这些国家保持一致。[4] Patterson 和 Shapiro 则强调，各国不同的实体性标准增加了与兼并批准有关的交易成本，损害了各国竞争法有效地协调执行。[5] 因此，在竞争政策全球化的进程中，必须重视美国和欧盟竞争法体系的协调一致。

---

〔1〕 Bge and Muller: From the Market Dominance Test to the SLC Test: Are There Any Reasons for a Change?, *European Competition Law Review*, Vol. 23, issue 10-October 2002, p. 496.

〔2〕 尤其在英国，许多评论者，如竞争委员会主席 Derek Morris 爵士，以及公平贸易局局长 John Vickers，在 2002 年的企业法案（the 2002 Enterprise Act）中，极力批评优势标准，支持在英国采用 SLC 标准。Gabriele Stirati, The Appaisal of Collective Dominance and Efficiency Gains under the Substantive Test of the New EU Merger Regulation, *Erasmus Law and Economics Review*, Vol. 1, No. 3, November 2004, p. 253.

〔3〕 Green Paper on the Review of Council Regulation (EEC) No. 4064/89, COM (2001), 745/6 Final, Brussels 11. 12. 2001.

〔4〕 但是，在另一方面，它将导致同采用市场支配地位标准的国家之间的分歧。

〔5〕 Patterson, D. E., and Shapiro, C.: Transatlantic Divergence in GE/Honeywell: Causes and Lessons, *Antitrust Magazine*, November 2001, p. 18.

新标准实际上是市场支配地位和严重缩小竞争两个标准的一个混合物。新标准把实质性阻碍有效竞争作为主要标准，把造成/加强优势地位作为实质性阻碍有效竞争标准的最重要的情况，而原有的标准在要求造成/加强优势地位的同时，还要求造成实质性阻碍有效竞争的结果。一个更为复杂的问题是在实践中实质性阻碍有效竞争标准意味着什么，是否和实质性缩小竞争标准相同。一种解释是，两者是相似的。另一种解释是，“实质性减少”与“竞争减少了多少”相联系，而“阻碍有效竞争”涉及的是在兼并后还剩余多少竞争。[1]

这种解释可以从139/2004号条例的陈述性条款说明25（Recital 25）获得。说明25写道：“‘实质性阻碍有效竞争’的概念应该做扩大的解释，超出优势地位的概念，扩大至那些并未在相关市场中取得优势地位的企业的非共同行为造成限制竞争效果的集中。”

很明显的是，所有产生实质性阻碍有效竞争的集中活动都在规则的适用范围内，无论这种集中是否造成或加强了优势地位。因此，在评估集中与共同市场的相适应性时，优势地位不再是主要的内容，同样市场权力（Market Power）的产生/加强也不再是唯一的标准。新的标准将注意力转向集中后市场的效果，这自然会导致对效率能在多大程度上减少或抵制涨价激励（Incentives to Raise Prices）的审查。

更重要的是，集中控制的范围被扩大，为的是将在所有寡头垄断的情况下（Oligopolistic Situations）[2] 产生的限制竞争的效果都包括在内。在这种情况下，根据通常字面的理解，被兼并公司并不是严格的优势地位，因为市场份额没有达到传统的优势地位的最低标准。

总而言之，对于SIEC标准的进一步明晰化，只有假以时日，随着判例法的形成而完成。

二、反对新标准的观点

（一）旧标准同样可以解决寡头优势地位问题

支持市场支配标准的学者指出，旧标准并不会阻碍委员会去考虑除市场份额和优势地位确认以外的其他因素。解决和实质性缩小竞争标准的分歧可以通过更好地应用几乎被忽视的先前的4064/89号条例第2（3）条第二部分的规定（“……结果是，有效的竞争被阻碍……”）。第2（3）条标准的两个独立

---

〔1〕 Vickers, John: Merger Policy in Europe: Retrospect and Prospect, *European Competition Law Review*, Vol. 25, issue 7, July 2004, p. 456.

〔2〕 包括“集体优势”（collective dominance）和双寡头垄断（也被称为双元垄断，duopolies）。

分支的明显区别和充分适用足够用以引入效率抗辩条款，使兼并分析更富灵活性。[1]

这些学者认为，实质性缩小竞争标准对比市场支配地位标准并没有真正的优势，因为它们主要建立在相同的实体性评估标准上。两个制度都必须审查在兼并后仍在市场中运作的企业中是否存在实质性的竞争。如果造成单个企业的优势地位被排除了，在市场支配地位标准下必须考察是否造成或加强了集体优势。其他因素中，建立这样一个寡头垄断市场优势地位的前提是，在寡头之间不存在实质性的竞争。在这个语境下，并不要求证明有积极的协作行为。证明存在限制竞争的平行行为就足以作为修改的市场条件（the Adaptation to the Market Conditions）。[2] 这样，在市场支配地位标准下，即使不存在公司间的合作，存在限制竞争的平行行为也可以被认为是对竞争的减损。委员会需要做的仅仅是对市场支配地位标准进行重新解释。

Heinz/Beech-Nut 案[3]是实质性缩小竞争标准的支持者经常引用以突出市场支配地位标准的不足的一个案件。在美国的婴儿食品市场，Heinz 占有大约 13% 的市场份额，而 Beech-Nut 占有 17%，占市场主导地位的是 Gerber，它拥有 70% 的市场份额。联邦贸易委员会认为，计划在第二和第三大竞争者之间的兼并将会导致市场中只剩下两个主要竞争者，这将增加协作的可能性。普遍认为，这个兼并不属于市场支配地位标准范围，因为它既没有产生，也没有加强优势地位。

但是，Böge 和 Müller 认为，运用市场支配地位标准也可以得到同样的结果。事实上，如果在 Gerber 和 Heinz 内部不存在竞争，也可以基于产生或加强优势地位的理由禁止该兼并。兼并将导致仅存在两个市场参与者，分别持股 70% 和 30%。鉴于市场优势地位的标准，它也将被禁止。[4]

在 2001 年进行的一项研究中，基于对不同竞争当局的决策实践的广泛分析，德国卡塔尔办公室（Bundeskartellamt）认为，寡头垄断市场优势地位、垂直集中以及混合兼并（Oligopolistic Market Donminance，Vertical Integration or Conglomerate Mergers）在竞争评估的严格性、灵活性和有效性方面未显示出任何重大的区别。

---

〔1〕 Selvam, Vijay S. V.: The EC Merger Control Impasse: Is There a Solution to This Predicament? *European Competition Law Review*, Vol. 25, issue 1, January 2004, p. 62.

〔2〕 Bge and Müller: From the Market Dominance Test to the SLC Test: Are There any Reasons for a Change? *European Competition Law Review*, Vol. 23, issue 10, October 2002, p. 496.

〔3〕 246, F. 3rd 708 (D. C. Cir. 2001).

〔4〕 Bge and Müller: From the Market Dominance Test to the SLC Test: Are There Any Reasons for a Change? *European Competition Law Review*, Vol. 23, issue 10, October 2002, p. 496.

（二）应用实质性缩小竞争标准甚至可能导致文字解释的极大不确定性

美国反托拉斯法的实践表明，在不同的案件中，“实质性缩小竞争”被分别解释为：增加市场集中度、竞争者数量的减少、小企业的机会损失，或对营业的当地控制的减少（a Reduction of Local Control over Business）。可见，标准在开始阶段就已经不确定了。对于美国而言，经过了一段时间，在一个强大的司法背景下，实质性缩小竞争标准的运作已经发展成熟。但是司法背景正好是欧盟不具备的。因此，至少在最初阶段，欧盟在处理企业集中问题上可能面临更高的不确定性。[1]

（三）效率抗辩的实际有效性不高

在那些允许效率抗辩的国家中，效率考虑几乎仅包括关于集中后计划重组的定性信息。能从企业中获得的大量信息只是关于他们要进行的项目的定性信息，而不是关于预期边际成本的节省的定量化信息。这种类型的信息很不适于解决兼并的效率效果是否比限制竞争的效果更大这种问题。

在美国，美国兼并指南的主要缺点被认为是没有解决一些基本的问题，这些问题包括：在被任何限制竞争的效果抵消前，到底节省了多少成本；在某些情况下是因为在适用政策指导方针时指导不够充分，那么，如何向反垄断管理机构提出效率主张；在何种程度上它们会导致通过兼并的决定；预期何种类型的主张会产生作用；为什么会产生这种结果。时至今日，美国法院仍然没能就决定效率如何与政府采用的单方面效应模式（the Unilateral Effects Models）契合给出任何明确的说法。此外，在实践的基础上，到目前为止，似乎没有任何决定因为效率增加的原因使得一个在其他情况下是限制竞争的兼并获得批准。从政策指导方针颁布起，一共有过三个司法决定有过广泛的效率分析：FTC v. Staples Inc.，[2] FTC v. Cardinal Health[3] 和 FTC v. H. J. Heinz Co.，[4] 但是在所有的案件中，效率抗辩都被否决了。在许多评论者看来，尽管 1997 年的兼并指南的修改标志着对待兼并中效率的新方式，但是反垄断强制执行机构和法院仅仅是缓慢地在兼并分析中考虑效率问题。

所有这些原因似乎表明，在欧洲的企业集中控制制度中即使没有明确的效率抗辩，损失也是很小的。

---

〔1〕 Selvam, Vijay S. V.: The EC Merger Control Impasse: Is There a Solution to This Predicament?, *European Competition Law Review*, Vol. 25, issue 1, January 2004, p. 53.

〔2〕 970 F. Supp. 1066, 1082。

〔3〕 12 F. Supp. 2d 34, 61 (D. D. C. 1998).

〔4〕 246 F. 3d 708, 345 (U. S. Circuit Court of Appeals for the District of Columbia, 2001).

（四）导致不同竞争当局之间的分歧加剧

GE/Honeywell 案[1]中，一般认为，联邦贸易委员会和欧盟委员会的相反决定是因为适用了不同的实质性标准。但是，对实质性缩小标准持怀疑态度的人，尤其是德国竞争当局[2]持相反的观点。在这一点上，Airtours/Fist Choice 案是最好的说明。委员会和欧洲初审法庭对情况作出的截然不同的评估，导致了在适用同样的禁止标准方面不同的结果，但是并没有产生将市场支配地位标准适用于严格意义上的寡头垄断情况的问题。很多学者认为，欧盟委员会和联邦贸易委员会在 GE/Honeywell 案中的相反决定，并不是不同实体性标准的结果，而是基于对涉及的兼并的竞争效果的不同理解。

（五）基本经济分析基础错误

还有学者认为，无论是美国采取的实质性缩小竞争标准还是欧盟采取的实质性阻碍有效市场竞争，都是建立在完全竞争模式之上，并没有完全跳出完全竞争模式的理论圈套。现实市场是一个不完全竞争市场，市场交易活动存在交易成本、信息成本，存在规模经济效应。因此，应当以现实市场条件下的效益最大化为企业集中控制的标准。[3]

三、评价

每一个竞争法体系都在遵循自己的竞争政策概念和保护目标。这就存在着几个可能导致对集中不同评估的因素：政治和个人的影响、对相关市场的定义、当局适用新经济理论的愿望、不同的法律体系和控制手段的要求。两个制度的差异根植于它们原理的实质性差异中，根源在于对于反垄断法的范围和目标的根本性的不同理解。

对欧盟委员会实施的市场支配地位标准和美国的实质性缩小竞争标准的比较分析表明，两个体系的最显著的差异在于竞争目标的不同。市场支配地位标准反映了竞争当局的主要关注在于保护兼并企业的竞争者（因此效率违法总是占上风），而实质性缩小竞争标准是建立在这样的中心问题的基础上的，即作为兼并

---

〔1〕 COMP/M2220，2001，OJ C-46。2001 年 7 月，在该集中已通过美国司法部的审查后，委员会禁止 General Electric 和 Honeywell 之间 420 亿欧元的集中，这引起了对委员会政策的严厉批评。欧盟和美国的集中控制当局对声称的效率的评估作出了完全不同的评估，被证明适用了完全不同的竞争强制规则。详细情况参见本书前述部分。

〔2〕 参见德国联邦卡塔尔办公室（Bundeskartellamt）的主席 Dr. Ulf Boege 在国际竞争网络（“ICN”）2002 年 9 月在意大利那不勒斯 ICN 第一次年会上的发言，http：//www. internationalcompetitionn-etwork. org/boege. pdf.

〔3〕 李钟斌著：《反垄断法的合理原则研究》，厦门大学出版社 2005 年版，第 172 页。

的效果，相关行业的竞争是否会减少，无论是否产生/加强了市场优势地位。在决定是否批准集中时所考虑的各种因素的优先顺序也不同。例如，市场份额在两个分析中都是重要的因素，但是，欧洲当局比美国当局更加倾向于优先考虑市场份额。事实上，后者衡量潜在的竞争损害，是通过更直接地将注意力转向可能影响消费者的产量和价格效应，通过更加注重集中是否会导致便于协同合作的集中程度的问题。两种不同方式背后的理念在于兼并政策目标的实质性差异上。美国的兼并政策主要注重消费者，欧盟则力图通过保护追求市场整合。

结果就是，分歧背后的真正问题不在于欧盟是否必须在形式上以市场支配标准取代实质性阻碍有效标准，而在于委员会和欧洲法院是否应该以美国同行为榜样，更多地重视总体的经济因素，特别是，更注重消费者福利和效率考虑。欧盟竞争政策改革的实现只有通过转变政策的基石，从内向型的注重整合（Inward-looking, Integration-focused）的视角，转向注重企业在全球市场的竞争力的外向型目标（Outward-oriented）的政策。

无疑，欧盟在这个问题上开始了向美国标准的靠拢。但是，尽管欧盟和美国控制企业集中法律制度的实体标准都在朝着效率化的方向发展，两者在发展水平和程度上尚存在明显差异。2002 年前的欧盟实体标准效率化还只是在起步阶段，其发展水平只相当于美国 20 世纪 60 年代末的布朗鞋业案（Brown Shoe Co. v. United States）的阶段。欧盟在 139/2004 号条例出台之后，其效率化的程度已经大大提高到美国 1997 年兼并指南的水平，但是与此同时，美国已经在 2001 年提出了实际可行的反竞争效果原则。在这方面，美国又一次走在了欧盟的前头。

第六章 欧盟控制企业集中法律制度中的程序法问题

一项集中，是否必须进行申报，各国有不同做法。英国、法国、澳大利亚、新西兰等国家采取的是自愿申报制度。而美国、加拿大、德国、日本等国家采取的是强制申报制度。强制申报制度有利于维护交易安全，较少资源浪费，竞争主管机关容易对集中进行控制，因此，强制申报逐渐成为申报制度发展的趋势。[1]欧盟对企业集中控制侧重于事前预防，参与集中的企业必须在集中事由发生后向委员会作出申报，由委员会进行审查并作出是否批准的决定。在实践中，委员会往往可能作出附加条件和义务的批准集中决定。对于与共同市场不相容的集中，目前委员会采用结构救济和行为救济相结合的方式，以期将该项集中所带来的损害竞争的结果降到最低或恢复到集中之前的竞争状态。

第一节 一般程序问题

在4064/89号条例的修订中，程序问题的修改可能是最重要的部分，集中时间表、程序安全和委员会的调查权力都得到了重大修改。修改后的集中程序，增加了灵活性，主要是更灵活地制定材料的时间和“一站式”扩展调查期限的引入；创造了制衡机制，包括提高透明性的措施、程序安全、调查能力；增强委员会的调查权。

一、通告前的磋商

欧盟委员会建议集中当事方和竞争总司之间举行非正式的磋商。非正式磋商中讨论的问题有：①委员会是否有对拟定集中的管辖权限；②集中是否应该提交

〔1〕 如英国《1989年公司法》增补了《公平交易法》第75A节，规定了自愿申报制度。但是在1990年英国又颁布了《集中（事先申报）条例》，对申报的当事人提供了一定的申报利益，即进行了申报的集中更容易获得批准，因此，当事人往往会选择申报。

给成员国（第9条），或从成员国提交给委员会（第22条）；③集中方应提交什么信息；④确定主要事宜和可能的竞争问题；⑤提出可能的效率收益；⑥和外国竞争管理机构间可能的合作；⑦确定期限。这样的磋商可能会花一些时间，但十分有效，一旦企业集中通告就可以立刻专注于调查。

二、提交的时间要求

（一）通告前的提交程序

4064/89号条例允许案件从委员会向成员国提交（第9条），也允许成员国向委员会的提交（第22条）。这种提交只可以由国家层面的竞争管理机构提出，在多数案件中只是在通告后做出。多年来，对于有共同体意义的集中向成员国的通告后提交，以及没有共同体意义的多重管辖一直受到批评。

委员会在改革4064/89号条例的提议中阐述了流线型提交体系的想法，一个主要的创新就是通告方可以启动提交要求，并在通告前提出。该创新大大提高了欧盟企业集中控制评估的效率，大大减少摩擦、拖延和通告后提交相关的成本。同时，有望大大减少多重提交材料的情况。委员会希望通告方在通告前阶段有最充分的信息决定集中评估应提交给哪一个水平上的评估机构。参与集中各方没有弄虚作假的动机，因为无论是成员国机构还是委员会在中途发现问题都可以改变提交形式。通告方被授予权力在程序开始阶段提出向上提交或向下提交的申请，也就是在通告前阶段。为了这个目的，他们必须准备RS表（一种CO表的缩小版）。申请时通告方应详细解释竞争背景和影响，受影响的市场和向这个机构提交的理由。为了协助集中方决定该提交申请是否最佳，委员会可以发行一个案件分配告示，说明有可能被接受的提交方式。

具有共同体意义的集中可以向一个或多个成员国提交，如果成员国在15个工作日之内不反对，委员会在10个工作日之内同意，则提交成功。委员会和成员国竞争机构都有否决权。如果市场是在国家范围内且竞争影响在一个市场内，提交申请最容易成功。也可以分拆集中提交，但不能经常这样做。那些不具有共同体意义但需要三个或更多国家竞争机构评价的集中，如果在15个工作日内有能力评估的成员国不反对，则可以向委员会提交。[1] 这样，集中被认为具有欧共体维度，必须向委员会通告。如果任何一个成员国反对，提交将不能被接受。与成员国不同的是，委员会没有否决权。根据提交通告中规定的指导，在准备材料之前集中方应该同委员会工作人员讨论申请。可以向上提交（向委员会）的集

〔1〕139/2004号条例第4（5）条。

中往往影响不止一个国家市场，随着集中的完成会产生重大影响。即使市场是国家或地区性质的，如果集中影响到一系列国家市场，委员会仍然是最好的评价机构。同时，即使是没有重大影响的集中，如果由于成本的原因，通告方也可以按照提交通告的意思向委员会提交。139/2004 号条例第 4（5）条规定的程序在扩大的欧盟成员国内十分重要，但并不总是最好的解决办法。完整的 RS 表要求相当大的信息，大大扩展了集中程序，同时也可以被单一成员国拒绝。另一方面，委员会的一站式原则可以节约时间和资金，增强集中的可预测性。在强制提交过程下，一个案件必须由委员会处理，否则由三个或多个管辖权限处理。在通告方的要求下，这种提交是有选择性的。显然，在第 4（5）条下，成员国将不得不同意提交。

（二）通告后的提交程序

通告方有权在通告前申请提交，而代理机构有权在通告后提交。4064/89 号条例第 9 条、第 22 条下的通告后体系令人担忧，特别是向国家层面的竞争机构提交的条件繁琐、存在偏见，因为要想提交必须可以察觉支配地位威胁。偶尔发生向委员会提交的情况，也存在很多程序问题。[1]

在对 4064/89 号条例进行改革的过程中，参与集中企业在通告后进行提交的程序要求已经简化。在 139/2004 号条例第 9 条下（向成员国提交），成员国可以在 15 个工作日内要求委员会向其提交所谓的具有共同体意义的集中："如果该集中在成员国内严重阻碍有效竞争，集中体现独特市场特征，但没有构成共同市场的相当一部分"。如果案件被提交，国家竞争机构必须在提交后 45 个工作日之内采取第一步决议。在 139/2004 号条例第 22 条下，如果集中具有共同体意义，成员国可以在 15 个工作日内向委员会提交。其他国家有权在另外 15 个工作日内加入申请行列，此时所有时间限制暂停。在这个 15 个工作日后的 10 个工作日内，委员会必须决定是否接受提交。如果接受，申请国无权继续使用国家法律。

总之，139/2004 号条例中关于集中通告的时间规定较 4064/89 号条例更为宽松。4064/89 号条例要求当限制性协议签署或公开要约宣布之后，当事方有义务通告集中，但只要集中方履行合并，委员会的通常做法是不强制执行这种义务。企业完全可以在草拟协议或其他形式基础上有意通告合并，来更好地掌握合并通告并获得宝贵时间。国际竞争网络（ICN）在针对合并通告和程序提议时认为这样的时间障碍应该清除。[2] 因此，139/2004 号条例允许更灵活的时间安排：集

---

〔1〕 Green Paper on the review of Council Regulation (EEC) No. 4064/89, COM (2001), 745/6 Final, Brussels 11. 12. 2001, paras. 84 – 86.

〔2〕 最佳实践指南规定："在以书面形式表达完成拟定合并的诚意后，合并方应该获准通告拟定合并"，http://www.internationalcompetitionnetwork.org/mnprecpractices.pdf.

中方可以在证明诚意基础（公开宣布竞标意图）上通告集中。[1] 当然，企业必须向委员会表明他们的合并计划足够具体，可以通过协议、备忘录或集中当时方签署的意向书的形式，证明会在共同市场中完成拟定集中。

三、申报程序

美国的反垄断法要求，达到一定规模的企业合并，在合并实施前，当事方应向联邦贸易委员会和司法部的反垄断局同时申报，等候裁决，其采用的是事前申报制度。加拿大的实践较为特殊。加拿大竞争法规定，集中当事人可以选择作出“短式披露”或者“长式披露”。选择短式披露的，应说明的事项较少，当事人容易履行披露义务，而且等待期[2]仅为7天；选择长式披露，应说明的事项较多，等待期为21天。但是在短式披露中，当事人在7天的等待期届满之前，主管机构可以要求当事人做长式披露，等待期相应变化。这项规定意义在于，当事人对集中事先进行判断，如认为不违反有关规定则选择短式披露，从而减轻披露义务，提高集中的速度。[3] 德国的《反对限制竞争法》在1998年第六次修订以前规定了事先申报和事后申报相结合的制度，要求达到一定规模的企业合并实行事先申报，其他的企业合并原则上实行事后登记的制度，主管机关是联邦卡特尔局，直接向联邦经济部负责。合并前申报和合并后申报两种制度相比较，后者有着很大的缺陷。因为对于执法机构来说，禁止一个已经实施了的企业合并要比禁止一个正在准备实施的企业合并困难。且对于合并后的企业来说，禁止合并则意味着这个已经合并了的企业要被拆散，而拆散企业则意味着巨大的经济损失，这个损失比企业合并预先没有得到批准的损失要大得多。从发达国家的立法和执法经验来看，事前申报制度有利于反垄断机构监督企业合并。基于上述考虑，同时也是为了与欧共体法相协调，德国《反对限制竞争法》第六次修订的一个重大内容就是将企业合并申报程序改变为单一的事先申报程序。[4] 德国的这一实践影响了欧盟，139/2004号条例采用了事先申报制度。[5]

（一）申报前提条件

申报的前提条件是集中是否达到一定规模，又可分为当事人规模标准和交易

---

〔1〕 139/2004号条例第4（1）（2）条。

〔2〕 等待期内，当事人不得进行集中活动。

〔3〕 朱宏文、王健著：《反垄断法——转变中的法律》，社会科学文献出版社2006年版，第84页。

〔4〕 涂卫：《反垄断法规制企业合并的控制程序比较：美国与德国——评〈反垄断法〉草案的相关规定》，载《长安大学学报（社会科学版）》2004年9月，第40页。

〔5〕 需要说明的是，按照1/2003号条例，对于限制竞争协议不再采用事前申报制度。与此截然相反的是，139/2004号条例采取的事前申报制是强制性的。

规模标准，这两项标准所采用的指标主要包括：①资产标准。美国对于小规模集中，尤其是被集中方属于小企业的集中采取了豁免的态度。从 2001 年 2 月 1 日起，《哈特——斯科特——罗迪诺法》将合并申报的前提条件改为：涉及合并的股份或资产价值额从 1 500 万美元提高到 5 000 万美元；放弃了 15% 收购比率的要求；超过 2 000 万美元的交易不管合并企业的规模多大一律要求报告；从 2005 年起，主体规模和交易规模逐年根据 GNP 的变化进行相应的调整。②销售额标准。如德国《反限制竞争法》规定，集中企业中有一家企业年销售额在 20 亿德国马克以上的，或其中有两个企业年销售额在 10 亿德国马克以上的，该集中应该事先申报。[1] ③市场比重标准。如英国规定，集中导致集中企业占有 25% 以上市场比重的，应受《公平交易法》调整。欧盟采取的是营业额标准加市场比重标准。

在欧盟控制企业集中法律制度之下，集中申报的前提条件是参与集中的企业已就该项集中实施了具有共同体意义的行为。139/2004 号条例规定，如果相关企业向委员会表明达成协议的良好意向，只要意向中的协议将产生具有共同体意义的集中，即可作出集中申报。集中申报的法律效果在于，申请集中的企业不得在申报前实施集中，也不得在委员会进行审查的过程中实施集中。

（二）申请日：触发事件

4064/89 号条例规定具备欧共体意义的集中在达成协议、公开竞价或获得控制权后，必须在一个星期之内完成通告。欧盟委员会在实践中往往利用 4064/89 号条例第 4（1）条规定的最后期限日，直到最终协议达成之前一般不接受通告。在绿皮书规定的评估过程中，“国际竞争网络（ICN）”认为应该允许集中双方在得到拟定交易可以促进竞争的证明后马上通告拟定集中。[2] 很显然，绿皮书公开后的讨论消除了有关所谓“触发事件（Triggering Events）”的疑虑。

根据 139/2004 号条例第 4 条的规定，对于第 3 条第 1 款（a）项意义上的集中，或者第 3 条第 1 款（b）项意义上的共同取得支配权，集中当事人或共同取得支配权的人应进行申报。在其他情况下，取得其他一个或者几个企业的全部或部分支配权的人或企业应进行申报。[3] 委员会集中规制局负责集中申报，其制

---

〔1〕 作为衡量标准的币种已经改为欧元。

〔2〕《国际竞争网络关于合并通告程序的提议》，http：//www.internationalcompetitionnetwork.org/practices.pdf.

〔3〕 第 3 条第 1 款规定：如果下列因素导致支配权的长期性改变，就可视为产生了集中：（a）两个或两个以上过去是独立的企业或企业的独立分支间的集中；或（b）一个或多个已经控制至少一个企业的自然人，或者一个或多个企业，通过购买证券、财产，或者通过合同或其他方法，直接或间接取得对其他一个或多个企业的全部或部分的支配权。

定的标准格式（CO 表）是官方性的申报必须填写的文件。与 A/B 表[1]一样，CO 表不是一种表格，而是一种模板，分为 12 个板块（Section）具体规定应怎样提供委员会所需要的信息。[2] CO 表大致包括两方面内容，一方面是确定集中是否具有欧共体意义；一方面是分析集中的竞争效果所必需的相关信息。

如果委员会认为申报了的集中应当适用本条例，它就应当公告申报的这一事实，同时说明相关企业的名称、注册地国、集中的性质以及所涉及的经济部分。委员会应考虑保护相关企业商业秘密的合法利益。

与 4064/89 号条例相比较，139/2004 号条例首先废除了一周内提交通告的时间限制。其次，139/2004 号条例第 4（1）条 2 段允许集中涉及公司达成限制性协议之前通告集中。如果集中具备欧共体意义，且如果企业可以向欧委会证明集中对竞争有利，或公开宣称集中意图，则可以进行通告。第 4（1）条提出了企业应该采取什么行动来证明集中具有良好意图。139/2004 号条例第 34 条建议集中方递交协议、谅解备忘录，或涉及企业联合签署的意向书等。意向书可以采取多样形式，包括通告各方的口头声明，但必须根据“联合签署”的标准加以总结，书面形式也是必要的。书面协议至少可以为委员会提供更多信息去判断拟定集中的真诚度。

139/2004 号条例第 4（1）条的修订对于集中过程的各方有了提前通告的机会就可能加速核查的速度，减少合同协商过程中的交易成本。尤其是集中有被禁止的危险时，加速核查可以大大减少风险成本。各个竞争机构对通告时间规定的统一可以改善同其他国家进行合作的状况（尤其是和美国）。也正是基于此原因，美欧集中工作小组强调说，在彼此间最佳执行准则的交流中，这方面的合作最有效，整个评估时间设置也在同一个轨道运行。[3]

目前为止，只有在可能产生双元集中的情况下，[4] 欧盟委员会在评估拟定集中时会考虑同一市场中其他集中者之间已经结束的集中。如在评估 Price Waterhouse 和 Coopers & Lybrand 案时，欧盟委员会也考虑了 KPMG 和 Ernst & Young 的拟定集中案，该集中仅在欧盟委员会收到 Price Waterhouse 和 Coopers & Lybrand

---

〔1〕 A/B 表时当事方申请《欧共体条约》第 81.3 条豁免事项时所需要提供的信息格式。

〔2〕 Alison Jones and Brenda Sufrin: *EC Competition Law, Text, Cases and Materials*, Oxford University Press, 2001, p. 735.

〔3〕 美欧合并工作小组：《最佳实践指南》，http://www.europa.eu.int/comm/competition/mergers/others/eu_us/pdf/.

〔4〕 也被称为“双寡头垄断竞争”，指的是同一个市场上存在两个各自占据一定市场份额，拥有一定市场垄断地位的企业并相互竞争的模式。一般而言，第二家企业占市场份额 20% 以上，才能称之为“双寡头”。

的通告后12天，即1997年12月23日，[1] 便向委员会进行通告。双元集中后的市场备受各界关注，欧盟委员会认为这两个集中是很合理的。当KPMG和Ernst公开宣布同意取消集中计划时，委员会总结认为PW/C&L的集中不会造成单边市场垄断。同样情况发生在Shell/DEA和拟定BP/E. ON集中之间，后者仅在欧盟委员会接到前者提交的通告后17天便进行通告。欧盟委员会通过媒体招待会暗示了这两个分别进行的集中活动有可能产生集中控制市场地位。

尽管欧盟委员会意识到双元集中情形，但委员会在任何一个集中中都没有明确表明应针对该状况出现的问题采取何种标准加以解决。但委员会在两种情况下都是根据139/2004号条例确立的审查标准进行评估。这是139/2004号条例第4（1）条的一个缺失，欧盟委员会在今后的实践中应该就双元集中情形加以解释。

（三）双向移送

1. 申报由欧盟委员会向成员国的移交

承担申报义务的个人或者企业在139/2004号条例第3条第1款意义上的集中进行申报之前，可以通过提出合理建议的方式通知委员会，该集中可能严重影响具有独立市场全部特征的某成员国的国内市场的竞争，因而这个集中应当全部或者部分由这个成员国进行审查。委员会应不迟延地将这个建议移送给所有成员国。建议中所指出的成员国应在收到该建议的15个工作日内对移送案件的请求作出是否同意的决定。如果成员国在规定的期间没有作出决定，视为同意移送。在成员国不予拒绝的情况下，如果委员会认为上述独立市场存在，且集中对该市场的有效竞争构成严重影响，它可以决定将案件的全部或者部分移送给成员国主管机关，以使这个案件适用该成员国的竞争法。委员会决定是否移送案件的决定必须在收到上述建议后的25个工作日内作出，并应通知其他成员国以及与该决定相关的个人和企业。如果委员会在规定期间未作出有关移送的决定，相关个人或者企业关于移送案件的建议被视为得到了委员会的同意。如果委员会作出或视为作出同意移送全部案件的决定，这个集中就不必按照第1款的规定进行申报，而是应当适用成员国的竞争法。

此外，139/2004号条例第9条的第6至第9款的规定也可以变通适用。如果第3条规定的集中不具有第1条意义上的共同体意义，但它至少得经三个成员国的竞争法进行审查，在这种情况下，个人或企业在向成员国主管机构申报集中之前以合理建议的形式通告委员会，以便使这个集中能够由委员会审查。委员会应不迟延地将这个建议移送给所有的成员国。有权按照本国法审查该集中的所有成

[1] See Case of KPMG and Ernst&Young, 1998 O. J. (C) 3.

员国应在收到该建议后的15个工作日内决定是否接受移送案件的请求。如果上述成员国中至少有一个成员国收到该建议后的15个工作日内不同意移送该案件，这个案件就不得移送。委员会应不迟延地将不同意移送的表示通告所有相关的成员国、个人以及企业。如果任何成员国都没有在15个工作日内提出异议，该集中应视为具有共同体意义，并应向委员会进行申报。在此情况下，成员国不得将其国内竞争法适用于该集中。

2. 成员国向委员会的移送

根据139/2004号条例第22条，一个或几个成员国可请求委员会审查符合第3条规定但不具有第1条规定的共同体意义的集中，如果这个集中影响了成员国之间的贸易且可能严重影响提出请求的一个或者几个成员国境内的竞争。该请求在申报集中之日起15个工作日内提出，对于不需要申报的集中，应在成员国知悉集中之日起15个工作日内提出。

委员会应不迟延地将第1款规定的请求通告成员国主管机关和相关企业。其他成员国也有权在委员会通告该请求之日起15个工作日内加入该请求。依据本条规定的程序作出是否应对集中进行审查的决定之前，国内法规定的与集中有关的期限应当中止。如果一个成员国将其不愿加入该请求的决定通告了委员会和相关企业，上述的中止立即结束。

四、审查与决定

根据139/2004号条例规定，欧盟委员会在接受通告后应立即启动核查，并在一个月内作出第一次决议，然后开始集中控制过程的第二个步骤。[1] 只有当集中涉及任意一方对集中提出修改意见，或一个或多个成员国要求欧盟委员会把案件提交给成员国竞争机构时，初始核查期才可以扩展。如果委员会认为集中与共同市场兼容性存在问题，并已经启动第二步过程时，最终决议应在四个月内作出。如果委员会在这个期限内没能作出最终决议，集中应该通过，而不管它是否具有反竞争影响。

第一阶段通过审查，委员会可以作出三种决定：根据139/2004号条例第6条第1款a的规定，作出集中不属于139/2004号条例管辖的决定；根据139/2004号条例第6条b的规定作出集中与共同市场相容的决定；根据139/2004号条例第6条c的规定，该项集中属于139/2004号条例管辖，但是委员会对其是否与共同市场相容产生严重怀疑，进入第二阶段审查。

---

〔1〕 139/2004号条例，NOTE1。

第二阶段审查后委员会可以根据139/2004号条例第8条作出如下决定：

（1）根据139/2004号条例第8条第1、2款规定，如果申报的集中或相关企业已经对集中计划作了必要修改的集中符合第2条第2款的规定的标准，或者根据第2条第4款，在设立合营企业的情况下，符合《欧共体条约》第81条第3款的豁免规定，宣告该项集中与共同市场相容。委员会也可以对集中附加条件和义务。

（2）根据139/2004号条例第8条第3款的规定，如果集中符合第2条第3款的规定，或者在设立合营企业的情况下，不符合条约第81条第3款的豁免规定，宣告该项集中与共同市场不相容。

（3）根据139/2004号条例第8条第4款的规定，如果该项集中已经被实施，委员会可以作出解散或者终止企业集中的决定，或者为恢复有效竞争而采取任何适当的其他措施。

（4）根据139/2004号条例第8条第5款的规定，如果宣告集中与共同市场相容的决定是基于相关企业提供的错误信息或者受欺诈而作出的，或者相关企业违反了其在决定中作出的承诺，则委员会有权撤销批准集中的决定。

（5）反对陈述：执行条例规定委员会应该以书面的形式向通告方宣布反对陈述，并设定时间使得通告方在时间规定内对此发表书面意见。问题是委员会仍没有拿出反对陈述的时间限制，时间越长，则通告方为自己辩护的难度越大。

（6）获得材料：139/2004号条例18（3）条规定程序中通告方的辩护权必须完全得到尊重，材料对集中方完全公开。但在现实中通告方往往仅能在委员会公布反对陈述之后才能获得材料。最佳执行准则规定竞争总司应该在第二阶段开始后尽全力为通告方提供适时的材料，这些文件可能包括第三方在第一阶段的诉讼或市场研究结果。问题是这种非法定、非限制性获得委员会材料的权力能否满足尽职调查的要求还存在疑问。

五、特殊审查程序：附加条件和义务的批准集中

向委员会作出申报的结果并非必然是禁止或批准该项交易，在所有申报案件中，有5%～10%案件的处理结果是委员会和当事人达成的附加条件和义务的批准决定。

1310/97号条例在其序言中提到，委员会有权接受当事人在第一和（或）第二阶段审查中作出的承诺，包括“条件”和“义务”。条件是确保集中后保持有效竞争的必要措施，如果当事人违反了附加的条件，先前的委员会决定便不再有效，并将受到根据447/98号条例第14条第2款的规定对其处以高额罚款。义务

表明当事人为了实施承诺的条件（通常包括指定受托人管理被分解的财产）有义务采取的措施。如果当事人没有遵守义务，相关企业将会受到委员会根据447/98号条例第15条规定作出的延迟罚金的处罚，但是不会导致委员会先前决定的撤销。[1]

139/2004号条例序言第30段指出：如果相关企业对已经申报的集中计划进行修改，特别是承诺使这个集中与共同体市场相协调，委员会应将修改过的集中宣布为与共同体市场相协调。这个承诺应解决合作所导致的竞争问题并应当完全消除这些问题。为了确保相关企业及时有效地履行使集中与共同体市场相协调的承诺，委员会可以在其决定中附加条件和义务。整个审查过程应保证成员国以及利益第三方得到透明且有效的磋商机会。序言第31段进一步指出：为确保履行承诺以及应对承诺没有得到履行时的情况，委员会应当有权采取必要措施。如果企业不遵守宣布集中与共同体市场相协调决定中的附加条件，这个集中与共同体市场相协调的条件就没能实现，这个被实施了的集中并因此被视为未获得委员会的许可。在此种情况下，已被实施的集中将按照未经申报从而未经批准而实施的集中处理。此外，如果委员会发现在缺少附加条件的情况下集中将与共同体市场不相协调，它有权发布命令拆散此集中，以恢复到集中实施前的状况。如果企业没有遵守宣布集中与共同体市场相协调的决定中附加的义务，委员会可以撤回决定。如果企业不遵守决定附加的条件和义务，委员会可对其施以适当的经济制裁。

需要指出的是，如果当事人和委员会之间并未达成一致意见，委员会不得将这些条件和义务强加于当事人。当然，委员会可以通过其他方式向当事人施加压力，从而达成一致。

六、结构救济和行为救济

各国竞争主管机关对反竞争的集中行为通常采取的补救方法包括：

（一）结构救济

竞争法中的结构救济是指解散企业间组织、拆分企业等较为严厉的惩罚措施。对于集中尚未完成时尽量防止集中，能够消除反竞争效果的情况下部分地分解资产或商业活动，但允许交易继续进行；如交易已经完成，则分解合并后的企业。

---

〔1〕 胡光志主编：《欧盟竞争法前沿研究》，法律出版社2005年版，第156页。

（二）行为救济

在竞争法上，管制集中后企业的行为以防止其出现反竞争的效果，这样的补救方法称之为行为救济方法。

在欧盟，4064/89号条例最初仅仅授权委员会采取结构救济方法遏制企业集中所产生的反竞争效果，如转让企业的部分商业活动，包括代理商、销售网络、研发活动、知识产权等，而对企业的行为加以限制的行为救济不可采用。欧洲初审法庭在 Gencor v. Lonrho 案[1]中取消了这一限制。欧洲初审法庭指出，某些情况下，行为救济方法（无论是单独采用还是与结构救济方法联合采用）在阻止产生或加强市场支配地位方面可能更加有效。

委员会在2001年初公布了关于补救措施的通知，说明委员会可以与集中方指定补救措施。通知从一般原则展开，其中一部分涉及结构而非行为补救。委员会并不排除行为补救，但行为补救应不仅仅是许诺以某种方式行事，如许诺不滥用支配地位。2003年5月2日，委员会以最佳实践指南的形式进一步为集中补救措施提供指导，包括剥离协议的标准模式和托管人委任标准模式，还有解释性注释。

139/2004号条例第8.2条明确赋予了委员会接受修改后以便与共同市场相容的拟定集中的权力，补救措施在第一阶段通告后的20个工作日内做出，并把最后期限扩展到35个工作日。如果在第二阶段提出补救措施，应在第二阶段开始后不超过65天内提出。如果在第二阶段提交补救措施，则最终决议期限从90天扩展到105天。

可采取的补救措施主要包括：①要求相关企业拆散集中，特别是通过拆散集中后的企业或者处置所取得的股份或者财产，以恢复集中实施前的状况。如通过拆散不能恢复到集中实施前的状况，委员会可采取其他任何适当的措施，以尽可能地恢复到集中前的状况。②采取任何其他适当措施，以确保相关企业能够按照委员会的决定，拆散该集中或采取其他措施恢复原状。

《集中申报可接受补救的通告》进一步明确规定，可接受的补救包括剥离和其他方便市场进入的措施。

第二节 “谨慎调查”审查体系的确立

139/2004号条例所建立审查体系必须遵守“谨慎调查”的要求。一方面，

[1] Case T-102/96 [1999] ECR II-753; 4 CMLR 971.

欧盟委员会的权力得到了扩展；另一方面，欧盟委员会也受到越来越强烈的制衡，这种制衡既包括程序的时间要求，也包括机构之间的权力制衡。

一、增强调查力量

（一）委员会的检查权

139/2004 号条例第 11～13 条将委员会原来的调查权（Investigative Power）升级为检查权（Power of Inspection），使其具有较强的行政性和一定的司法性，这些权力包括获得信息的权力、现场账目和记录的核查权。委员会不具有像美国机构那样的要求对口头证词发誓的权力，但可以进行基于自愿的采访。

首先，委员会获得信息的能力得到极大增强。根据 139/2004 号条例，在准备通告材料时，集中方必须提交更多的关于交易的信息。尤其对于复杂案件来说，对信息的要求更加广泛。委员会官员也将比以前更经常地要求市场调查、分析研究等。139/2004 号条例第 11（1）条赋予了委员会从成员国政府、竞争机构和企业以及个人获得必要信息的权利，但这些信息只可以从那些控制至少一个或多个企业的个人那里得到。139/2004 号条例将增强委员会获得信息的能力，第 11（7）条将允许委员会以搜集相关信息为理由对个人和实体进行调查。同时，委员会有权记录口头陈述，并作为集中程序中的证据。新的条款使集中工作组可以更多地从第三方获得集中控制信息，这与委员会希望举行三方会议的想法基本一致。

其次，根据 139/2004 号条例第 13（2）条规定，委员会有权进入企业所在地，了解运输方式，核查账目和商业文件等，并可以复制相关文件，要求所谓的现场调查，但仅仅限于可以在现场询问企业的代表或员工。然而，在现有的法律框架下，委员会是否应该有权询问有关企业信息、复制电子数据还存在很大争议。139/2004 号条例第 13（2）条允许委员会在调查期间封闭任何商业地点、账目和记录，以任何形式复制、获得账目和记录的复印本，询问企业内任何代表、员工以服务于整个调查过程。同时，根据新反托拉斯法规定，委员会可以施加的罚款数额也已经提高。根据 139/2004 号条例第 14（1）条规定，企业如提供错误、误导性、不完全信息，破坏委员会关于实施的封闭计划，将受到数量相当于该企业年营业额 1% 水平的罚款处理。

但是，139/2004 号条例没有说明的是相关信息应该在多大程度上有所保留。即使在新的条例下委员会显然也没有权力去核查企业间的信函，或企业与外部律师的沟通信息。至于个人是否有权拒绝提供不利于自己的口头陈述仍是个不清楚的问题。

需要说明的是，在反垄断调查中，1/2003 号条例允许欧盟委员会搜索集中涉及企业代表的私人住所，而 139/2004 号条例中没有赋予委员会这样的权力。

但是，与美国相比较而言，欧盟委员会的检查权仍然是十分有限的，尤其欧盟实行的行政主导型的企业集中控制体系。例如，美国反托拉斯法的管理机构认为依据所申报的信息难以对合并案作出准备裁定时，它们可以向申报当事方签发第二次补充调查令。在第二次补充调查令仍然难以满足案件审查的需要时，管理机构可以依据相关法律自行进行调查取证。[1]

（二）处罚权

1. 暂停期限的权力

如果集中各方没有及时满足现场调查的信息要求，139/2004 号条例第 10.4 条允许委员会暂停时间计算，实施细则（802/2004 号条例）第 9 条提供了更具体的规定。

2. 罚款

委员会在 139/2004 号条例下的事实发现能力已经被提高到其在其他领域所能享受到的高度。[2] 尤其是罚款上限和定期罚金支付已经增加。139/2004 号条例第 14.1 条规定如果企业故意地或疏忽地提供错误或误导性信息、在规定时间内没有回应或拒绝提交调查中要求的记录时，委员会可以实行最高达企业日平均营业额 1% 的罚款。在 139/2004 号条例第 15.1 条下，如果企业提供完全、正确的信息时发生延迟或拒绝现场调查，委员会也可以施加达到企业日平均营业额 5% 水平的定期罚金。如果企业没能在进行集中之前进行通告，或没有满足委员会通过集中的条件，或在禁止的情况下仍实行集中，139/2004 号条例第 14.2 条规定委员会可以施加平均营业额 10% 水平的罚款。

3. 处理提前执行集中的权力得到扩展和明确

至于已经执行但后来被委员会禁止的集中，委员会可以责令其解散集中以恢复到集中之前的情形，或采取任何适当措施恢复有效竞争。将来，委员会还有权

---

〔1〕 根据《联邦贸易委员会法》第 20 条的规定，对于恶性反托拉斯案件，联邦贸易委员会可以根据 1980 年《联邦贸易委员会法改进法》发出民事调查令（CIDs: Civil Investigative Demands）从“任何自然人、合伙企业、公司、协会或其他法律实体包括任何受州法管辖的人”那里获得书证和证言。15 U. S. A. § 57B－1（a）（6）；司法部反托拉斯局内的部门领导或分支（区域）机构领导向反托拉斯局的主任办公室（the Office of the Director of Operations）提议并经批准，反托拉斯局的部门或分支机构就可以组织一项正式的调查。一旦调查启动，反托拉斯局可以采用大量的人事询问（Extensive Staff Inquires）、民事调查令获取相关证据，甚至还可以要求联邦调查局（FBI）帮助调查。任何不合作的做法都可能被反托拉斯局以妨碍司法罪提起诉讼。

〔2〕 见 1/2003 号条例第 18、22、23 条。

施加过渡措施以恢复或维持有效竞争。[1] 如果集中方达不到决议中规定的义务，委员会可以驳回决议。[2] 不能照这些决议或过渡措施做的企业可以遭到最高达年平均营业额10%的罚金或日罚金支付。[3]

二、程序的时间要求

对于企业集中所进行的申报，反垄断主管机构应在一定的期限内作出决定并予以答复。

美国《哈特——斯科特——罗迪诺法》1987年修订后，保留了对于一般的企业合并至少为30天的规定，将原来现金购买企业审查期限由至少15天改为至少20天，如合并存在反垄断法上的疑问，可延长20天；对于重大的或复杂的并购，反垄断当局可以向法院请求将期限再延长25天或更长的时间，当局在此期间内决定批准或是不批准。修订的部分原因就在于反垄断机构认为原来的审查期过短，以至于他们没有足够的时间对合并进行审查。

德国《反对限制竞争法》第40条规定了联邦卡特尔局对企业合并的审查程序，分为两个阶段。第一阶段的审查期限为一个月，从申报后起算。如果联邦卡特尔局打算禁止一个合并，必须在这个期限内通知申报合并的企业说明该合并有必要进入主要审查阶段。在这个阶段没有收到卡特尔局通知的企业合并，原则上得到了批准。第二阶段的审查也称为主要审查程序（Hauptpruefverfahren），期限为3个月。联邦卡特尔局必须在此期间内作出决定，合并是被禁止还是得到批准。如果四个月还没有作出决定，原则上视为得到了批准。德国分为两个阶段的审查程序，无论是从立法技术还是从实践操作来讲，都显得非常清晰有条理。[4]

139/2004号条例第6条第1款吸收了德国竞争法的经验，对此明确规定，一旦参与集中的企业作出了正式申报，委员会自收到申报材料后应当尽快审查。具体又分为两个阶段。

1. 第一阶段

第一阶段随着通告，如提交CO表，随即开始，25天之内委员会要作出第一阶段的决议。在这一阶段，有几个重要的程序问题：

首先，在139/2004号条例第4.2条规定下，集中方或收购方联合控制企业

---

〔1〕 见139/2004号条例第8（5）条。

〔2〕 见139/2004号条例第6（3）、8（6）条。

〔3〕 见139/2004号条例第14（2）、15（1）条。

〔4〕 涂卫：《反垄断法规制企业合并的控制程序比较：美国与德国——评〈反垄断法〉草案的相关规定》，载《长安大学学报（社会科学版）》2004年9月，第40页。

则需要一起填制 CO 表，否则，只有收购方被要求填制 CO 表。

其次，委员会在官方日志中刊登收到通告的信息，并向所有成员国竞争机构分发 CO 表的复印件。

再次，根据 139/2004 号条例第 4.1 条规定，通告可以根据要集中或收购的意向书作出（美国也允许），“集中涉及方向委员会证明有诚意达成协议，或在公开竞标的情况下集中方已经公开宣布竞标的意图”。通告后 3 个工作日内，委员会必须把集中方提供的 CO 表复印件传发给各国家的竞争机构，并在公开日志中宣布通告事实。通告后 15 个工作日，如果集中有可疑之处委员会将召开会议。成员国在委员会收到通告 15 天内必须通知委员会他们是否要根据 139/2004 号条例第 9 条向委员会提交案件。在要求提交的情况下，第一阶段的最后期限可以扩展到 10 个工作日到 35 天。通告后 25 个工作日内，竞争总司将决定集中是否达到了权限要求，与其他相关委员会总司（如涉及电信领域的集中要和电信总司沟通）和法律总司交换意见。考虑第三方提交的调查，决定拟定集中是否会与共同体市场相容。委员会必须在 25 个工作日内发布第一阶段决议。如果集中没有产生问题，委员会必须通过，发布书面决议。如果成员国寻求提交，第一阶段的决议在通告后 35 个工作日内发布。

2. 第二阶段

第二阶段的程序包括如下必须在 90 天完成的步骤。参与企业集中各方和委员会可以在有些情况下暂停时间计算，或在程序开始 54 天后集中方提交补救措施时可以扩展时间期限。委员会通过向集中各方发布正式的书面通知的形式开始程序。程序开始 10 个工作日内，委员会与集中各方举行会议，在第二阶段的早期让集中各方了解委员会的忧虑所在。程序开始 15 个工作日内，集中各方可以要求扩展时间表；程序开始后任何时候，委员会都可以扩展和集中各方的协议，但总扩展时间不超过 20 个工作日。

委员会发布的最佳实践指南建议尽早举行包括集中各方、第三方和委员会工作人员的三边会议，以便使竞争总司可以就相关市场特征得到一个更准确的结论，并在发布反对陈述之前解决一些实质性问题。程序开始后大约 6 个星期内，竞争总司结束对委员会反对陈述的调查（委员会在反对陈述中说明对拟定集中的竞争忧患）。竞争总司最终决议所依赖的要素都要包括在通知书中，通知书应有向集中各方发出要在一定期限内（一般是 2 个星期）以书面形式回应的请求。最佳准则没有对通知书发行的时间限制作出规定。此阶段，集中各方享有获得材料、理事会调查文件，包括第三方提供的文件的权利。通知书发出 2 星期后，如果第三方要求，理事会可以举行正式听证会，从集中各方和其他包括顾客、竞争者在内的相关人员那里获得证据。听证官员负责程序的公平性，但没有决议资格。在集中各方对通知书作出回应和举办听证会之后，会举办会议讨论补救措施的时间和范围。程序开始65天后，集中各方必须提交他们希望委员会考虑的拟定交易。如果在55～65天提交，委员会最终决议的最后期限扩展15个工作日。此时，再次召开会议同顾问委员会讨论拟定的补救措施。顾问委员会由15个成员国竞争机构的代表组成，他们将评估竞争总司的草拟决议并发布顾问意见。委员会在第二阶段之后作出的最终决议必须被所有委员会人员执行，无论是第一阶段还是第二阶段的决议都要接受欧洲法院体系的监督。

需要指出的是，由于4064/89号条例中所规定的第二阶段时间表不可以被委员会延长，即使集中方同意的情况下也不可以延长。随着集中的复杂性增加和谈判难度的加大，如此严格的时间表限制开始越来越引发一系列问题。139/2004号条例进行了旨在提高灵活性的部分变动。首先，为了简化最后期限的计算，提议把时期概念用工作日来表达。但第一阶段的时间表没有太多修改。根据139/2004号条例，委员会第一阶段的最终决议必须在25个工作日内作出，不再采用过去的一个月的说法。如果委员会受到成员国要求向各国竞争机构提交案件的申请，根据139/2004号条例，该阶段将自动扩展到35个工作日。对第二阶段的时间表修改显得更加重要，根据139/2004号条例第10（3）条规定，最终决议必须在欧盟委员会启动核查程序后90天内作出。集中方提交承诺书，但程序开始后55个工作日之内没有提交的情况下，期限可以扩展到105个工作日。这样，应该鼓励所有的集中涉及方尽早提交承诺书。[1] 另外，委员会可以在通告方允许的情况下把第二阶段的期限扩展到最多20个工作日。通告方也可以根据自己的意愿在程序开始的15个工作日之内申请将期限扩展20个工作日。欧盟委员会没有权利拒绝申请。扩展后的时间有助于提高事实调查质量和经济评估，也会促进通告方和核查小组之间的协商。

三、内部制衡机制的变化

如前文所讨论的，欧盟控制企业集中制度中的监督制衡机制表现在内部制衡和外部监督两个方面。外部监督主要通过欧洲法院体系的司法监督来完成。内部制衡体现在欧盟委员会各个机构之间的权利制衡上，包括：听证官对MIF的制衡；法律总司对竞争总司的制衡；欧盟委员会内部专业机构对竞争总司的制衡；成员国对欧盟委员会的制衡；咨询委员会对欧盟委员会的制衡；欧盟全体委员对

〔1〕 委员会关于集中控制条例改革的提议，NOTE12。另可见802/2004号条例第19条。

欧盟委员会的制衡。[1]

139/2004 号条例强调了行政机制相互制衡的变化、透明度和谨慎调查方面的完善以及改善实质性调查质量的努力。

（一）集中的公平控制要求

委员会采取了很多措施旨在改善委员会决策过程的质量和公平性。

欧盟集中控制体系的基本特征仍然保持不变，即调查权和决策权都在单一管理体制内部。至于内部核查体制，有细微的改变。首先就是首席经济学家的任命，首席经济学家有一群尽职的经济学家协助工作。最近的实践表明首席经济学家的团队将与集中评估小组并肩工作而不是单兵作战。其次，任命了“监督评估小组”以独立的地位评估第二阶段的调查以及案例小组的分析和结论。小组由富有经验的委员会官员组成，受竞争事务理事部新组建的核查单位指导。小组有从案例小组那里获得完全资料和协助的权力，以独立执行评估。该评估与法律评估并存，集中方不能解除评估小组。最后，贸易联盟代表和消费者事务官员也参与到决策过程，不过尚没有实践来证明他们的有效性。

（二）谨慎调查的透明度要求

139/2004 号条例和最佳实践指南的规定都在努力提高整个调查过程的透明度。

首先，139/2004 号条例规定，集中参与当事方有要求组织听证会的权利，届时集中方可以在有第三方在场的情况下对委员会的反对陈述提出辩护。802/2004 号条例的第四章“要求听证的权利（The Right to Be Heard）；听证”（第 11 ~ 16 条）对听证制度作出了具体规定。听证是集中当事方向欧盟委员会亲自口头表达自己意愿的最好方式。一般而言，要求参与听证的人员必须对集中交易存在着“显著的利益”（a Sufficient Interest）。在欧盟委员会和成员国的竞争主管机构认为必要时，第三方也可以要求参加听证。此处的第三方包括与集中有利害关系的自然人或法人，包括集中当事方的顾客、供货商和竞争对手、集中所涉及行业中的行政和管理部门的工作人员以及这些机构的雇员代表等。

其次，最佳实践指南列出了一些通告方可以在众多代表面前阐述观点的机会，如三边会议和其他会议等。

按照 4064/89 号条例和欧盟委员会实际做法，通告方只可以在程序后期获得委员会的案件档案。根据 139/2004 号条例第 18（3）条和 13（3）条的规定，通

[1] 卫新江著：《欧盟、美国企业合并反垄断规制比较研究》，北京大学出版社 2005 年版，第 148 页。

告方有权在委员会宣布禁止之时获得案件档案。根据欧盟集中控制程序的最佳实践指南，通告方有权在集中控制程序第二阶段开始之后立刻获得档案。欧盟委员会进一步解释说，竞争总司的 MIF 将竭尽全力为通告方提供及时的文件，但只有在不损害第三方利益的情况下提供。此外，委员会将在调查的关键阶段召开由集中方和委员会参与的会议，并有可能有第三方参与听证。当存在两个或多个反对意见向委员会提出时，就会举行三方会议讨论市场信息、特征和集中在市场内产生的潜在影响。最后，委员会宣布向听证人员中安排额外的工作人员，增强听证人员的能力，但他们的权利仅限于评价集中方的权益是否得到足够尊重。

如上所述，广泛的公开的通告前阶段在整个调查过程中的作用越来越大。竞争总司也倡导不仅尽早披露相关市场和潜在竞争信息，同时披露集中相关的内部材料和能说明集中会提高效率收益的文件。案例小组会在第一、第二阶段为通告方提供表达观点的机会：①在第一阶段后 15 个工作日内如果出现严重疑问，以交流最初调查结果，为制定补救措施创造机会；②第二阶段 2 个星期内，让通告方明白委员会的忧虑所在；③反对陈述前的会议；④通告方对陈述作出反应并举办听证会后的会议；⑤评价委员会的意见；⑥在顾问委员会同竞争总司讨论补救措施前的会议。除了理事会和通告方之间的双边会议，涉及方和第三方也可以参加三边会议，听取通告方的观点。这样的会议应该在调查过程中尽早举行。

（三）改善后的谨慎调查

如前文所讨论的，欧盟委员会已经意识到，用于评估拟定集中的实质性审查和经济评估方法的应用应该进行改善，以便使以后的核查结果能够经得住深层次法律评估的考验。为了达到这个目的，委员会已经委任一个首席经济师，并透露了设置评估小组的意图，该小组包括能够处理更加复杂情况的人员。[1]

但目前为止，只有首席经济师已经或多或少的明确，评估小组还没有成型。未解决的问题依然存在，主要是由于欧盟目前的集中控制缺乏必要的工具，也有欧盟委员会自身的问题：不仅仅是委员会同时以调查者和决策人的身份出现，而且第一、第二阶段的负责方也没有分开，或是在委员会和一个独立实体间分开。2001 年绿皮书颁布以来，很多人已经提议把两个阶段分开，以避免来自委员会官员方面的歧视和偏见。他们认为设立评估小组并不能区分委员会的调查职能和决策职能，也就没有在集中事务部门建立一个独立的机构性分支。

（四）决议取消后的程序：欧盟委员会的再核查程序

根据 139/2004 号条例第 10（5）条，如果出现欧洲法院体系宣布委员会的

〔1〕 小组包括有经验的专业人员和来自相关服务部门的人员。

决议无效的情况，委员会将根据139/2004号条例第6（1）条对集中进行重新评估。新的评估会根据现有市场情况进行，集中方应提交新的通告，并以原有通告作为补充。整个程序将从委员会接收到通告的当日开始进行。

四、外部监督

根据《欧共体条约》第229条，欧盟委员会受到欧洲法院体系的司法监督，而且欧洲法院体系已经发布几个关于解释合并条例范围和委员会执行适用性的决议。例如，欧洲法院推翻了委员会认为原集中控制条例可用于确定Kali und Salz和Gencor案中集合控制地位的决定。欧洲初审法庭也撤销了委员会在Airtours、Schneider和Tetra Laval/Sidel案中的决定。

欧洲法院体系对欧盟委员会决定进行司法审查的目的“并不是要用自己的决定代替委员会的决定，而是为了确信委员会是在自己的职权范围内行事并遵守了法律的规定。”〔1〕

在集中控制领域，由于当事方主要通过欧洲初审法庭申请对委员会的决定进行司法审查，因此有必要介绍欧洲初审法庭的管辖权。在该领域，欧洲初审法庭主要管辖审理的集中控制案件包括：对委员会根据集中控制条例作出的决定提起无效之诉；审查处罚决定；审查委员会未履行法定职责的行为；对当事人临时紧急措施的申请享有管辖权；对委员会提起的损害赔偿之诉。

任何自然人或法人都可以根据《欧共体条约》第230条，向欧洲法院的初审法庭对委员会的决议提出上诉。集中方、集中企业的雇员、竞争者和成员国的政府都具有针对委员会决议上诉的权力。

针对竞争法的案件，欧洲初审法庭声明：根据欧洲初审法庭在案例中适用的规则，集中各方受到保护，其上诉和证据将不被滥用，任何第三方、个人或公共机构都不得获取案件材料或在没有总统授权情况下获得程序文件。

需要指出的是，由于欧洲法院体系的效率过低问题日益严重，2001年的《尼斯条约》确定将提高案件的处理效率作为欧洲司法改革的重点，并为企业集中案件规定了专门的快速处理程序。2002年欧洲初审法庭作出的3起否决欧盟委员会集中案中有2起就是通过快速处理程序作出的，其中Schneider Elaectric SA v. Commission案仅用了5个月的时间，Tetra Laval v. Commission案也只用了9个月的时间。

---

〔1〕 Alison Jones and Brenda Sufrin：*EC Competition Law*，*Text*，*Cases and Materials*，Oxford University Press，2001，p. 925.

第三节 简易程序

一、139/2004 号条例规定的简易程序

根据139/2004 号条例第 11 条，为履行本条例所赋予的职责，委员会可通过简易请求或者作出决定的方式，要求第 3 条第 1 款（b）项规定的个人、企业以及企业联合组织提供一切必要的信息。委员会向个人、企业以及企业联合组织发送简易请求要求提供信息时，应说明该请求的法律依据和目的，指明需要提供的信息，确定提供信息的期限，并指出依据第 14 条对提供不正确或误导性信息行为的惩罚。此外，决定中还应指出，当事人有请求法院审查决定的权利。

企业应由其所有权人或代表人提供信息；在法人、公司、商号或不具有法人资格的合伙的情况下，应由法律或其章程授权的代表以相关企业的名义提供信息。经过合法授权的人可以其委托人的名义提供信息。在所提供的信息不完整、不正确或具有误导性的情况下，委托人应负全部责任。

委员会应不迟延地将第 3 款所指决定的副本抄送给在境内有其住所的相关个人、在其境内有其场所的相关企业或企业联合组织或者其境内的竞争受到影响的成员国的主管机关。应成员国主管机关的特别请求，委员会可向其提供关于集中信息的简易请求的副本。

为履行本条例所赋予的职责，委员会可询问任何出于收集与所调查事务相关信息之目的而愿意接受询问的自然人或法人。询问可通过电话或其他电子方式开始进行，委员会同时应说明该询问的法律依据和目的。

如果询问不能在委员会的机构或者不能通过电话或其他电子方式进行，委员会应事先通知询问地所在国的主管机关。应成员国的主管机关的请求，这个主管机关的官员可以协助由委员会授权的官员以及其他人进行这个询问。

二、《关于某些集中案件的简易程序的通告》规定的简易程序

139/2004 号条例生效后，原《关于某些集中案件的简易程序处理欧盟理事会 4064/89 号条例的特定类型集中的欧盟委员会通告》[1] 被《关于某些集中案件的简易程序的通告》所取代。《关于某些集中案件的简易程序的通告》为简易

〔1〕 Commission Notice on a simplified procedure for treatment of certain concentration under Council Regulation (EEC) No. 4064/89 [OJ 2000, No. C217/11].

程序以及程序本身设定了运行条件。某些情况下，申报主体向委员会进行事前咨询是值得提倡的。

对于不可能产生竞争问题的集中，委员会应该致力于减少通告方的负担。这些集中包括：①在共同体内，营业额和被转移的资产在 10 亿欧元以下的合资公司；②集中方在同一产品、市场或上下游市场中没有交叠的交易；③集中不会在横向、纵向市场中产生 15%、25% 的市场份额的交易；④从联合转向单一控制的交易。符合这些条件的案件可以适用简化的程序。在简化程序中的通告原则上要求很少的信息提交量。集中方可以用简化的 CO 表，只提供可以证明适用简化程序的必要信息。尤其是不需要顾客、竞争者或供应商的详细情况，因为委员会不会进行市场调查。然而，第三方往往被告知准备材料，他们也被邀请在委员会的官方杂志和网站上作出评论。简化表格是一个受到欢迎的改革，法律界和业界已经要求很久了。大约三分之一的案件以简化的程序处理。如果委员会同意使用简化程序，只需宣布一个简短的决议，这应该在后来的 25 个工作日内完成。简短决议仅仅包括说明集中与共同体市场相容，因为其符合通知中列出的一类集中标准。简化的程序要求很少的程序和各级的评估，因此集中方可以比其他案件提前数日获得通过。

但是，因为没有展开完全的调查，委员会工作人员仍想确保简化程序的条件能够被满足。这意味着在通告前阶段，应该重新评价市场定义，并要求集中方提供其他市场定义的数据信息。如果存在疑问，简化程序将被停止，并且委员会有权在第一阶段的任何时候恢复使用正常的程序。这些例外的情况包括：①相关市场不易界定，或者当事人的市场份额不易计算，或者集中引起了新的竞争问题；②如果集中各方当事人中的两个，位于密切相关的相邻市场，特别是在邻近市场上已经拥有了 25% 的市场份额时；③从共同控制转变向单独控制，特别需要进行仔细调查时；④集中出现了协调效果；⑤集中申报后，有成员国或者第三人在法定期限内表达了对该案的关注；⑥申报后发生了移送的情况。

小　结

139/2004 号条例的颁布和实施是欧盟企业集中控制法律制度发展过程中极为重要的一步。如果没有 Airtours 一案的出现，企业集中控制条例很有可能还是保持原来的样子而没有变化。新出台的 139/2004 号条例致力于改善实质性标准。迄今为止，139/2004 号条例对欧盟控制企业集中的一个实际影响便是，导致价格提高的非合谋性寡头垄断但没有导致市场支配地位的行为，也可以被 139/2004

号条例禁止。此外，导致4064/89号条例第二次改革的触发事件是欧盟和成员国之间管辖权限的分配，这方面的改革成果在139/2004号条例中得以体现，139/2004号条例中的管辖权限是一个改善后、更高级的通告后提交体系和通告前提交体系，修改了最后期限要求和与通告程序有关的触发性事件要求和在通告方允许的情况下引入一站式审查规则。集中的当事方无疑可以从这些措施中获益匪浅。

第七章

现行欧盟企业集中控制法律制度的特色

第一节　欧盟控制企业集中立法的自身特点

一、完善的组织架构保证监管效率[1]

（一）采用直接适用制度有利于提高监管效率

欧盟理事会大胆地采用直接适用制度在现代各国竞争法仍然广泛采用审查确认制度的背景下是一个重大的突破，具有深远的影响。现代经济已日趋复杂，如果一国竞争主管机构需要事先审查所有要求获得反垄断法豁免适用的协议，尽管对参与集中的企业而言获得了时间上的优势，但是从另一方面看，竞争主管机构就很难对各类企业之间的联合经营协议在实施中产生可能危及公平竞争秩序的行为进行有效的事后监管。从更全面的背景观察，直接适用制度无疑将大大提高竞争主管机构对整个竞争秩序的监管效率，尽管也许对单个企业有一定负面影响。

（二）适当分权体制有利于实现对共同体市场的有效监管

分权体制的建立是以直接适用为前提条件。分权体制将原来集中于委员会的事先审查的权力取消，从而使委员会和成员国共同负担起实施欧盟竞争规则的责任。新确立的实施体制，以委员会为核心，同时尽可能发挥成员国作用，更符合欧盟新的经济社会现实。

二、采取事后司法审查制度，确保司法的合理介入

根据在企业集中控制中发生作用的先后顺序，司法审查分为两种，一种是司法型，即事先司法审查型；另一种是行政型，即事后司法审查型。美国是奉行司

---

〔1〕参见徐士英、郑丙贵：《欧盟竞争法的新发展及对我国的启示》，载《法学》2004年第8期。

法型并购控制制度的代表。根据《克莱顿法》第7条，一项并购，如果实质上减少竞争或者旨在形成垄断，则应予以禁止。《克莱顿法》第7条A（c）规定，联邦贸易委员会经司法部部长同意后，有权批准那些不可能违反反托拉斯法的并购；第7条A（e）（f）规定，如果联邦贸易委员会认为一项并购违反《克莱顿法》第7条，应向联邦地区法院提起诉讼，请求法院对该并购颁发预先禁令，并提出公共利益需要方面的证据。法院对该预先禁令申请应优先、快速审理，并根据其自由裁量权，给予其他方式的衡平救济，从而确立了司法型并购控制制度，即凡是要对一项并购加以禁止，联邦贸易委员会都应向法院提起诉讼并由法院裁决。

目前，欧盟实行行政型企业集中控制制度，委员会对集中享有审批或禁止集中的权力。139/2004号条例第21条规定："除接受欧洲法院司法审查外，欧盟委员会享有根据本条例作出决定的唯一管辖权"，确立了委员会是欧盟企业集中控制的唯一行政监管机关。《欧共体条约》第242条规定"向欧洲法院提起诉讼没有中止的效力"，因此，委员会做出集中司法审查的时间较长，一般案件平均需要3年的审理时间，因此委员会对集中反竞争性的判断直接决定并购的命运。司法型并购控制制度下，当事人正当程序权利主要通过司法诉讼来保障，相比之下，欧盟行政程序通过调查程序、召开专门会议和三方会议及诉讼司法审查来保障，体现出广泛的内部审核和平衡特征。

三、与时代发展保持一致，维护实体法规则与程序法规则的相互协调

欧盟1989年第4064/89号条例生效后，经过14年的实践检验，发现存在漏洞，于是先后经过1997年和2004年两次重大修改，从而确保了集中控制条例的与时俱进。在发布139/2004号条例的同时，欧盟积极制定实施细则，并针对实体标准和程序性问题制定专门的《横向集中评估指南》《欧共体企业集中控制程序最佳实践指南》加以补充，并都与139/2004号条例于2004年5月1日同时生效，从而形成评估企业集中反竞争性的实体标准明确、企业集中审查程序完善的控制企业集中的法律体系，有效地确保了139/2004号条例的实施。

此外，在市场支配地位标准已经不符合客观经济现实时，欧盟控制企业集中法律制度积极借鉴美国的实践，创设了实质性阻碍有效竞争标准。

四、完善调查制度适应新的经济环境

在139/2004号条例实施后，委员会实施竞争规则的主要职责将体现在对违法行为的监督处罚上。为此，根据新情况重新规定委员会的调查权和处罚权是实

现欧盟竞争法的现代化的重要内容之一，这一点前文已经进行讨论。

（1）委员会的调查权。139/2004 号条例继续保留委员会对产业竞争上的一般调查权。一般调查权是指当成员国之间的贸易在价格上出现刚性或其他情况表明共同体市场竞争受到限制或被扭曲时，委员会对特定行业的某类协议进行的一般性调查。在其他方面，139/2004 号条例强化了委员会的调查权，并且规定得更具操作性。新规则规定，在委员会实施调查时，不仅可以对通常的书面记录、办公场所进行调查，必要时可以进入任何其他场所，包括董事、管理人员和其他职员的不动产、拥有的土地和运输工具等。

（2）委员会的处罚权。委员会根据企业违法行为的具体情况，可以作出终止违法行为、接受保证、采取临时性措施和给予经济处罚等措施的决定。新规则规定，为了实现终止违法行为的目的，委员会可采取与违法行为相适应且能够有效促使违法者停止违法行为的行为救济或结构救济的方式。这将更有利于欧盟竞争规则的有效实施，对严重的违法行为起到更大的威慑作用。

五、提高处罚金额，加强执法力度

139/2004 号条例除了完善责令停止违法行为、要求履行承诺的保证等法律责任制度外，对具有直接经济处罚性质的其他法律责任制度，主要是普通罚款制度和惩罚性持续罚款制度也作了较大的修改。普通罚款制度是对违法行为不考虑其持续的时间长短而直接处以一定金额的罚款方式；惩罚性持续罚款制度是为了迫使违法的企业停止违法行为、遵守临时性措施、履行承诺的保证等在规定的一段时间内要求违法者按照标准每天支付一定的金额的制度，即将每一天的违法行为作为一个独立的违法行为进行处罚。因此，惩罚性持续罚款制度比普通罚款要重得多，可以有效地实现执法机关的决定及阻止违法行为的继续。139/2004 号条例对处罚制度的修改集中体现在处罚标准的改变上，将过去固定汇率的处罚标准改为按照经营者上一经营年度营业额的一定比例，其隐含的指导思想是违法行为对市场竞争造成的损害与经营者的规模具有直接的联系。

六、坚持合理原则

139/2004 号条例继承 4064/89 号条例的精神，表现出欧盟对待企业集中和对待卡特尔问题的不同态度。[1] 企业集中在总体上被视为对欧盟经济发展有着积

---

〔1〕 欧盟对待卡特尔也并不是一概否决，但是必须服从《欧共体条约》第 81 条确立的豁免制度。许光耀：《“合理原则”及其立法模式比较》，载《法学评论》2005 年第 2 期，第 90－91 页。

极的作用。139/2004 号条例对欧盟市场上的企业集中持欢迎的态度，因为它们不仅是生机勃勃的市场竞争的结果，而且还有助于提高欧洲工业的竞争力，改善其经济发展的条件，提高共同体的生活准则。但是，欧盟并未完全放任企业集中活动。欧盟委员会认为，共同体法有必要对那些严重损害共同体市场或者该市场重大部分的有效竞争的企业集中进行干预。[1] 可见，欧盟竞争法对企业集中的法律态度坚持了合理原则。[2]

需要特别强调的是，欧盟竞争法的另一个显著特点就在于不断推动国际竞争政策的协调发展，致力于建立统一的国际竞争政策体系。这一点后文还将继续讨论。

第二节　欧盟控制企业集中立法的贡献：双边合作与单边协调的典范

欧盟控制企业集中立法对美国反垄断法在实体规则上吸收了大量的先进理念和经验，这一点前文已经详细论述，可以说，欧盟是单边协调的具有典范性的区域组织。此外，欧盟与美国竞争政策的合作协定也同样是双边合作的成功典范。

20 世纪 70 年代之前，各国之间并没有专门的双边反垄断协定，但是一些双边的经贸条约已经开始涉及反垄断合作问题。比如美国与丹麦、法国、希腊、意大利以及日本签订的《友好通商与航海条约》都包含有类似内容。此后，真正的双边反垄断协定才正式出现。

根据有关学者的划分，双边竞争法合作协定可以分为三代。第一代双边反垄断协定主要是指 20 世纪 70—80 年代签订的一些双边反垄断协定，以 1976 年美国政府与原联邦德国政府签订的《在限制性商业做法方面开展相互合作的协定》为代表；[3] 第二代双边反垄断协定是指那些保护积极礼让规定的双边反垄断协定，以 1991 年的美欧协定为代表（这也是目前大多数协定采取的形式）；[4] 1999 年美国政府与澳大利亚政府签订的《关于在反垄断执法方面开展互助的协定》

---

〔1〕 139/2004 号条例序言规定：……③建立内部市场和经济货币共同体、扩大欧盟以及降低贸易和投资壁垒将不断引起重大的企业活动，特别是企业集中活动。④只要这些重组织是生气勃勃的市场竞争结果，能够增强欧洲产业的竞争力，改善共同体内发展的条件和提高生活水准，它们应受到欢迎。⑤但是，重组的过程应确保不对竞争构成持续的损害；因此，共同体法必须包括相应的规则，以规则那些将严重损害共同体市场或其重大部分有效竞争的企业集中。

〔2〕 李钟斌著：《反垄断法的合理原则研究》，厦门大学出版社 2005 年版，第 168 页。

〔3〕 Kevin C. Kennedy: *Competition Law and the World Trade Organization: The Limits of Multilateralism*, Sweet & Maxwell, 2001, p. 42.

〔4〕 Andreas F. Lowenfeld: *International Economic Law*, Oxford University Press, 2002, p. 376.

则代表了第三代协定的发展方向。[1] 因为该协定解决了长期以来困扰反垄断双边合作总的机密信息互享以及代表协定另一方利用强制性程序调查取证的问题。

但是，美澳协定实际上属于“IAEAA模式”协定，[2] 缺乏普遍性，同第二代协定的区别并不明显。因此，有学者认为，第三代协定应该具备两个基本特征：从协定宗旨看，第三代协定以法律趋同化为重要目标；从协定内容看，第三代协定将不局限于程序性规则，将出现更多的实体性规则，或者形成实体性规则的有关规则。[3] 第三代协定将是未来双边竞争协定的发展方向，而且，有可能增加有关追求反垄断法趋同宗旨的内容，[4] 这样将更加有利于竞争规则的协调。

正如欧洲竞争委员 Van Miert 所召集的专家组所提议的：国家之间必须首先发展和提升旨在加强竞争当局之间的合作（包括通过积极礼让的方式）的双边协定，这一点欧盟委员会在其为建立开拓性的工作组所作的更为原则化的提议中也有所反映。然后国家会制定一个多边框架。另外，一套最低程度适当的竞争规则、一项有拘束力的积极礼让制度以及一个有效的争端解决制度将被加入其中。起初，一个核心国家组成的集团将会通过这一多边框架，继而参与国集团将会通过多米诺骨牌效应而使之逐步扩大。[5]

从现在的情况看，目前的双边合作协定按其主要内容划分，包括三种类型：①专门处理竞争法执行中的合作问题的协定；②关于相互提供竞争法方面技术支持的协定；③双边司法协助协定，其中包括了反托拉斯案件的相互协助。[6]

第一种协定目前被越来越多的国家所采用，其中包括一些发展中国家，比如中国就与俄罗斯、哈萨克斯坦签订了关于反不正当竞争与反垄断的合作协定。典型条款包括：将影响另一方重大利益的执行活动通知另一方；在调查与实施救济中承诺考虑另一方的重要利益（包括消极礼让）；调查中的协助（包括积极礼让）；在同时涉及两国的限制竞争案件上管辖权之间的协调；两国之间的磋商机制等等。[7] 1991年美国与欧共体之间签订的双边合作协定就属于这一类型。

---

〔1〕 Mads Andenas and Anestis Papadopoulos, Antitrust Law and International Companies, *European Business Law*, Vol. 13, No. 3, 2002, p. 208.

〔2〕 所谓“IAEAA模式”协定，即指根据1994年美国《国际反垄断实施协助法》（IAEAA）签订的双边反垄断协定。

〔3〕 蔡从燕：《双边反垄断协定研究》，载陈安主编：《国际经济法学刊》第9卷，北京大学出版社2004年版，第309页。

〔4〕 同上，第323页。

〔5〕 See Eleanor M. Fox: Toward World Antitrust and Market Access, *The American Journal International Law*, Vol. 91, January, 1997.

〔6〕 王中美：《国际竞争规则协调历程之述评》，载陈安主编：《国际经济法学刊》第9卷，北京大学出版社2004年版，第335页。

〔7〕 同上。

1998 年，两者又签订了一项新的反托拉斯合作协定，以补充 1991 年的协定。[1]

而大多数的合作协议主要是通告和协商类型的合作，也就是上述的第二种协定，内容多是技术上的相互协助，如代为培训人员、共同研究、互相交流竞争法立法和执法经验等，并不涉及实质上的相互协调。

第三种是双边司法协助协定，其中包括了反托拉斯案件的相互协助。但是这种司法协助协定并不能解决由竞争法的域外效力而引起的管辖权冲突和平行程序问题。

总的来讲，双边协议能够促进合作双方的交流和互信。通过交换有关竞争政策方面的信息和观点，各国甚至可以统一看法，从而缩小冲突范围并最终形成共同的竞争文化。欧美之间的双边协定就被认为是比较成功的范例。

1991 年 9 月 23 日，欧盟委员会和美利坚合众国政府签订了关于适用欧共体竞争规则的双边协定。1995 年 4 月 10 日欧盟理事会和委员会通过联合决议批准了这项协定，由此使之成为一个有效的协定。[2] 欧盟和美国关于两国竞争机构合作的协定在国际社会类似的合作努力中具有代表性，[3] 因此，本节将详细讨论。

1. 协定主要内容

该协定主要规定如下：

——缔约一方竞争机构应向另一方通报它处理的涉及另一方重大利益的案件（第Ⅱ条），相互交换适用竞争规则的一般信息（第Ⅲ条）；

协定中详细地规定了告示程序中双方的权限都包含了可以使用通告的规定（见 ZANETTIN [2002]），如表（表 7－1）所示。

表 7－1　集中通告

份

年度	欧共体通告	美国通告	欧共体联合通告	美国联合通告	欧盟反托拉斯通告	美国反托拉斯通告
1991	5	12	3	9	2	3
1992	26	40	11	31	15	9

[1] Agreement Between the Government of the United States of America and the European Communities on the Application of Positive Comity Principles in the Enforcement of Their Competition Laws, June 4, 1998, available at http: //www. usdoj. gov/atr/public/international/doc/1781. htm.

[2] ABl. 1995 Nr L95/45 – 46.

[3] 欧盟委员会和加拿大政府也签订了关于适用竞争法的协定。该协定 1999 年 4 月 29 日由理事会和委员会联合决议批准，1999 年 6 月 17 日签署并生效。委员会给理事会和欧洲议会的关于协定实施的报告中介绍了合作结果。

续表

年度	欧共体通告	美国通告	欧共体联合通告	美国联合通告	欧盟反托拉斯通告	美国反托拉斯通告
1993	44	40	20	20	24	20
1994	29	35	18	20	11	15
1995	42	35	31	18	11	17
1996	48	38	35	27	13	11
1997	42	36	30	20	12	16
1998	52	46	43	39	11	10
1999	70	49	59	39	11	10
2000	104	58	85	49	19	9
2001	84	37	71	25	13	12
2002	65	44	56	27	7	17

（资料来源：欧盟委员会［2004］）

——缔约双方竞争机构采取行动和措施时应进行合作和加强协调（第Ⅳ条）；

——依据传统“礼让”程序，双方有义务在实施其竞争规范时考虑对方的重大利益（第Ⅵ条）；

——依据“更进一步的积极礼让”程序，缔约一方可以敦促对方根据其竞争法采取适当措施，采取行动对付发生在请求方领域内，损害其重要利益的反竞争行为（第Ⅴ条）。[1] 该协定是第一份包含有积极礼让规定的国际双边协定，但是该规定迄今仅适用过一次，那是 1997 年美国司法部提出的请求。美国当时要求欧共体对欧洲航空公司的计算机订票系统的限制竞争做法进行调查，认为其可能影响到美国的航空公司。欧盟委员会的调查于 1999 年 9 月结束。[2]

后来，委员会受欧盟理事会的委托，又与美国政府达成一个补充性的协定，使 1991 年协定中的一些规定，特别是“积极礼让”原则得到了加强。这个关于“积极礼让”的协定于 1998 年 6 月 4 日在华盛顿签署并于同一天生效。它成就了

〔1〕 但是该项承诺只约束美国联邦执法机构，不能约束美国法院。在欧共体内部，该协定的效力也有争议，该协定的效力被欧洲法院所肯定，但是，对该协定是否能够约束欧共体成员国则有不同看法。因为这涉及《欧共体条约》的性质问题，欧美之间的该协定是否为混合协定等欧盟法基础理论问题。See Gunnar Schuster, Decision of Regional and Foreign Courts: European Communities—Agreement between the Commission and the United States on competition—power of the Commission to conclude the Agreement, *American Journal of International Law*, Vol. 89, January, 1995.

〔2〕 详细内容见委员会向理事会和欧洲议会提交的关于执行欧共体和美国签订的适用竞争规则双边协定的报告。

下列设想，即“在缔约另一方全境或其重要部分内发生的限制竞争行为损害缔约一方利益时”“缔约一方一般拖延自己采取法律措施的时间或推迟开始自己的法律程序，以有利于另一方采取措施”。这仅发生在限制竞争行为对拖延采取措施或推迟采取法律程序的缔约一方的消费者“没有直接的、实质性的和通常可合理预见的影响”的情形下。只有当在其地域范围内发生限制竞争行为的缔约另一方对处理该行为享有管辖权并准备积极和及时地处理该行为时，缔约一方才需考虑推迟开始自己的法律程序。而且，缔约国一旦接受了这类案件的处理，就应坚持将有关程序的进展不断告知对方，只要这是依据机密信息保护规定所允许的。

新协定被视为一项重要的发展，因为该协定使欧盟和美国互有义务，在采取竞争法措施的特定情形下互相合作，而不是优先主张域外适用本国法。协定在实践中取得了一定效果。WordlCom 公司与 MCI 公司的兼并案曾经被委员会认为是一次“最佳合作”实践的范例。[1] 在爱克森公司与美孚公司兼并案、Alcoa 公司收购 Reynolds Metal 公司案以及 WorldCom 公司与 Sprint 公司的兼并案中美欧都作出了相同的判决。

最后，委员会 1999 年 3 月 31 日还批准了欧共体和美国关于互相参与对方特定阶段反垄断案件审理程序的政府协议。依据该协议，在涉及两国利益的案件中，美国竞争机构可以作为观察员参与欧盟委员会举行的听证会。与此相应，委员会可以在美国竞争机构根据美国反托拉斯法作出决定前参与美国竞争机构和有关企业间的最高级会谈。在信息保密和信息使用方面提供保障或达成协议的情况下，可以批准共同体参与听证的要求。但是，这种参与只有获得被涉企业的明确同意才是可以的。[2]

2. 机密信息的保护

根据 1991 年协定第 8 条，竞争机构受其本国法关于机密信息保护的约束。

1995 年 4 月 10 日，欧盟委员会在颁布理事会和委员会关于欧盟和美国 1991 年协定生效的联合决定时，发布了一个关于保护机密信息的通告。1998 年 5 月 29 日签订的“积极礼让”协定中，也明确了对机密信息的保护。[3] 根据该协定，委员会只能在共同体法允许的范围内将有关信息通告美国的竞争机构。而且，仅当信息被披露者同意的情况下，才可将机密信息与他国机构进行交流。

---

〔1〕 Eurjopean Commission, XXVIIth Report to the Council and the European Parliament on the Application of the Agreement between the European Communites and the Government of the United States of America Regarding the Application of Their Competition Laws, Com (99) final (1999).

〔2〕 见委员会向理事会和欧洲议会提交的关于执行欧共体和美国签订的适用竞争规则双边协定的报告。

〔3〕 参见委员会关于美国和欧共体之间签订的竞争法执行协定的实施情况的第 4 次报告。

委员会和美国竞争机构始终努力敦促，希望合并的当事人许可交换其机密信息。只有这样，两国竞争机构才有可能开展自由和无阻碍的交流。企业合并的申报者也由此才能避免遭受双重调查程序。委员会报告了实施当事人自愿交换机密信息制度的好的经验，机密信息的交换通常也有利于参与企业自己的利益。

3. 对成员国的透明度

依据委员会1995年向理事会所作的第一次陈述，反垄断案涉及的成员国将被及时告知欧共体和美国竞争机构依据1991年欧盟和美国双边协定开展的合作活动。委员会在其1998年5月发布的《关于透明度的通告》中强调了告知义务。

4. 发展在协定基础上的合作

鉴于普遍的而且对其未来发展不可预测的全球性企业合并浪潮，美国和欧共体在企业合并案中大大加强了双边协定基础上的合作。合并案的合作内容上主要集中在三个方面：第一，界定相关市场；第二，评价合并计划可能对市场造成的影响；第三，当事人为排除双方竞争机构对其合并在竞争法上的疑虑而建议提供援助的适当性。如果在地域方面相关产品和服务的市场涉及整个世界或至少涉及美国和欧洲，那就可以进行一项特别广泛的合作。[1]

总之，1991年协定除了类似其他双边协议将相互通告和协商作为合作和避免冲突的重要措施外，在下述方面还有超出一般意义上的合作：第一，双方均有权审理案件，必要时可联合审理；第二，一方可要求另一方制裁损害了本国出口商利益同时也违反对方竞争法和损害对方国家消费者利益的限制竞争行为；第三，适用法律时，一方采取的手段和措施须考虑另一方的利益。[2]

从世界范围看，各国竞争法相互融合是一种发展趋势。这是因为作为调整跨境经济关系的法律制度在技术层面上存在相互借鉴的需要，在法律制度的执行方面存在着互相合作的客观必要。

在欧盟企业集中控制法律制度的变革中，我们经常能够看见美国竞争规则留下的影子。正如前文已经探讨过的，欧盟控制企业合并法律制度的改革集中体现了双方政策上趋同到法律制度上趋同。这种趋同性在合并控制的实体法领域比在程序法领域表现得更为明显。两国实体法上的趋同性表现在相关市场的界定标准、市场势力的认定、共同拥有市场支配地位的界定，以及为对方国家执行反垄

---

〔1〕［德］E·L·麦斯特麦克著，方小敏译：《全球化中的欧洲竞争法》，载《环球法律评论》2003年春季号，第34－35页。

〔2〕 James F. Rill：Internationale Antitrust-Politikausder Sichtdesamerikanischen Justizministeriums，WuW，6/1992，S. 508，509。转引自王晓晔：《巨型跨国合并对反垄断法的挑战》，载《法学研究》1999年第5期，第78页。

断法提供援助等方面。但是，两国行政体制和司法体制上的不同特点决定了两国企业合并控制程序法上的差异，迄今两国仍避免在该领域进行合作和协调。鉴于事实上和法律上的原因，虽然双边合作具有一定的界限和范围，但它无疑是提高竞争法国际效力的重要途径，有助于降低两国反垄断机构就同一项合并作出相反判断的可能性。

而且，竞争法毕竟与一国的经济和政治问题联系紧密，这就决定了各国在制定和执行本国竞争法律规则时往往优先考虑本国的利益，因此，竞争法的融合中同样存在着离心力。加之由于美国和欧盟毕竟存在经济、文化和法律等各个方面的差异，如何吸收来自美国的竞争规则是今后欧盟将要面临的新问题。

小 结

回顾历史，完备的竞争法体系在欧洲一体化进程中起到了巨大的推动作用。“不仅欧共体竞争法本身成为全欧洲经济决策的主要因素，而且，成员国也不断地模仿欧盟竞争法制定各自的竞争法。虽然它是具有欧洲传统的竞争法产品，并因此受那些塑造了国家竞争法的、相同的知识流派、历史经验以及政治和法律概念的影响。它也是塑造和加强这一传统并赋予其以效力的关键因素。”[1]

---

〔1〕［美］戴维·格伯尔著，冯克利、魏志梅译：《二十世纪欧洲的法律与竞争》，中国社会科学出版社2004年版，第416页。

第八章

完善我国控制企业集中立法的构想[1]

第一节　我国控制企业集中法律体系的立法思考

一、我国控制企业集中立法现状

我国现代企业合并活动最早始于1984年的河北省保定市，涉外企业合并也于同期展开。1988年，辽宁省政府决定，将33家濒临倒闭破产的工业企业公开向国外拍卖。1990年广东肇庆市政府颁布的《关于鼓励外商投资的优惠办法》，其中就包括鼓励外商出资购买该市现有企业的全部股权进行独资经营。随着我国改革的深入和开放的扩大，外商已经不仅可以购买国营企业进行独资经营，还可以购买中外合资经营企业的股份，如港商对天津裕年公司的收购就是一例。1992年，新加坡商人在福建省泉州市政府的支持下，与当地所有的41家国有企业分别达成协议，予以全部购买。报界评论"这是中国第一次大规模把营业不佳的国有企业卖给外资公司。"[2] 我国的涉外企业合并同样涉及收购外国企业。如1992年11月5日，首钢用1.2亿美元收购了秘鲁铁矿有限公司。1996年，中国信托投资公司利用国际上几家大银行组成的银团贷款，购买了澳大利亚波特兰炼铝厂10%的股份。[3] 联合国贸发会议2003年5月13日公布的一项调查结果显示，中国将成为重要的对外投资国。[4] OECD的一份报告指出，由于美国的经济下滑挫伤了企业合并与收购活动，2002年中国大陆取代美国，成为全球最热门的外国

---

〔1〕 本章与胡峰合作完成。

〔2〕 姚梅镇主编：《比较外资法》，武汉大学出版社1993年，第90页。

〔3〕 李金鹏：《中企进行跨国并购的现状分析与对策》，载《国际商报》1999年4月1日第6版。

〔4〕《金融时报》2003年5月16日第4版。

直接投资目标，2002年外国在中国大陆的投资上升了20%，达到530亿美元。[1]在这种经济背景下，2002年下半年以来，我国涉外企业合并逐步升温。一项统计调查显示，2002年涉及中国企业的兼并与收购交易总值较上年翻了两番，超过300亿美元，占亚洲地区（除日本外）同类交易总额的1/5。[2]实际上，自20世纪90年代中期开始，外资并购逐渐成为中国吸引外资的重要方式。联合国贸发会每年发布的《世界投资报告》显示，2001年我国外资并购占当年外商直接投资不到5%，而2004年仅1月到9月就达到了63.6%。

与此同时，我国有关企业集中的法律制度的发展情况却不容乐观。

早在1980年国务院颁布的《关于开展和保护社会主义竞争的暂行规定》中，就已经存在一些后来规定在反不正当竞争法中的内容，如地区封锁。不过，在当时的计划经济环境下，该暂行规定主要目的还是为了减少计划经济体制本身对竞争的制约。因此其中的大部分内容在市场经济制度确立后无法得到延续。真正标志中国竞争法诞生的是1993年12月1日实施的反不正当竞争法。作为中国竞争法体系龙头法的反不正当竞争法共有5章，33条。主要内容包括不正当竞争行为的定义、表现形式、主管机关和法律后果。整体上，没有对不正当竞争行为采取欧盟紧密式的抽象概括配合典型范例的立法体例。虽然在第2条中指出了经营者应当遵循的商业原则和商业道德，从第5条到第15条列举了11种不正当竞争行为，但由于对不正当竞争的界定狭义地要求必须违反该法规定，也就造成司法实践中采取按图索骥的僵化做法，只是围绕这11种不正当竞争行为来适用该法。一般条款几乎无法发挥作用。姑且可以将其称为松散型的定义配合具体范例模式。这样做的好处是简单明了，易于司法机关操作，社会上当时频繁出现的一些不正当竞争行为能够得到及时、有效的纠正。应当肯定，这部法律的出台为当时整顿市场秩序发挥了较好的作用，也在一定程度上从竞争法的层面弥补了知识产权保护制度的缺漏。它凝聚着法律人的历史智慧，然而，随着市场经济的深入，其无法解决新问题的不足之处也逐渐显露出来。

目前，国家工商总局完成的《在华跨国公司限制竞争行为表现及对策》的报告，已充分表明在华跨国企业在软件、感光材料、手机、照相机、轮胎、软包装等行业已具有明显的市场优势地位，甚至占有绝对垄断地位，跨国公司限制竞争性行为在中国时有发生，其中最突出的是滥用优势地位限制竞争的行为。[3]

---

〔1〕《经济日报》2003年6月24日第4版。

〔2〕何毅、卢新发：《跨国并购升温　保险能做什么?》，载《金融时报》2003年4月9日第5版。

〔3〕蔡一飞：《首次调查跨国公司限制竞争，国家工商总局助推‘反垄断法’》，载《21世纪经济报道》2004年5月17日，第23版。

但是，我国目前有关企业集中控制的法律制度非常零散而不成体系。涉及并购监管的立法散见于证券法、公司法以及有关行政规章，其中比较集中规定并购行为的行政规章主要是《上市公司收购管理办法》和《外国投资者并购境内企业暂行规定》（以下简称《暂行规定》）。[1] 这些规章主要从产业安全、资产安全、企业合并的决策程序、部门审批、上市公司收购程序规则等方面规范，除《暂行规定》有关于并购申报方面的程序性规定外，其他法律、法规和规章都不是从竞争法角度进行立法，使得我国对并购反竞争问题的监管处于盲区状态。随着《外国投资者并购境内企业规定》的出台，企业集中控制法律制度相对进入一个完善的轨道，但是仍显不足。

从现在看来，现有法律的调整范围过于狭窄而且法律实施方面也不确定。我们目前的竞争法体系大致上是综合立法体例，即在反不正当竞争法中对不正当竞争与垄断行为分别调整。反不正当竞争法第6、7条[2]实际上就是对有关反经济性垄断和反行政性垄断的规定。但是，反不正当竞争法基本上旨在打击各种误导性的商品说明、诋毁他人的商品、误导性广告、非法使用商业秘密（即普通法中的违反信赖）以及暗中给予佣金或回扣以增加销售等同市场上的诚实信用相关的不法行为，而非针对整个自由竞争的市场机制。尤其是这种立法上的不完善、不尽如人意还受到一些经济因素的进一步影响，即许多同政府部门有良好关系的市场主体可以瓜分市场并向对外地产品采取歧视措施的地方政府寻求保护。[3]

要弥补本国法律的不足，方法之一就是学习和借鉴。研究外国法律，归根结底是要完善本国的立法。在反垄断法早期的讨论过程中，[4] 曾经有争论，我国现在的经济环境是不是要竞争行为，我国究竟要不要一部反垄断法。[5]

不正当竞争行为与垄断限制竞争行为是不同的，这就决定了反不正当竞争法

---

〔1〕 其他一些部门规章主要包括：《关于企业兼并的暂行办法》《关于出售国有小企业产权的暂行办法》《国有资产评估管理办法》《关于向外商转让上市公司国有股和法人股有关问题的通知》等。

〔2〕 公用企业或者其他依法具有独占地位的经营者，不得限定他人购买其指定的经营者的商品，以排挤其他经营者的公平竞争。

〔3〕 [中国香港] 马克·威廉姆斯著，林立新、谢军晖、纪文华译：《欧盟竞争法对中国竞争立法的启示》，载《法学评论》1999年第6期。

〔4〕 反不正当竞争法出台后，1993年八届人大正式将反垄断法列入全国人大常委会立法规划。2004年2月26日，商务部将《中华人民共和国反垄断法（送审稿）》提交国务院审议。由于政府和学术界对反垄断法制定与否、调整对象、规制范围、具体制度等存在较大争议，反垄断法迄今仍处于立法阶段。

〔5〕 反对者提出反垄断与发展规模经济是相矛盾的。持论者曰：由于我国现在正处在市场经济的初始阶段，市场垄断行为表现得还不充分，特别是企业的平均规模过小，企业横向联合和企业集团正在发育，如果现在就把限制企业联合规定在反垄断法中，势必会影响国家产业政策的执行，因此我国现在颁布反垄断法还为时过早。有关的争论可参见王晓晔：《社会主义市场经济条件下的反垄断法》，载《中国社会科学》1996年第1期，第82－83页。

与反垄断法的调整对象和调整目的是不同的。反不正当竞争法重在维护财产安全，即“静的安全”；反垄断法主要作用在于给竞争者提供一个竞争的场所，主要是为了维护效率，而非公平促进，即“动的安全”。[1] 经过长期的讨论和摸索，我国采取了分立的立法体系，制定了反垄断法，它与反不正当竞争法一起构成我国竞争法的基本体系。

二、反垄断法中的控制企业集中问题

企业集中是中国产业准备迎接国际商业竞争的一个公认的重要手段。从理论上说，反垄断法基于合并对竞争秩序的危害性大小不同将合并分为：横向（水平）合并、纵向（垂直）合并、混合合并等三种。从各国反垄断立法的发展趋势来看，横向合并由于排除相关企业之间的竞争，提高市场的集中度，成为各国反垄断法的主要规制对象，而对纵向和混合合并，则采取了较为宽容的态度。如美国反托拉斯法局认为，这种类型的合并虽然具有潜在的消除竞争、设置进入市场的障碍、提高企业共谋可能性等危险，但在另一方面它们可能产生更大的效益，因此原则上应积极地评价非横向合并，执行机关原则上不禁止这类合并。鉴于中国现状，后两种合并目前也较为少见，所以也应顺应反垄断法发展潮流——从全面干预到有选择干预，将规制重点放在企业横向合并上。[2]

此外，对于应运用什么标准来许可有益的企业合并、阻止有害竞争的企业合并，学术界和实务界也并无一致的意见。

三、反垄断法中的执法机构问题

执法机构的立法设计中必须要考虑如下问题：执法机构应有哪些调查权？应赋予其哪些行政裁量权？对受不法行为影响的企业或消费者应提供什么补救？如果反垄断法的执法机构没有足够有效的调查、执行和补救的权力，那么，整个竞争法体系将是软弱无力的。

中国社会主义市场经济存在的一个主要问题是中央及地方政府机构对市场经济自由运作的广泛干预。这种干预通常不会受到法律制裁，但却因此遭到了众多学者的广泛批评。行政垄断不仅仅是保护落后，而且还阻碍了市场机制的发展，导致官商勾结、腐败成风。各级官员对所支持的产业提供强大的保护意味着任何反垄断法执行机构都将面临着繁重艰巨的任务。地方势力者将通过阻挠反垄断法

---

〔1〕 赖源河著：《公平交易法新论》，新月出版社股份有限公司2000年版，第107－108页。

〔2〕 陈立虎、王芳：《中国反垄断立法中企业合并条款的思考》，载《苏州大学学报（哲学社会科学版）》2003年7月，第49页。

调查而破坏执法机构的行动。虽然人民法院拥有审判权，但因地方法院在财政和人事上依赖当地政府，因此各类制裁也就难以有效实施。在中央一级，这个问题更加突出。大多数学者认为，作为反垄断法有效运行的前提，其执法机构应是中央政府设立的国家级机构，对国务院负责，并且应赋予广泛的调查权，而且应是一个独立的机构，由胜任的、廉洁的专家人员组成。有学者建议采取中央和区域性派出机构的双重结构，区域性派出机构设立于全国各大区，有权管理本区域内的相关事务，而其余更重大的案件则由设在北京的中央机构处理。这种机构的目的在于防止省一级的官员过多地影响竞争法执法机构的工作。不过，反垄断法最终在部门利益的博弈下妥协，选择了分立的执法结构体制。

第二节　欧盟企业集中控制立法改革对我国的启示

欧盟地域广阔、人口众多、政治法律结构多样。在一些方面欧盟成员国国内产业保护主义的压力与中国常见的地方保护主义比较相似。欧盟竞争法的实体规定以大陆法的法典式体系为基础，并且有一个中央监督机关——欧盟委员会第四总局来实施这些规定。同样，中国也存在一个法典化的法律体系，并有中央集权政治的传统。欧盟控制企业集中法律制度的实体法作为可采用的部分模式对中国是有益的。很明显，在中国的具体情况下直接沿用《欧共体条约》体例和二级立法是不适当的也不可行，但是欧盟控制企业集中立法与实践却是值得考虑的。特别是欧盟企业集中控制的实体规定和调查方法现在已经完善，可供中国参考借鉴。[1]

按照前文对欧盟竞争法特点的总结，欧盟竞争法的最新发展对我国竞争立法尤其是反垄断立法至少有以下几点值得思考：

一、明确竞争政策的目的与宗旨，确定控制企业集中立法的目标

市场经济国家的经济政策体系中，竞争政策占有基础的、首要的地位。在市场经济中，国家的经济政策有不同的目标，例如促进经济增长、实现充分就业、

---

〔1〕［中国香港］马克·威廉姆斯著，林立新、谢军晖、纪文华译：《欧盟竞争法对中国竞争立法的启示》，载《法学评论》，1999年第6期。但是马克·威廉姆斯在最近的文章，认为，鉴于中国政府体系和实施竞争法的理论基础等方面的差异，中国应该对它已经作出的采纳欧共体模式的明显选择予以重新考虑。因为马克·威廉姆斯对于我国反垄断市场规制方面的活动，以及《反垄断法》（草案）中部分规定和有关对外资的限制等有所担心。马克·威廉姆斯著，李靖堃译：《采纳欧共体竞争法模式——对中国而言会不会是一匹特洛伊木马?》，载程卫东主编：中国竞争立法探要：欧盟对我们的启示》，社会科学文献出版社2006年版，第115－117页。

保持价格水平稳定和国际收支平衡等。但是它们都要服从于一个基本的原则：市场竞争原则。市场经济的灵魂是竞争，然而竞争并非自发的、无序的，这就要求国家制定并实施有效的竞争政策为市场竞争过程创造和维护必需的制度框架，确立市场主体的行为规范和竞争活动的规则。[1]

我国向社会主义市场经济目标模式努力的现状更接近于欧洲的情况。和欧洲为实现经济一体化而设定的建成内部共同大市场的目标类似，我们所努力的目标是建设全国统一的大市场；而在美国，其反垄断法自产生之日起，就面对着已经形成了的跨越北美大陆的全国性的统一市场，反垄断法的矛头自然就直接指向拥有并滥用垄断地位和市场权力的托拉斯组织，把控制经济权力、消除竞争限制、维护自由竞争的目的放在首要地位。虽然欧洲联盟是发达资本主义国家的集团，它所追求的"社会性"目标仅限于资本主义制度允许范围内，但欧盟竞争政策这种带有更多社会性、公益性、全民福利性的价值观念，较之于美国的反托拉斯政策更容易为我们的制度所同化，成为制定我国竞争政策的一个有益的参照系。

（一）以消费者利益、维护市场有效竞争为立法宗旨

有效竞争使消费者能够充分享受价廉物美、种类齐全、不断创新的产品或服务。通过并购控制，能够有效防止企业市场势力急剧扩张，进而剥夺消费者享受这些好处的权利。维护消费者利益、维持市场有效竞争是贯穿欧盟控制企业集中立法的一根线，并集中体现在《横向集中评估指南》中，在每一个集中分析环节都坚持其作为集中是否具有反竞争性的标准。比如，在分析集中当事人提出的效率抗辩时，委员会首先分析该集中所产生的效率是否将使消费者受益，标准是消费者不会因为集中处境更加不利。其次，集中直接产生的效率不能通过现实存在的反竞争性更小的其他替代方式获得，如不能通过许可协议、合作型合营企业、集中型合营企业或者其他集中获得，即效率必须是集中特有的。如果没有替代方法或替代方法反竞争性更大，则效率抗辩的理由能够成立。再次，集中所产生效率可付诸实施并足以抵消并购对消费者的反竞争效果，即效率具有可证明性。当事人主张的效率越准确、越可信，委员会就越能更好地评估抗辩主张。只要可能，应该量化效率及其带来的消费者利益，使委员会能够通过具体数据获得比其他经济手段和信息能够达到的更精确的程度，并以此判断效率抗辩的可依赖性。如果不能获得精确定量分析所需的数据，则必须预测集中对消费者能够产生的显著而非微小的积极效果。可见，消费者利益和维护市场有效竞争在集中效率抗辩评估中得到充分体现。

---

〔1〕 陈秀山著：《现代竞争理论与竞争政策》，商务印书馆1997年版，第130－136页。

对此，我国并购立法也应予以借鉴，应以维护市场竞争的自由与公平，进而实现对中小企业利益的保护以及消费者利益的保护为重要目标。欧盟竞争法的目标之一就是打破国家间的经济壁垒，推动欧共体市场一体化，保护欧共体市场的公平竞争，从而促进欧共体统一大市场的建立和发展以及欧共体经济的繁荣。目前我国的市场体系正处于建立和发展时期，跨国企业往往利用我国法律漏洞，通过滥用企业集中的手段谋求市场垄断地位，剥夺了其他经营者公平竞争的机会，严重损害了公平竞争，进而损害了消费者的利益。我国规制滥用支配地位行为的法律应借鉴欧共体的做法，强调对中小企业的保护。规制滥用支配地位行为的最终目的应该是保护消费者利益。消费者是竞争关系中的一个重要环节，从某种意义上讲，它影响着竞争关系的发展。禁止滥用支配地位对消费者利益的保护是从根本上保护相关竞争者的利益。因此，禁止滥用支配地位的法律应是通过对竞争机制和中小企业利益的保护，达到保护消费者利益的目的。但这种保护不能破坏市场竞争机制。只要市场仍是一个开放的市场，市场准入没有受到限制，支配企业就仍有在市场上竞争的权利。最终通过微观上对相关竞争者和消费者的保护，在宏观上对社会公共利益的保护。

（二）吸收合理原则，妥善处理产业政策与竞争政策的关系，在维持竞争法及竞争政策优先地位的同时，利用集中控制立法为我国产业政策服务，以促进我国产业结构转型，提高我国企业的国际竞争力

美国谢尔曼法被认为是世界反垄断法的鼻祖，对世界各国竞争法的发展影响深远。美国反托拉斯法的管理机构在实践中，对本身原则和合理原则的运用非常值得我们借鉴。美国反托拉斯法对这对原则的实践实际上是为了维护整体经济和社会公共利益。

据《华盛顿邮报》消息，从1988年到2005年7月份，美国外国投资委员会已经收到1 500多起申报，对其中25起申报的交易进行了完全调查。在25起申报中，13起申报基于委员会“将作出完全审查”的决定被撤回，剩下的12起交由总统作出决定。其中，1起交易被禁止。即1990年，老布什总统下令阻止了中国航空技术进出口总公司收购美国西雅图的一家生产飞机金属部件的公司交易。多年来，美国已经构建了一整套维护本国产业安全和国家安全的法律制度，并拥有了丰富的司法实践。[1]

事实上，任何国家的竞争政策都不排除政府可以根据自身需要，对个别行业或者部门给予反垄断法的豁免，或者对某个地区及企业给予政府补贴。正如欧盟

〔1〕 张勇：《论构建中国产业安全法律制度》，对外经济贸易大学博士论文，第150页。

竞争委员 Karel Van Miert 所云："有效的欧盟竞争政策保证了我国产业的竞争力。只有依托一个健全的竞争环境，产业才能傲立在经济的前沿，并在全球市场上取得领先的地位。"[1]

美国、德国、日本、英国等国就对"出口卡特尔"[2] 持支持的态度。在瑞士，由于能增加出口收入，政府对控制产量、价格与销售的表业卡特尔就特别关照。欧洲的铝业卡特尔成立以来也一直受到欧盟的庇护。欧盟 1998 年作出了全面开放通讯市场的决定，为企业控制企业集中在政策上提供支持。资料显示，欧洲企业兼并收购活动2003 年第一季初露复苏迹象，3 月企业控制企业集中业务激增，创2000 年经济繁荣时期以来的最高水平。2003 年第一季，欧洲企业兼并收购总金额较2002 年同期劲增 23.9%，达 1 686 亿美元。[3]

目前，我国面临着产业结构的重大调整，可以利用竞争政策对有关行业的并购进行禁止或豁免，促进产业结构的调整。对外资通过并购间接控制关乎国计民生、国家安全、国家支柱产业的，应配合产业政策（如外商投资产业指导目录、指导外商投资方向的规定）对该并购进行限制和禁止；对国家鼓励竞争的行业，坚持竞争法和竞争政策优先原则，鼓励在不妨碍有效竞争的前提下开展并购。对于目前感光材料胶片行业、照相机行业、软包装行业、软件行业即使外资通过并购握有较高的市场占有率，形成了一定市场势力，只要其不存在搭售、捆绑、独家交易、倾销、拒绝交易等滥用优势地位的反竞争行为，根据"做大做强不是罪、只有称王称霸才是罪"的原则，可以对其在竞争法范围内的并购及经营行为不予干涉。但当并购产生潜在的反竞争效果时，当具有市场势力的企业滥用其优势地位时，即使不违反产业政策，仍应依据竞争法和竞争政策对其进行规制，维护竞争法的优先地位。

六部委颁布的并购规定中明确指出："外国投资者并购境内企业并取得实际控制权，涉及重点行业、存在影响或可能影响国家经济安全因素，或者导致拥有驰名商标或中华老字号的境内企业实际控制权转移的，当事人应就此向商务部进行申报。"这就是在反垄断法尚未出台之前的过渡时期政府采取的一种维护经济安全的措施。

---

〔1〕 Misuse of State Aid, Strict Control of Mergers and World-wide Competition Policy for A Competition European, Available at http: //www. eur-op. eu. int/opnews/396/en/r346. html, Visited on March 14, 2006.

〔2〕 所谓"出口卡特尔"是指一个国家的出口企业商定对某个国家的出口价格、出口数量或者划分销售市场，这种行为在本国可以销售反垄断的豁免，因为它并不影响国内市场，且能够保证出口企业在国际市场的竞争力。

〔3〕 梁忻：《欧洲的企业并购》，载《中国企业报》2003 年 7 月 11 日。

二、从实体法与程序法两方面完善对企业集中活动的法律规制

（一）集中的“构成标准”问题：确定实体标准

如何确定集中的“标准”问题关系提高评估并购反竞争标准的可操作性、可预期性与稳定性。因此，在反垄断法草案的起草过程中，怎样构成垄断这个问题一直是争议焦点。

世界范围内，各个国家采取的集中申报标准大体可以分为严、宽、中三类：德国、英国、法国属于严格标准的国家；日本、加拿大、意大利、西班牙属于采用宽松标准的国家；美国属于采用中间标准的国家，规定境内集中额达到1亿美元必须申报。[1] 而各国的申报标准往往是与其经济发展水平联系起来的。

在当前的经济形式下，外国巨型的跨国公司正在不断进入中国市场，这些跨国公司极有可能滥用市场支配地位，从而危及我国的经济安全。凯雷并购徐工、舍弗勒并购洛轴、法国SEB集团收购苏泊尔等事件均引起极大关注，争议焦点都在于是否构成垄断。法国SEB集团收购苏泊尔一案中，苏泊尔的市场占有率如何计算是核心问题。爱仕达等行业内企业指称苏泊尔压力锅的市场占有率已经超过40%（据国家统计局中国行业企业信息发布中心公布的2005年压力锅市场调查报告，苏泊尔在压力锅市场的占有率是41.08%），并将据此要求对苏泊尔案进行审查。苏泊尔公司则认为，市场占有率应该是苏泊尔在整个炊具行业的占有率，而不是仅指压力锅市场，在炊具行业苏泊尔所占市场份额不足10%，因此不会形成垄断。[2] 可见，建立在相关市场界定接触之上的市场占有率应该作为设定并购反垄断申报门槛的指标等问题，已经成为反垄断法立法中的基础问题。

我国原外经贸部发布的《外国投资者并购境内企业暂行规定》（简称《暂行规定》）第21条规定，当境外并购一方当事人在我国境内拥有资产30亿人民币以上，或其当年在中国市场上的营业额超过15亿，或境外并购一方当事人及其关联企业在中国市场占有率已达到20%，或由于境外并购，境外并购一方当事人及其关联企业在中国市场占有率达到25%，或由于境外并购，境外并购一方当事人直接或间接参股境内相关行业的外商投资企业将超过15家，则外经贸部（现为商务部）和国家工商总局应审查该并购是否存在造成境内市场过度集中，妨害境内正当竞争、损害消费者利益的情形，并作出是否同意的决定……

---

〔1〕 各国具体的申报标准参见柳学信、戚聿东：《我国企业合并申报标准研究》，载《广东社会科学》2006年第4期，第40页。

〔2〕 唐蓓茗：《“走出去”前嚼烂国际竞争政策》，载《解放日报》2006年10月21日第15版。

这实质上将外国并购者在境内资产数量、营业额、市场份额及参股家数作为严重损害有效竞争的简单标准，一方面混淆了实体标准与申报起点标准的差别。欧美并购立法发达国家仅将比例或数量标准作为一项并购是否应向竞争主管机构进行申报的标准，而非判断一项并购是否具有反竞争性的标准；另一方面违反欧美等反垄断法发达国家综合评估的做法，存在一刀切嫌疑，如外国并购者在境内资产规模超过30亿元，则将可能被禁止，其实在资本密集型行业（如汽车业），30亿元并不足以引起垄断；将并购者参股企业的家数作为并购禁止的理由也十分牵强，如QFII（Qualified Foreign Institute Investor，境外合格投资者）通过沪深证券交易所认购15家上市公司（外商投资企业）各1股股票，则构成参股，对其在国内进行并购予以禁止显然缺乏令人信服的理由；仅根据市场占有率就认定一项并购是否构成妨害正当竞争，与欧盟曾经一度坚持但现已放弃的40%集中度标准一样存在着先天的缺憾，而且《暂行规定》将占有率降至20%或25%，与欧盟25%以下、美国30%以下属于“安全港（Safe Harbor）”的规定大相径庭，不利于并购活动的开展。〔1〕如果将《暂行规定》第21条所列明的五种事由视为存在垄断嫌疑的前提条件，则如何认定“造成境内市场过度集中，妨害境内正当竞争、损害消费者利益”的具体标准尚付阙如，导致实践中缺乏可预期性与稳定性，不利于外资通过大规模并购促进我国产业结构的调整。我国入世以来并未产生大规模的外资并购浪潮，该立法缺陷应是其中原因之一。

针对上述问题，六部委的新并购规定作出了一定改进，新并购规定第53条规定，境外并购有下列情形之一的，并购方应在对外公布并购方案之前或者报所在国主管机构的同时，向商务部和国家工商行政管理总局报送并购方案。商务部和国家工商行政管理总局应审查是否存在造成境内市场过度集中，妨害境内正当竞争、损害境内消费者利益的情形，并作出是否同意的决定：“（一）境外并购一方当事人在我国境内拥有资产30亿元人民币以上；（二）境外并购一方当事人当年在中国市场上的营业额15亿元人民币以上；（三）境外并购一方当事人及与其有关联关系的企业在中国市场占有率已经达到20%；（四）由于境外并购，境外并购一方当事人及与其有关联关系的企业在中国的市场占有率达到25%；（五）由于境外并购，境外并购一方当事人直接或间接参股境内相关行业的外商投资企业将超过15家。”

反垄断法草案中曾经列入了衡量并购合理与否的几条标准：参与集中的经营

〔1〕 刘和平、倪受彬：《试论〈欧共体并购控制条例〉的域外管辖》，载陈安主编：《国际经济法学刊》第12卷第4期，北京大学出版社2006年版，第270－271页。

者在相关市场上的市场份额及其对市场的控制力；相关市场的集中度；经营者集中后对相关市场竞争的影响；经营者集中后对市场进入、技术进步的影响；经营者集中后对消费者、上下游经营者的影响；经营者集中对经济效率的影响；经营者集中对国民经济发展和社会公共利益的影响等。

有意思的是，在认定何谓对市场竞争有损害的合并行为条款下，“禁止集中的情形及依据的因素”中的8条因素，在2005年11月份被全部删除后，又在最终的确定稿中重新被加入。背后的原因不外乎是跨国公司其实更关心垄断认定标准，它们关注的是中国政府会认为什么样的合并是有害的合并。2012年年底将该8条因素删除后，对有意进行并购的跨国公司来说，在中国投资减少了一定的吸引力。

重新加入草案中的8条衡量并购的因素对反垄断法执法部门来说，就需要在认定并购不合理时给出量化的指标，事实上加大了执法的难度。但是如果没有这8条规定，对经营者来讲缺乏可判断的具体标准。即使反垄断法最终没有吸收其中内容，最终也要由反垄断执法部门制定相关的指南文件。

在反垄断法草案最终稿里，需要申报的企业并购分为两类：一是在中国境内的集中交易额超过15亿元人民币的；二是没有集中交易额，但合并各方在中国境内的资产总额或上一年度的销售总额超过100亿元人民币的。这个标准的出台历经波折。早在2012年8月，国务院法制办通过外商投资企业协会召开反垄断法外商投资企业座谈会时，来自通用电气、松下电器、巴斯夫、葛兰素史克等11家外商投资企业以及中国欧盟商会、中国美国商会的代表，也就此提出意见。2012年7月和9月针对上述两个金额分别定下的3亿元人民币和50亿元人民币的标准相比，最终确定为“100亿元”的门槛，显然再次大幅提升。一位当时的与会外商代表表示，上述3亿元人民币和50亿元人民币的规定标准较严，与当前世界上的并购现状不符。这会造成动辄申报的情况，如此一来许多不必要审查的市场合并行为要进行管制，也会在一定程度上影响市场效率。

此外，我国应该考虑在市场界定中采取SSNIP方法，区分区域市场和全国市场。考虑到我国的现实情况，区域市场和全国市场的界定将是我国为了企业集中规制中的主导形式，从目前的情况来看，区域市场优先比较符合我国的市场现状，有利于反击区域性经济力量的过度集中。

在实体方面应采取结果型标准，可以借鉴欧盟实质性阻碍有效竞争标准和美国实质性缩小竞争标准，并配套颁布专门的集中实体评估指南，从市场集中度、HHI级别、单边效果与协同效果、具有抵销并购反竞争效果的购买力、进入的可能性、及时性和充分性、效率以及破产诸多方面进行综合评估，而不能采取如

《暂行规定》第21条所列举的简单数量或比例标准。相对而言，美国的实质减少竞争标准更为符合经济学原理，因而更为先进。

（二）企业集中的监管规避问题

我国长期以来一直适用原外经贸部发布的《暂行规定》，根据《暂行规定》，外国投资者并购境内企业，系指外国投资者协议购买境内非外商投资企业的股东的股权或认购境内公司增资，使该境内公司变更设立为外商投资企业（“股东并购”）；或者，外国投资者设立外商投资企业，并通过该企业协议购买境内企业资产且运营该资产；或者，外国投资者协议购买境内企业资产，并以该资产投资设立外商投资企业运营该资产（“资产并购”）。

根据上述规定，外资并购的主体主要是作为并购方的外国投资者和作为被并购方的境内企业；而外资并购的客体则为非外商投资企业的股东的股权或者境内企业的资产。该《暂行规定》仅适用于境外成立的外国投资者或其在境内设立的投资性公司并购境内企业的情形，不适用于境内其他企业之间的并购。但是，《暂行规定》对何为外国投资者、何为非外商投资企业的股东、何为资产等关键问题并没有作出解释。

在国际上，关于外国投资者主体资格的认定标准主要有：注册地标准；主营业地标准；资本控制标准；复合标准。《暂行规定》采取的就是注册地标准，这种规定与我国三部外商投资企业法对投资者国籍的认定采取传统的注册地标准有关，即并购者的国籍主要视其注册地而定，如果并购者在中国境内注册成立，则视为中国法人，不适用《暂行规定》。

这样，一旦外国投资者先通过收购一家国内企业，并成立具有中国法人资格的中国公司，然后再以该中国公司名义收购其他企业，则不再受《暂行规定》的管辖，注册地标准对外资并购监管的漏洞显露无遗。

2001年10月31日，格林柯尔在中国成立的顺德市格林柯尔企业发展公司收购广东科龙电器股份有限公司法人股东——顺德市容桂镇政府所持的20,447.5755万股的法人股份，巧妙地规避了我国关于产业准入的限制政策。[1]

从国际发展的趋势而言，资本控制说已日益得到国际和双边条约实践的承认和应用，国际法院在1989年ELSL案中就采用了资本控制理论的判断标准，在我国与瑞士签订的《投资保护协议》中也采用了这个标准。[2] 为防止外资利用其在国内控股或投资的企业转收购境内其他企业股权等方式来规避反垄断监管的可

---

〔1〕 何培华：《论外资并购国有企业主体资格的判断标准》，载陈安主编：《国际经济法学刊》第12卷第2期，北京大学出版社2005年版，第204页。

〔2〕 戈宇：《公司股权转入操作指南》，法律出版社2004年版，第27页。

能，吸取《暂行规定》不足的经验，六部委新出台的《关于外国投资者并购境内企业的规定》中已经采取了国际资本控制理论标准。

其实，在1995年的《关于外商投资举办投资性公司的暂行规定》、2000年的《关于外商投资企业境内投资的暂行规定》中就已经采用了资本控制标准。然而这一标准在适用时仍然存在问题。2003年6月10日商务部制订的《关于外商投资举办投资性公司的规定》及其补充规定认为，外商投资企业和外国投资性公司再投资设立的企业仍然属于外商投资企业，采用了资本控制标准。但是，对于在中国境外注册的中资企业介入国内投资，是否属于“外资”范畴？

在香港华润集团有限公司并购北京华远房地产案中，香港华润创业是华润集团有限公司旗下的主要附属上市公司，而华润集团隶属于原外经贸部，是在香港注册的一家国有企业。根据注册地标准，华润创业具有外国投资者的主体资格；如果按照资本控制标准和2003年5月27日公布的《企业国有资产监督管理暂行条例》，华润创业属于中资，因此不具有外国投资者的主体地位。正因为它的中资身份，在并购北京华远房地产公司时享受了其他外国投资者所不具有的特权。[1]

因此，单纯采用注册地标准或者资本控制标准均存在一定问题，在反垄断法中，采用两个标准并用的做法去判断外国投资者的主体资格，比较符合我国外资并购的实际情况。

（三）慎重对待效果原则

效果原则一直是竞争法领域最具争议性的问题之一。前文已经讨论过，美国和欧盟采取了这一原则。但是，英国的《独占及限制行为调查管制法》就没有作适用域外管辖权的规定，也没有作适用域外管辖权的解释。法国《公平交易法》第七章第53条适用范围规定“适用于所有生产、经销及劳务活动，公司法人的行为也包括在内”。没有明确域外管辖权的适用，也没有对其条款作可以在国外适用的解释。日本的反垄断法——《禁止私人垄断及确保公正交易法》等已成系列，但并没有规定域外管辖权的适用。德国是唯一在法条上写明适用域外管辖权，而又不认为这一条款属实体法的国家。该条文极原则、模糊、令人费解。即其《反对限制竞争法》第五编适用范围第130条第2款：“本法适用于一切在本法适用范围内产生影响的限制竞争行为，限制竞争行为系本法适用范围以外的原因所致，亦同。”认为这仅是该法的选择条款，即只有在外国有关限制竞争的行为，对国内某一特定实体法规所保护的范围构成违法，并对国内竞争产生

〔1〕盛洪主编：《最新中国企业并购经典案例》，中国轻工业出版社1999年版，第50页。

直接的和重大的效果时，才可适用《反对限制竞争法》。而且，各国纷纷立法反对和规避美国的反垄断法域外管辖权，同时效仿美国通过各种办法行使自己的反垄断法域外管辖权。英国颁布了《保护贸易利益法》。针对美国反垄断法域外管辖中对其认为限制了自己竞争的有关公司，可以提起诉讼并判决三倍损害赔偿的规定，在英国不能执行；如果已经被迫向外国企业支付了三倍损害赔偿，还可以通过英国法院索回多支付部分。尤其是，如果外国法院或当局进行反垄断调查，主管部门认为涉及联合王国主权，可禁止执行。英国虽然反对反垄断法的域外适用，但不等于在一定条件下，不会行使自己的域外管辖权。如外国公司间合并，其中一个有英国子公司，就可能行使域外管辖权。[1]

前述我国《暂行规定》第21条规定实际上首次确立了我国反垄断规范性文件的域外管辖与域外可适用性。而在商务部的反垄断法（草案）第二条中，也规定："在中华人民共和国境内经济活动中的垄断行为，适用本法。中华人民共和国境外从事对境内市场竞争产生限制或者影响的垄断行为，适用本法。"可见，我国借鉴了欧盟有关效果原则的规定，确立域外效力。但是，在实践中，由于《暂行规定》适用时期，其管辖权过于宽泛，遭到了外国企业的强烈抵制，只有少量的域外并购进行了申报，而商务部和国家工商总局对这些申报材料并没有进行实质性审查。[2]

从目前的我国反垄断法草案看，在移植效果原则时，未要求进行礼让分析，不以合理管辖理论为基础，只要域外并购行为对中国市场竞争产生影响，竞争机构都有权行使管辖权。这种单边性质的管辖权扩张可能会增加多重申报成本，并严重影响我国反竞争机构的工作效率以及造成潜在的政治经济冲突。因此，不仅是在将出台的反垄断法中，而且在未来的企业并购控制条例中，扩大适用范围，借鉴欧盟的做法，扩大并购监管法的域外效力，对凡是在中国境外从事对境内市场竞争产生严重反竞争效果的行为，应依法进行申报，接受审查，这样的规定是必需的。但是，必须在条款中增加"产生直接、重大且可合理预见的影响的"这样的表述，[3] 又或者在主管部门的实施细则或最高法院的司法解释中作程序上的规定。

此外，立法机构应该学习英国、法国经验，迅速制定贸易保护办法，对外国反垄断法域外管辖权涉及我国企业而不符合我国反垄断法规定的，依法规避。

---

〔1〕 吴炯：《有关〈反垄断法〉域外管辖权几个问题的商榷》，载《中国经济时报》2004年10月26日。

〔2〕 Jingzhou Tao: China's Emerging Antitrust Regime, *The China Business Review*, May-June 2004, pp. 61-63.

〔3〕 刘和平、倪受彬：《试论〈欧共体并购控制条例〉的域外管辖》，载陈安主编：《国际经济法学刊》第12卷第4期，北京大学出版社2006年版，第270页。

（四）加大经济分析力度，强化内核监督，提高技术水平，巧妙采用会计核算方法

首先，经济学分析方法主导地位的确立要求我们以提高效率作为反垄断法的目标。

其次，并购反竞争性评估所运用的单边效果理论、赫尔芬达尔指数、效率等反竞争性分析无不涉及产业经济、数理统计等方面专业知识及实施方法的运用，因此仿效欧盟设置首席产业经济学家制度，为并购反垄断分析提供充分的专业支持十分必要。在反垄断行政机关进行的并购控制活动中，为提高行政机关决定的公正合理性，有必要借鉴欧盟立法经验在其内部设置由专业人员组成的内核小组，以加强内部监督，做到审核分离。[1]

再次，适时修改会计准则，满足对垄断控制的不同控制的需要。

根据母公司取得子公司控制股权所采用的不同方式以及对企业合并的不同理解，在合并业务的处理上分别采用两种不同的方法——购买法与权益集合法。

在购买法（Purchase Method）中，一家公司可以用现金、票据、其他资产以及发行债券或优股甚至一部分普通股，收买另一家公司多数股份，使之成为自己的子公司，在这种情况下，企业合并被视为一家公司收买另一家公司，与购买资产并无二致，只不过被收买的不是单项资产，而是子公司的整体资产。收买价格可能等于、大于或小于子公司的净资产。在处理合并业务时，应将子公司报表中的有关资产项目按股权取得日的公平市价进行重估价。重估后的净资产价值与收买价格之间的差额，则被确认为合并商誉。

在权益集合法（Pooling of Interest Method）中，一家公司完全用自己的普通股去交换对方几乎全部的普通股。在这种情况下，企业合并只是合并双方有股东将各自的产权投入单一的经济主体（但不是单一的法律主体），并没有发生实质性的交易，在合并后的主体内部，所有权并没有发生改变，原先合并双方的股东仍然是合并后主体的股东。因此，在处理合并业务时只需把双方的资产、负债、收入、费用和留存收益按各自账面价值简单加总。[2]

购买法与权益集合法最早只适用于母、子公司编制合并财务报表（Consolidated Financial Statement）。1976 年日本著名的东芝公司在编制合并报表前的利润是 3 000 万美元，但合并后却出现 1 300 万美元的亏损。可见，通过编制合并报表，消除公司间销售、内部往来、相互持股等情况对业务的影响，能比较客观、

---

〔1〕 刘和平、郑文兵、刘元高：《欧盟最新并购控制立法改革述评》，载陈安主编：《国际经济法学刊》（第 12 卷）2005 年第 2 期，北京大学出版社 2005 年版，第 242 页。

〔2〕 方荣义、张丽娜：《企业财务会计》，中国商业出版社 1997 年修订版，第 378－379 页。

公正地反映集团的财务状况和经营成果。由于合并报表能反映股本权益间的信息，企业合并中也开始使用购买法与权益集合法。

总体上说，虽然权益集合法会产生较低的合并有形资产和无形资产收益，但却产生较高的合并留存收益和净收益。在其他条件不变的情况下，较高的报告收益代表着较好的管理绩效，同时也为股东提供更多的股利来源。正因为如此，权益集合法一直受到企业管理者的青睐，并成为企业合并的一个重要动因。美国财务会计准则委员会的一项调查表明，准备合并的公司有2/3在协议中明确表示，如果要求采用购买法，合并将不进行。

权益集合法兴起得益于“公共政策”的权衡。因为会计准则可以起到促进公共政策实施的作用。权益集合法的运用能促进一些行业的合并，引导资本流入一些行业，促进其发展以带动整个经济的发展，增加就业降低通货膨胀，平衡国际收支。所以，权益集合法最早在美国出现后，很快成为流行的惯例。但是由于各国对该会计方法的管理标准在实际执行中规定不明，缺乏严格限制，企业在选择合并的会计处理方法上相当自由。企业往往运用各种手段变购买为股权集合。例如，先用现金购回自己的股票作为库藏股份，再用以交换对方的股份，把合并分为部分购买和部分股权集合而不是一次完成，等等，从而导致权益集合法的滥用。[1]

与发达国家相比，我国对企业活动具体的会计准则就更不完备。《企业会计准则——关联方关系及其交易的制度》《企业会计准则——无形资产》《企业兼并有关会计处理问题暂行规定》《企业会计制度》等会计准则更是出现了实践与规定相背离的情况。[2]

---

〔1〕 因为权益集合法滥用问题，在英国，股权集合会计（Merger Accounting）在相当长的时间内被认为是非法的。1981年的公司法才开始承认它的合法性，并为此制定了相应的规则。这些规则后来成为1985年的第23号标准会计惯例公告（SSAP NO. 23）的重要内容，但并不流行。国际会计准则委员会在1983年发布的第22号国际会计准则中，也限定了运用权益集合法的条件。除美国、英国和国际会计准则委员会外，其他国家和国际组织都禁止采用权益集合法。在美国，权益集合法的运用也受到限制。美国会计原则委员会1970年发布的第16号意见书（APB Statement No. 16）“企业合并”明确规定，购买法和权益集合法不可相互替代，对于某一特定的企业合并业务，只能根据条件选择其中一种方法。而且，第16好意见书还列举了应用权益集合法的12项条件，规定只有在这些条件全部满足的前提下才能使用权益集合法，否则只能使用购买法。而且，美国国内对权益集合法有无存在的必要也有争议。2000年5月4日美国财务会计准则（FASB）委员会的主席Edmund L. Jenkins在国会的一次公开听证会上作证，宣布FASB计划取消权益集合法。此言一出，美国朝野一片哗然。高科技公司纷纷表示若取消权益集合法，“美国经济将被摧毁，新技术中的风险资本将不能按照权益集合法允许的策略投资”。显然，代表美国新经济的高科技公司希望通过权益集合法的运用来促进合并，并在目前及未来获取高额的报告收益以吸引更多的资本。的确，美国的以高科技行业的发展所带动的“新经济”在一定程度上收益于权益集合法对“公共政策”的平衡。总之，购买法与权益集合法的斗争恰恰反映了资本市场该由市场主导还是政府主导的争议。

〔2〕 揭海荣：《对追加投资会计处理方法的探讨》，载《江西财税与会计》2003年第5期，第45－46页。

考虑到两种会计方法对企业集中的不同影响，我国在制定有关的会计准则时，既需要采用购买法严格企业间发控股，又需要采用权益集合法鼓励技术合作的发展，应该制定逐步符合我国国情的企业合并会计准则，对购买法与权益集合法界定适用条件和适用范围。一般而言，对经济的重要行业和关键领域应采用购买法，而对技术合作、新兴信息产业则可考虑适用权益集合法。

（五）完善程序性规则

在程序性规则方面，应制定程序操作性指南，采取事前申报制度，完善对等待期的规定，充分给予并购当事人充分的查阅案卷材料、听证权和申辩权，鼓励申报义务人在申报前加强与监管机关进行有效的沟通，引入申报程序的双阶段设置，提高监管机关并购审查程序的效率、透明性、公正性与可操作性。

鉴于反垄断法不可能对执法的细节作出详尽的规定，将来在出台反垄断法的同时应配套制定并购评估的实体性标准及审核程序方面的实施细则，以确保反垄断法的有效贯彻与落实，其中最重要的当数必须出台的《企业集中控制条例》中，根据国民待遇原则，境内企业进行并购符合申报起点标准的也应受《企业集中控制条例》管辖。

（六）严格制裁措施

在竞争法领域，竞争法管理机构在不同情况下会对违反竞争法的当事方分别采用民事责任、行政责任和刑事责任三种法律责任形式。欧盟竞争法在行政责任方面的最新发展为我们提供了直接可以借鉴的内容，包括责任形式的多元化及制止违法行为的效果两个方面建立申报确认制度还是直接适用制度的问题。对法律禁止的限制竞争协议和滥用市场优势地位行为采用直接适用制度是目前各国普遍的做法，但对于享有反垄断法豁免的协议是由竞争主管机构审查确认还是直接适用是需要立法者考虑的问题。“考虑到我国社会主义市场经济仍然处于初级阶段，审查确认制度应是首选，这样有利于尽早建立规范的市场经济秩序，但同时应该采取措施避免其低效率和高成本的弊端。”[1]

因此，我国可以借鉴欧盟的经验从以下几个方面加以规定：

1. 行政处罚

对于违反反垄断法的滥用行为，国务院反垄断主管机关有权停止违法行为。如果行为人在实施滥用行为中还有违法所得的，还应没收其违法所得。同时，反垄断执法机构还可以根据行为人实施滥用行为的情节并处违法所得一倍以上三倍以下的罚款；情节严重的，由工商行政机关吊销营业执照。至于是否需要在我国

---

〔1〕 参见徐士英、郑丙贵：《欧盟竞争法的新发展及对我国的启示》，载《法学》2004年第8期。

反垄断法中规定分解大企业的制裁措施，则要进行深入研究。

2. 刑事制裁

尽管欧盟竞争法中并没有刑事责任的规定，但是为了充分发挥法律的权威，有效制裁严重滥用市场支配地位的违法者，我国反垄断法中还应当借鉴美国反托拉斯法的经验，规定必要的刑事制裁条款，对于实施滥用行为触犯刑法、构成犯罪的，依法追究刑事责任，如处以罚金和徒刑。当然，根据我国现行的刑事立法体例，具体的犯罪构成和刑罚措施可以不在反垄断法中规定，而采取另行制定补充决定或者制定刑法修正案的形式加以规定。

3. 民事救济

经营者违反反垄断法的规定，损害他人权益的，受害人可以向人民法院请求经营者承担损害赔偿责任。这里是否可以考虑借鉴美国的“三倍损害赔偿”制度，对经营者实施的垄断行为（包括滥用市场支配地位的行为）处以惩罚性损害赔偿。基于分解大企业对于改善市场结构的特殊功能的认识，在我国反垄断法中规定对大企业在特定情况下加以分解的制裁方法还是必要的。当然，在具体规定时需要严格限制其适用的条件。〔1〕

在责任形式上，可以吸收行为救济和结构救济两种措施以及惩罚性持续罚款制度；在法律责任有效性方面，可以借鉴以营业额的一定比例作为处罚的标准，提高经济处罚的威慑力。

三、借鉴欧盟反垄断执法机构的特点，完善我国反垄断执法机构的立法设计

（一）我国反垄断法执行体制的立法设计缺陷

1. 多头执法体制降低了反垄执法机构的独立性

如前所述，欧盟竞争法的执法体制侧重于效率的考虑，而美国则更多关注制衡与公正的考量，以及程序的合理性与争议性。但是，这种多头执法的并行管辖制，〔2〕即使是在美国，也“并不认为这是一个好经验。因为管辖权重合的两个联邦机构执行反托拉斯法与一个执法机构相比，肯定是成本高而效率低。可以想见，如果美国是在今天建立执行反托拉斯法的行政机构，它肯定不会同时设立两个有并行管辖权的机构”〔3〕〔4〕。

〔1〕 参见吴振国：《我国反垄断法应如何规定滥用市场支配地位的法律责任》，载《中国工商管理研究》2002年第2期。

〔2〕 参见石龙：《我国反垄断执法机构设置问题探析》，载《工商行政管理》2007年第2期。

〔3〕 王晓晔：《我国反垄断行政执法机构多元化的难题》，载《中国经济时报》2006年9月5日。

〔4〕 时建中：《反垄断法的执法面临四大挑战》，载《中国信息报》2008年8月15日第6版。

我国的做法较美国更进一步。根据反垄断法规定，我国反垄断执法部门是三家执法，即发改委系统、工商局系统、商务部系统各分管反垄断法中的一部分内容，即价格垄断、滥用市场支配地位和经营者集中，反垄断委员会承担这三个部门的协调职责。毫无疑问，发改委系统、工商局系统、商务部系统存在职责重叠和交叉，实践中可能导致多头执法或者执法真空，可以想见，工商机关在查处垄断协议时，势必与发改委的价格垄断协议查处产生“剪不断、理还乱”的纠葛。另一方面，与行业监管部门的协调又涉及复杂的法律协调和法律解释工作。协调问题成为目前反垄断法实施所面临的一个现实和严峻的问题。协调问题导致了国务院反垄断委员会这一机构的设立，但是这一机构主要是议事机构，且常设机构设立在商务部反垄断局之下，很难想象这一机构能在协调问题上发挥多大的效能。

总之，在执法的独立性上，把同一个有内在联系的反垄断职能人为地划分成三块，必然导致执法主体在执法实践中的争执与摩擦。

2. 反垄断法执法机构的权威性无法获得保障

在反垄断法出台过程中，行政垄断是核心问题。我国当前的行政垄断突出表现为行业垄断和地方保护主义。因此，反垄断法将反行政垄断作为一个重要而且非常迫切的任务。反垄断法已将反行政垄断之剑交由国家工商总局执掌。但是，无论是发改委、工商管理总局还是商务部，都只是国务院下属的一个部级单位，怎么去反同为部级单位或者更强势的铁路、银行、电信、电力等垄断行业？而且反垄断法在这些最需要反垄断的行业的反垄断问题上，更是没有尽到立法之根本责任。[1]

更有甚者，反垄断法第51条规定，滥用行政权力实施排除、限制竞争行为的，由其上级机关责令改正，反垄断执法机构可以向有关上级机关提出依法处理的建议。如此，反垄断执法机构的“执法权”名正言顺地进一步演变成了向违法机关的上级机关提出依法处理的“建议权”，这使得“三定方案”关于工商总局“反行政垄断”职责的规定变得更加有名无实。

此外，反垄断法框架中还缺乏相应的财政制度安排，无法从根本上削弱地方保护主义型行政垄断的动机。如我国现行税制下政府收入高度依赖企业所得税、增值税，排斥外地企业及其商品、服务，有助于增长本地企业的所得税和增值税。改革税制，提高消费税比重，才可能从根本上削弱地方政府如此作为的动机[2]。因此，反垄断法对于行政垄断的规制还有很多亟待解决的问题。

---

〔1〕 司龙、司虎：《反垄断法执法所争为何》，见《南方窗》2008年9月5日。

〔2〕 梅育新：《反行政垄断法律条款有缺憾》，资料来源于：http://finance.sina.com.cn/review/zlhd/20080805/07355167083.shtml，2008年12月1日访问。

3. 反垄断法执法机构的执法人员专业性不强

反垄断执法绝不是简单的市场执法，它涉及经济、法律等诸多内容，要求执法人员具备较高的素质。如美国的联邦贸易委员会、日本的公正交易委员会，其组成人员基本上都是法律和经济方面的专家。而目前在中国，对于特殊行业的反垄断执法，不仅仅要求专业性，更要求利益的不相关性，也就是要互相监督，而且这一点是决定反垄断执法能否有效的第一条件。对于金融、电力等专业行业反垄断，如果是某些意见提出的“协调下的共同执法”，仍然会形成垄断行业主管部门自我保护的局面。在这些垄断行业系统，“裁判员”和“运动员”往往就是一家人，监管当局的负责人和行业企业的负责人常常彼此轮换岗位。

鉴于中国国情，当前可以做的是要在坚持“利益不相关”的互相监督原则基础上，有针对性地强化补充工商反垄断机构的反金融等专业垄断的智力和人力，也就是说，依据定职能、定机构的要求来定人员。

4. 反垄断法执法机构的中央地方两级划分不具体

我国地域的辽阔使我国在建立反垄断执法机关的时候不可能只建立国务院下反垄断主管机关一级机构，然而如果如同其他行政部门层层设立，那么反垄断执法机关的独立性与权威性又难以保障。反垄断法颁布后，我们注意到反垄断法第十条规定的国务院反垄断执法机构，根据工作需要可以授权省、自治区、直辖市人民政府相应的机构。然而，具体怎么设计，中央和地方是什么关系，却没有具体的规定。这种授权是一次性的还是永久性的，也并不清楚。并且，地方的反垄断执法机构是直属于国务院授权还是三个执法部门的下属机构授权，都没有作具体的规定。这使得反垄断法在地方执行时会产生很多的问题。

5. 反垄断执法机构与行业监管机构的关系不明确

反垄断法下，反垄断机构与各行业主管部门的关系是处在完全平等的地位上，当涉及各行业的反垄断问题时，各行业部门完全有权自己处理，只不过是征求一下反垄断机构的意见而已，或是他们不愿意去做的事，反垄断机构才能去做。经验表明，监管机构处理被监管行业限制竞争案件的最大问题是，它们在被监管企业与其竞争对手或者消费者的争议中，往往站在被监管者的立场上，这即是“监管者被俘获”的理论。在我国被监管的企业大多为国有垄断企业的情况下，有关部门和行业监管机构运用行政权力维护在位垄断企业利益的现象更是屡见不鲜。因为行业主管部门和监管机构在权力配置方面一般不是以建立竞争性市场结构和规范企业的市场行为为目标，这些机构一般没有很强的反垄断意识，不能适应反垄断的要求。还有一个问题是，我国在电信、电力、邮政、铁路、石油、银行、保险、证券等几乎所有于国计民生比较重要的行业都设立了主管部门或者监管机构，如果这些机构各自适用部门法处理限制竞争案件，这不仅“政出多门”，会降低反垄断执法的效率，我国也不可能建立起一个全国统一的市场竞争秩序。[1]

6. 反垄断法缺乏配套的实施细则，可操作性不强

反垄断法立法过程漫长，中间涉及众多的利益博弈。出台的反垄断法也仅仅是一个框架性的法律文件，原则性和弹性的规定比较多，某些法条的理解容易产生分歧，导致争议。因此，对于具体的问题，还需要实施细则加以支撑。但是，原计划要在新法施行之前出台的40余项配套细则，大部分至今都没有出台。而反垄断法的规定又多具原则性。

（二）完善我国反垄断执法机关的建议

鉴于上述对我国反垄断执法体制之批判反省，对我国反垄断执法机构之完善提出以下建议：

1. 提高反垄断委员会的地位和职权，以增强反垄断执法机构的权威性和独立性，尤其是加强对行政垄断的规制

国务院已根据反垄断法设立了反垄断委员会，明确了其研究拟定有关竞争政策等主要职责，同时协调反垄断行政执法工作，从而改善“政出多门”的现状。但相对于欧盟委员会高度权威的行政权、准司法权和准立法权而言，我国反垄断委员会不具体处理反垄断案件，主要通过发布反垄断指南、协调反垄断行政执法工作、为反垄断执法提供方法和工作依据来发挥影响，因此应进一步强化国务院反垄断委员会的地位和职权。

具体来说，反垄断委员会应具备三项基本权力，即反垄断调查中的法定调查权，反垄断审查中的独立行政权，反垄断执行中的权威制裁权——处罚权与裁决权。在强化了反垄断执法机构的地位和职权之后，将更有利于反行政垄断，因为独立姓和权威性的增强使反垄断执法机构可以更少受行政机关的干预，更有效地治理行政垄断问题。

2. 制定和完善《反垄断法》的配套实施法规、规章和指导性文件，使反垄断法更有可操作性

美国反托拉斯法已有超过100年的历史，除立法之外，美国执法机构还颁布了大量的指南。在欧盟反垄断规则的主要文本汇编中，涉及24个实施细则和相关指南。而我国反垄断法仅8章57条规定，急需尽快制定细则和大量的技术性

[1] 王晓晔：《专家称反垄断法草案尚需跨越四重障碍》，资料来源于：http：//finance.sina.com.cn，2008年12月1日访问。

指南来使之具备可操作性。需要出台配套的法律法规、部门规章以及反垄断指南，还包括与现有法律的协调，如反垄断法与反不正当竞争法，价格法和行业监管法等法律之间的配套和协调。

3. 在目前三家共同执法的基础上建立多机构执法的协调机制，并协调反垄断执法机构与行业监管协会的关系，最终统一反垄断执法机构

由于反垄断法在性质上属于市场经济基本的、具有普遍意义的法律规则，它应统一实施于各个行业和部门，反垄断执法机构的职权也不应被各个行业监管机构所分解，以利于反垄断法的统一实施。这样可以保证对同一案件或同类案件认定和处理结果的统一，保证执法的公平与权威。鉴于现阶段我国多头执法体制的现状，不同执法机构之间需要更多的沟通与信息共享，应尽快建立多机构执法的协调机制。促进法律实施的目的，保持执法的独立和公正。在时机成熟时，统一反垄断执法机构。这样将有利地解决目前多头执法情况下极可能产生的权力错位、越位、混淆等问题。同时，在反垄断执法机构与行业监管协会之间，除对某些特殊行业采取管制之外，应该以反垄断执法部门为主导，建立必要的协调机制，建立一个统一的、权威的、专业的反垄断执法机构，并加大对行政垄断的法律制裁力度。〔1〕

4. 健全执法人员任命机制，使反垄断执法人员专业化

由于反垄断执法专业性和政策性较强，执法过程复杂，因而国外反垄断执法机构的组成人员的选任规定相当严格，具有专家执法的特点。在反垄断执法机关人员的任职条件上，反垄断委员会的委员应当借鉴西方经验，规定严格的任职资格和任免程序，非经法定程序和法定事由不得被解职或罢免，并对经济专家和法律专家的比例合理配置。

5. 发挥法院监督作用，建立反垄断执法机构的监督机制，完善当事人的救济权

"无救济便无权利"，没有司法审查，那么行政法治等于一句空话，个人自由和权利就缺乏保障，司法审查不仅在其应用时可以保障个人的权益，而且由于司法审查的存在对行政人员产生一种心理压力，可以促使他们谨慎行使权力。〔2〕我国可以考虑借鉴欧盟的实践，设立反垄断执法机构内部的三层制衡关系和外部的三层制衡关系，建立起听证室对合并局、法律局对合并局、经济局对合并局、

---

〔1〕 王毕强：《谁承担核心执法者存争议　反垄断法10月二审无望》，资料来源于：http://finance.sina.com.cn/g/20061002/09352961537.shtml，2006年10月27日访问。

〔2〕 程艳：《完善反垄断法的执法机构》，资料来源于：http://news.xinhuanet.com/legal/2008-11/20/content_10386788.htm，2008年12月5日访问。

国家反垄断委员会对区域反垄断机关、国务院对反垄断委员会、合并规制跨部协调委员会对反垄断委员会的多层次制衡关系。外部监督则主要由人民法院来行使司法监督。从广义的执法机构上讲，法院是反垄断执法过程中，行政执行机构不可缺少的合作者，但在我国，法院在反垄断执法中起到的作用往往受到忽视，因此就应该设立一条司法途径对其执法行为进行监督与审查。采取事后司法审查制度，强化法院的干预力度。实践证明，欧盟采取的事后司法审查制度具有积极的功效，一方面能够充分发挥行政前置审查的优势，减少法院审理案件的压力，而且委员会丰富的反垄断专业性人才可以及时发现并阻止反竞争性并购；另一方面能够为当事人提供有效的司法救济。因此，欧盟事后司法审查制度值得借鉴。[1]

6. 完善反垄断执法机构的分级设计，有效实施反垄断法

我国地域的辽阔使我国在建立反垄断执法机关的时候不可能只建立国务院下反垄断主管机关一级机构，然而如果如同其他行政部门层层设立，那么反垄断执法机关的独立性与权威性又难以保障。综合上述两个因素，设立中央—地方两级机构应该是合理的。为节省权力资源，地方应只在省、自治区或直辖市一级内设立，为保证其独立性，此级行政机关的行政编制与经费等都完全由中央反垄断执法机构统一掌握。从具体的管辖范围来分，则可借鉴欧盟的委员会与成员国主管机关之间的权限划分，设置在省、自治区、直辖市一级的上级反垄断执法机关通常调查其行政区域内的垄断行为。此外，作为地方上级机关的国务院下的反垄断主管机关可以复审当事人不服省级反垄断执法机构的行政裁决。

〔1〕 参见祁欢：《从欧盟竞争法看中国的反垄断法》，载《政法论坛》2003年第8期。

参考文献

英文著作

[1] Ramses A. Wessel. *The European Union's Foreign and Security Policy*. Kluwer Law International, 1999.

[2] Alain A. Levasseur and Richard F. Scott. *The Law of European: A New Constitutional Order*. Carolina Academic Press, 2001.

[3] Jo Shaw. *Law of the European Union*, 3rd edtion. Palgrave MacMillan Press, 2000.

[4] K. Middlemas. *Orchestrating Europe: The Informal Politics of the European Union 1973—1997*. Colorado: Westview Press, 1997.

[5] M. Ivaldi & F. Verboven. *Quantifying the Effects from Horizontal Mergers in European Competition Policy*, 2000.

[6] Verloop. Peter and Nauta Dutilh. *Merger Control in the EU: A Survey of European Competition Laws*. The Hague; Boston: Kluwer Law International, 1999.

[7] Navarro Varona and Edurne. *Merger Control in the European Union: Law, Economics and Practice*. New York: Oxford University Press, 2005.

[8] Celli, Riccardo and Grenfell, Michael. *Merger Control in the United Kingdom and European Union*. Boston: *Kluwer Law International*, 1997.

[9] Middlemas. K. *Orchestrating Europe: The Informal Politics of the European Union 1973—1997*. Colorado: Westview Press, 1997.

[10] Andreas F. Lowenfeld. *International Economic Law*. Oxford University Press, 2002.

[11] Floris O. W. Vogelaar, Jules Stuyck, Bart L. P. van Reeken. *Competition Law in The EU, Its Member States and Switzerland*. Kluwer Law International, 2002.

[12] Greaves, Rosa. *Competition law*. Aldershot. England: Ashgate, 2003.

[13] Furse Mark. *Competition law of the UK and EC*. New York: Oxford University

Press, 2002.

[14] D. G. Goyder. *EC Competition Law*. New York: Oxford University Press, 2003.

英文论文

[1] Robert H. Bork. The Rule Reason and the Per Se Concept: Price Fixing and Market Division, *the Ya le Law Journal*, Vol. 75, Jan 1966.

[2] Note, Reviewing Law on Joint Ventures with on Eye Toward the Future , *Southren California Law Review*, Vol. 63, 1990.

[3] William M. Landers and Richard A. Posner. Market Power in Antitrust Cases, *Harvard Law Review*, Vol. 94, March 1981.

[4] Eleanor M. Fox. Toward World Antitrust and Market Access, *the American Journal International Law*, Vol. 91, January, 1997.

[5] Charles W. Smitherman Ⅲ. the Future of Global Competition Governance: Lessons from the Transatlantic, *American University International Law Review*, Vol. 19, 2004.

[6] Ernst-Ulrich Petersmann. How to Constitutionalize International Law and Foreign Policy for the Benefit of Civil Society, *Michigan Journal of International Law*, Vol. 20, 1999.

[7] Vincent Verouden, Claes Bebgtsson and Svend Albak. the Draft EU Notice on Horizontal Mergers: A Further Step toward Convergence, the Antitrust Bulleting, Spring—Summer 2004.

[8] Kevin C. Kennedy. Global Trade Issues in the New Millennium, Foreign Direct Investment and Competition Policy at the World Trade Organization, *George Washington International Law Review*, Vol. 33, 2001.

[9] Morten P. Brogerg. Merger Control in Europe, *World Competition*, Vol. 20, No. 4, June, 1997.

[10] Todino and Mario. International Competition Network: The State of Play after Naples, *World Competition*, Vol. 26, No. 2, 2003.

[11] Bge and Muller. From the Market Dominance test to the SLC test; are there any reasons for a change?, *European Competition Law Review*, Vol. 23, issue 10, October 2002.

[12] Dr. J. Steenbergen. Legal Issues of Economic Integration Modernization and International Competition Law, *Legal Issues of Economic Integration*, Vol. 32, No. 2, 2005.

[13] Jules Theeuwes. An Economic Analysis of the New Regulation139/2004, *Legal*

Issues of Economic Integration, Vol. 32, No. 2, 2005.

[14] Selvam, Vijay S. V. The EC Merger Control Impasse: Is There a Solution to This Predicament?, *European Competition Law Review*, Vol. 25, issue 1, January 2004.

[15] Leigh M. Davison. EC Merger Control: from Separate Jurisdictinal Zones to A Co-operation based Architecture? *Liverpool Law Review*, Vol. 25, 2004.

[16] The Board. European Competition Law Revisited: The 'Great Overhaul' of 2004 Analyzed, *Legal Issues of Economic Integration*, Vol. 32, No. 2, 2005.

[17] R. Lyons. Reform of European Merger Policy, *Review of International Economics*, Vol. 12, No. 2, 2004.

[18] Gerwin Van Gerven and Tom Snels. The New ECMR: Procedural Improvements, *Legal Issues of Economic Integration*, Vol. 32, No. 2, 2005.

[19] Kolasky, W. J. U. S. and EU Competition Policy: Cartels, Mergers, and Beyond, Speech before the Council for the United States and Italy Biannual Conference, New York, 25 January 2002.

[20] McGinnis, J. The Political Economy of International Antitrust Harmonization, in R. Epstein and M. S. Greve (eds.), The New Antitrust Paradox: Policy Proliferation in the Global Economy, Washington, D. C.: AEI Press, 2004.

[21] Boeder, T. L. The Boeing-McDonnell Douglas Merger, in: S. J. Evenett, A. Lehmann and B. Steil (eds.), *Antitrust Goes Global: What Future for Transatlantic Cooperation?*, Royal Institute of International Affairs: London, and Brookings Institution Press: Washington, D. C..

[22] Motta Massimo, E. C. Merger Policy and the Airtours Case, *European Competition Law Review*, Vol. 21, issue 4, April 2000.

[24] Kerber, W. and Budzinski, O. Competition of Competition Laws: Mission Impossible?, in: R. Epstein and M. S. Greve (eds.), The New Antitrust Paradox: Policy Proliferation in the Global Economy, Washington, D. C.: AEI Press, 2004.

[25] Patterson, D. E., and Shapiro, C. Transatlantic Divergence in GE/Honeywell: Causes and Lessons, *Anti-trust Magazine*, November 2001.

[26] Kerber and Wolfgang. International Multi-Level System of Competition Laws: Federalism in Antitrust, In Josef Drexl (eds.), The Future of Transnational Antitrust-From Comparative to Common Competition Law, Bern, 2003.

[27] Stephan, P. B. Competitive Competition Law? An Essay against International Co-operation, in: R. Epstein and M. S. Greve (eds.), The New Antitrust Paradox:

Policy Proliferation in the Global Economy, Washington, D. C.: AEI Press, 2004.

[28] Guzman, A. T. the Case for International Antitrust, in R. Epstein and M. S. Greve (eds.), The New Antitrust Paradox: Policy Proliferation in the Global Economy, Washington, D. C.: AEI Press, 2004.

[29] Mariana Bode & Oliver Budzinski. Competing Ways Towards International Antitrust: the WTO versus the ICN, in Frank Columbus (ed.), New Developments in Antitrust, New York: Nova, 2005.

[30] Maria Johansson. Extraterritorial Jurisdiction in Competition and Antitrust Matters, *ELSA APEL*, Vol. 2, 2003.

中文著作

[1]〔英〕弗兰西斯·斯奈德. 欧洲联盟法概论［M］. 宋英，译. 北京：北京大学出版社，1996.

[2]〔日〕大谷良雄. 欧洲共同体法概论——欧洲新法律秩序的形成［M］. 蔡秀珍，译. 北京：群众出版社，1986.

[3]〔美〕戴维·格伯尔. 二十世纪欧洲的法律与竞争［M］. 冯克利，魏志梅，译. 北京：中国社会科学出版社，2004.

[4]〔美〕约瑟夫·威勒. 欧洲宪政［M］. 程卫东，周弘，等，译. 北京：中国社会科学出版社，2004.

[5]〔德〕曼弗里德·诺伊曼. 竞争政策——历史、理论和实践［M］. 古爱俊，译. 北京：北京大学出版社，2003.

[6]〔美〕理查德·A·波斯纳. 反托拉斯法［M］. 孙秋宁，译. 北京：中国政法大学出版社，2003.

[7]〔日〕根岸哲，舟田正之. 日本禁止垄断法概论（第三版）［M］. 王为农，陈杰，译. 北京：中国法制出版社，2007.

[8] 卫新江. 欧盟、美国企业合并反垄断规制比较研究［M］. 北京：北京大学出版社，2005.

[9] 王晓晔、〔日〕伊从宽. 竞争法与经济发展［M］. 北京：社会科学文献出版社，2003.

[10] 王中美. 竞争规则的国际协调［M］. 北京：人民出版社，2005.

[11] 吴秀明. 竞争法制之发轫与展开［M］. 台北：元照出版公司，2004.

[12] 王传辉. 反垄断的经济学分析［M］. 北京：中国人民大学出版社，2004.

［13］王晓晔．经济全球化下竞争法的新发展［M］．北京：社会科学文献出版社，2005.
［14］辜海笑．美国反托拉斯理论与政策［M］．北京：中国经济出版社，2005.
［15］王先林．WTO竞争政策与中国反垄断立法［M］．北京：北京大学出版社，2005.
［16］干春晖．企业策略性行为研究［M］．北京：经济管理出版社，2005.
［17］吴先明．跨国公司治理［M］．北京：商务印书馆，2005.
［18］李钟斌．反垄断法的合理原则研究［M］．厦门：厦门大学出版社，2005.
［19］倪振峰．竞争法案例教程［M］．上海：复旦大学出版社，2005.
［20］朱宏文，王健．反垄断法：转变中的法律［M］．北京：社会科学文献出版社，2006.
［21］游劝荣．反垄断法比较研究［M］．北京：人民法院出版社，2006.
［22］许光耀．欧共体竞争法通论［M］．武汉：武汉大学出版社，2006.
［23］许光耀．欧共体竞争立法［M］．武汉：武汉大学出版社，2006.
［24］程卫东．中国竞争法立法探要：欧盟对我们的启示［M］．北京：社会科学文献出版社，2006.
［25］尚明．主要国家（地区）反垄断法律汇编［M］．北京：法律出版社，2004.
［26］尚明．反垄断——主要国家与国际组织反垄断法律与实践［M］．北京：中国商务出版社，2005.
［27］胡志光．欧盟竞争法前沿问题研究［M］．北京：法律出版社，2005.
［28］刘和平．欧盟并购控制法律制度研究［M］．北京：北京大学出版社，2006.
［29］史建三．中国并购法报告［M］．北京：法律出版社，2006.
［30］游劝荣．反垄断法比较研究［M］．北京：人民法院出版社，2006.
［31］史建三，等．中国并购法律环境与实务操作［M］．北京：法律出版社，2006.
［32］张勇．论构建中国产业安全法律制度［M］．对外经济贸易大学博士论文.

中文论文

［1］〔德〕E·L·麦斯特麦克．全球化中的欧洲竞争法［J］．方小敏，译．环球法律评论，2003：34－35.
［2］齐绍洲，李友军．欧盟并购政策问题初探［J］．法国研究，2004（2）.

[3] 赵阳．《尼斯条约》对欧洲共同体法院的改革概述［C］//赵海峰，卢建平．欧洲法通讯，第二辑．北京：法律出版社，2001.
[4] 刘兵勇．试论反垄断的理论基础［J］．南京社会科学，2002（5）.
[5] 吕政，曹建海．竞争总是有效率的吗———兼论过度竞争的理论基础［J］．中国社会科学，2000（6）.
[6] 彭涛．德国经济竞争秩序的选择与实践［J］．南方经济，2001（5）.
[7] 王晓华．欧共体企业合并控制法及其新发展［C］//杨紫煊．经济法研究第1卷，北京：北京大学出版社，2000.
[8] 陈丽洁．企业合并的若干法律问题［C］//季晓南．中国反垄断法研究，北京：人民法院出版社，2001.
[9] 刘和平、倪受彬．试论《欧共体并购控制条例》的域外管辖［C］//陈安．国际经济法学刊，第12卷第4期．北京：北京大学出版社，2006.
[10] 刘平．国外企业并购绩效理论及实证研究述评［J］．外国经济与管理，2003（7）.
[11] 魏冬．西方企业并购理论综述［J］．经济学动态，1997（2）.
[12] 聂名华．美国对跨国并购投资的法制管理［J］．国外社会科学，2003（4）.
[13] 陈力．经济全球化背景下美欧竞争法冲突及国际协调［J］．国际贸易问题，2002（5）.
[14] 彭兴华．WTO框架下贸易政策与竞争政策的关系［J］．国际经贸探索，2003（11）.
[15] 王晓晔．WTO竞争政策谈判及其对我国的影响［J］．经济法学家（2003），北京：北京大学出版社，2005.
[16] 徐士英，郑丙贵．欧盟竞争法的新发展及对我国的启示［J］．法学，2004（8）.
[17] 刘和平，郑文兵，刘元高．欧盟最新并购控制立法改革述评［C］//陈安．国际经济法学刊，第12卷，2005年第2期．北京：北京大学出版社，2005.
[18] 祁欢．从欧盟竞争法看中国的反垄断法［J］．政法论坛．2003年8月.
[19] 吕明瑜．欧共体竞争法对中国反垄断立法的启示［J］．经济师，2003（8）.
[20] 朱建军．欧盟竞争政策与世界贸易组织［J］．欧洲，2002（1）.
[21] 韩立余．欧盟合并控制法的根本变革［J］．当代法学，2005（3）.
[22] 孙涛．欧盟竞争法的政策基础及其对企业结合的反垄断控制［M/OL］.

http：//www. chinacompetitionlaw. com，中国竞争法网.
［23］戴雪晴．欧共体竞争法执行的分散趋势［C］//朱卫国．群星照耀欧洲．法律出版社，2003.
［24］何培华．论外资并购国有企业主体资格的判断标准［C］//陈安．国际经济法学刊．第 12 卷第 2 期．北京：北京大学出版社，2005.
［25］胡浩，胡峰．论国际竞争网络对跨国并购的控制［J］．中央财经大学学报，2004（9）.
［26］王银凤，刘和平．2004 年欧盟并购监管制度改革介评［J］．华东经济管理．2005 年 3 月.
［27］王中美．国际竞争规则协调历程之述评［C］//陈安．国际经济法学刊．第 9 卷．北京：北京大学出版社，2004.
［28］蔡从燕．双边反垄断协定研究［C］//陈安．国际经济法学刊．第 9 卷．北京：北京大学出版社，2004.
［29］黄德明，张华．从〈欧洲宪法条约〉再论欧洲联盟的国际法律人格［J］．中国国际私法与比较法年刊，2005 年卷．北京：法律出版社，2006.
［30］王显勇．论竞争法的调整对象［J］．河北法学，2004（9）.
［31］葛建新．竞争政策与贸易政策的协调［J］．中央财经大学学报，2003（10）.
［32］王晓晔．社会主义市场经济条件下的反垄断法［J］．中国社会科学，1996（1）.
［33］许光耀．“合理原则”及其立法模式比较［J］．法学评论，2005（2）.
［34］陈立虎，王芳．中国反垄断立法中企业合并条款的思考［J］．苏州大学学报（哲学社会科学版），2003（7）.
［35］涂卫．反垄断法规制企业合并的控制程序比较：美国与德国——评《反垄断法》草案的相关规定［J］．长安大学学报（社会科学版），2004（9）.
［36］程吉生．国外企业合并控制反垄断法发展趋势的分析［J］．现代法学，2000（2）.
［37］何琼，等．企业合并违法确认标准的不稳定性［J］．江苏警官学院学报，2006（2）.
［38］王晓晔．多元化目的——欧共体竞争法目的和任务评述［J］．国际贸易，2001（9）.
［39］王晓晔．巨型跨国合并对反垄断法的挑战［J］．法学研究，1999（5）.
［40］王晓晔．当罚则罚——欧共体竞争法中的罚款规则［J］．国际贸易，2001

(2).
[41] 吴玉岭. 执法者的理性自利对消费者福利目标的异化——以美国司法部和FTC执行反垄断法为线索的历史考察［J］. 广东商学院学报，2006（3）.
[42] 许光耀. 欧共体及其成员国竞争法的协调［J］. 江汉论坛，2003（6）.
[43] 曹虹. 欧共体合并控制法的新发展——评欧共体部长理事会关于控制企业合并的第139/2004号条例［J］. 中国社会科学院研究生院学报，2005（2）.
[44] 曹虹. 欧共体对跨国并购的反垄断监管［J］. 环球法律评论，2005（6）.
[45] 刘英国. 欧共体竞争法中企业特征的法学与经济学分析［J］. 广西社会科学，2005（5）.
[46] 许光耀. 欧共体竞争法的实施机制及对我国的启示［J］. 湘潭大学学报（哲学社会科学版），2006，30（1）.